"十四五"时期国家重点出版物出版专项规划项目
智能汽车关键技术丛书

智能汽车测试技术

陈君毅　　邢星宇　　朱西产　　吴新政　著

机械工业出版社

智能汽车是汽车、电子、信息通信、道路交通运输等行业深度融合的新型产业形态。当前，我国智能汽车产业进入快车道，技术创新日益活跃，新型应用蓬勃发展，产业规模不断扩大，而相应的测试技术体系也在不断完善，推动产业进步。本书首先立足于整体现状对智能汽车测试体系架构进行综述，并针对测试技术的发展趋势和整个核心技术进行详细描述；然后，针对测试体系中每一测试过程的概念、核心思想、关键技术、测试方法、发展趋势等进行详细描述。

　　本书可供智能汽车设计人员及测试人员阅读使用，也可供车辆工程专业及相关专业师生阅读参考。

图书在版编目（CIP）数据

智能汽车测试技术 / 陈君毅等著. -- 北京：机械
工业出版社，2025. 5. -- （智能汽车关键技术丛书）.
ISBN 978 - 7 - 111 - 77871 - 4

Ⅰ. U467

中国国家版本馆 CIP 数据核字第 2025X8D229 号

机械工业出版社（北京市百万庄大街 22 号　邮政编码 100037）
策划编辑：孙　鹏　　　　　　　责任编辑：孙　鹏　高孟瑜
责任校对：贾海霞　刘雅娜　　　　封面设计：鞠　杨
责任印制：邓　博
北京中科印刷有限公司印刷
2025 年 6 月第 1 版第 1 次印刷
169mm×239mm·14.25 印张·244 千字
标准书号：ISBN 978 - 7 - 111 - 77871 - 4
定价：99.00 元

电话服务　　　　　　　　　　　网络服务
客服电话：010-88361066　　　机　工　官　网：www.cmpbook.com
　　　　　010-88379833　　　机　工　官　博：weibo. com/cmp1952
　　　　　010-68326294　　　金　书　网：www.golden-book.com
封底无防伪标均为盗版　　　机工教育服务网：www.cmpedu.com

前　言

　　智能汽车拥有广阔的发展前景及应用需求，已成为全球汽车科技革命的战略制高点和产业变革的重点部署方向。测试与评价环节作为智能汽车开发过程的重要组成，其相关理论、方法、技术和工具是实现这一环节的基础。

　　自 2016 年起，作者团队在测试与评价技术方面开始了全面的研究和实践。从规划、设计到启用同济大学智能网联汽车专用封闭测试场地，从整车测试需求到系统级测试需求，从封闭场地测试到虚拟仿真测试，从低级别驾驶自动化系统的测评对象到高级别驾驶自动化系统的测评对象，从典型场景测试到综合场景测试，从单纯测试到测评一体化，逐渐形成了本书在测试场景生成、智能汽车关键系统（环境感知系统和决策规划系统）的测试技术与方法、整车测试技术与方法、安全性评估和智能性（综合行驶性能）评估等方面的核心内容。其中，本书构思和写作的两个基本点分别是测试与评价并行，安全与智能并重。

　　（1）测试与评价并行

　　智能汽车的测试与评价，测试是手段，评价是目的。脱离了评价的目的，测试过程就缺乏实际意义；缺少了测试的支持，评价目的则难以实现。智能汽车测试面临的主要痛点是如何提高测试效率和有效性。交通场景无穷无尽，传统汽车试验中采用的抽样测试、典型案例测试、正交测试等都难以满足需求，转而需应用基于机器学习、优化搜索方法等更加高效的测试方法。此外，以虚拟仿真技术为核心的测试工具链，在提高测试效率方面也发挥着巨大作用。针对测试方法和工具，也需要建立相匹配的评价方法，进而根据测试结果综合评价智能汽车在安全、智能及各种其他方面的性能。其中涉及评价体系构建、评价维度和评价指标选取、评价结果集结模型设计等多个环节。本书围绕智能汽车测试与评价，全面介绍了测试工具链和评价体系，展示了最新研究成果和应用实例。

　　（2）安全和智能并重

　　安全是大力发展智能汽车的重要需求，也是其大规模应用的基础，因此围绕安全的测试评价是智能汽车开发过程中的重要环节。不同于传统的主、被动安全，智能汽车安全关注车辆在整个行驶过程中应对各类危险场景时的行为是否会造成碰撞，因此相关测试评价工作更加复杂和困难。但一味追求安全，忽略智能，会降低智能汽车的可用性，也违背了发展智能汽车的初衷，因此在智能方面的测试评价也是推动智能汽车发展的重要支撑。智能涵盖了汽车的基础行驶能力、交通流融入能力、学习和演进能力等多个维度。本书基于安全和智能并重的原则，系统性地介绍了测试和评价框架、相关理论和前沿技术方法。

本书中相关研究活动的开展和研究成果的取得，离不开国家重点研发计划（2018YFB0105103、2021YFB2501205、2022YFB2503001）和国家自然科学基金（52232015、52172391）等多项课题的资助，特此感谢。在和企业开展智能汽车测评领域的产学研项目合作过程中，得以实践了书中的理论、方法、技术和工具，并启发和推动了作者新一轮的思考和探索，特此感谢上海蔚来汽车有限公司、上汽大众汽车有限公司、华为技术有限公司、武汉路特斯科技有限公司和奇瑞汽车股份有限公司及相关行业专家的支持。同时，特别感谢余卓平教授、陈虹教授和熊璐教授等学术专家对课题组相关研究的方向引领和研究指导。

本书总结了作者在智能汽车测试技术方面的初步探索。限于作者水平，书中难免存在疏漏和不足之处，敬请广大读者批评指正。

作　者

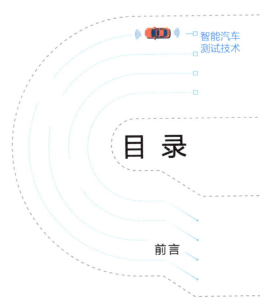

智能汽车
测试技术

目 录

前言

第 5 章
决策规划
系统的测试
技术与方法

第 1 章
导　论

1.1 背景与需求

　　智能网联汽车拥有广阔的发展前景及应用需求，已成为全球汽车科技革命的战略制高点和产业变革的重点部署方向。研发智能网联技术的初心在于，使得汽车作为一种载人载物的运输工具，实现更安全、更高效、更舒适和更经济的交通。

　　根据汽车驾驶自动化分级标准，不同等级的驾驶自动化系统发挥着不同的作用，如图 1-1 所示。对于 0 级驾驶自动化（即应急辅助）而言，其主要的作用是实现对驾驶员的安全辅助，包括紧急时刻下的避险或将车辆保持在车道内，从而提升驾驶过程的安全性。对于 1 级和 2 级驾驶自动化（即部分驾驶辅助和组合驾驶辅助）而言，其目标是在安全的基础上，通过持续地对车辆进行控制，减少驾驶员的驾驶任务，使得驾驶员在整个驾驶过程中更省力。对于 2 级以上的驾驶自动化（即更高功能的组合驾驶辅助）而言，其目标是在省力的基础上，让驾驶员更省心。对于 3 级驾驶自动化（有条件自动驾驶）而言，其目标是在设计运行域持续地执行全部动态驾驶任务，也即替代驾驶员进行驾驶；在此过程中，驾驶员可以进行一些非驾驶任务的操作，从而将驾驶时间转化为自己的可支配时间，从而实现节省时间的效果。对于 4 级及以上的驾驶自动化（即高度自动驾驶和完全自动驾驶）而言，由于这类汽车还具有自动执行最小风险策略的能力，所以在整个设计运行域内，都不需要人的接管，真正意义上实现更自由的交通，更将深刻地改变现有的交通形态。对于以载人为目的的交通，将可能实现更低成本和更高效的出行服务，进而赋能汽车实现"共享化"；对于以载物为目的的交通，这些无人化的驾驶系统将改变物流、终端零售、特种作业等诸多行业，在实现低成本和高效的基础上，更创造性地服务于人们的生活和生产。

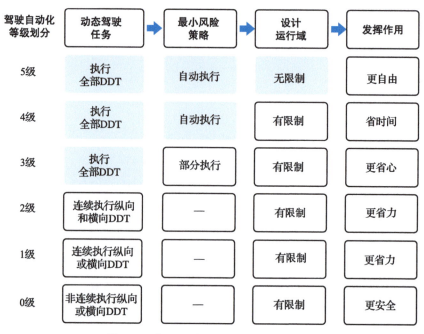

图1-1　各级驾驶自动化系统发挥的作用

然而，智能网联汽车产品的现状水平与人民群众及全社会的朴素期待仍有一定的差距。即便作为全球范围内对智能网联技术接受度最高的主要汽车市场，这个差距在我国仍然是一种不可被忽视的存在，也正阻碍着产业向更大的市场规模跨越的步伐。具体而言，这个差距主要表现为四个方面的不足，包括安全性不足、规则符合性不足、应变能力不足及交互博弈能力不足等。

1）安全性不足。生命安全需求是人类非常普遍且基本的心理需求，当驾驶自动化系统逐渐取代人类执行部分甚至全部动态驾驶任务时，汽车消费者和汽车市场对其安全性的顾虑始终是第一位的。一方面是经常见诸报端的智能网联汽车相关事故，尤其是涉及人员伤亡的交通事故，一再地引发有关这类汽车产品安全水平究竟如何的质疑。另一方面，行业为这类汽车产品的安全性论证所提供的证明仍然是不充分的，尤其是针对2级及以上的驾驶自动化系统。

2）规则符合性不足。如果将驾驶自动化系统类比于人类驾驶员的话，不但需要具备基本的驾驶能力，包括行车和泊车等，也要能理解和遵守交通法规，包括对交通信号的理解和响应、对通信规则的理解和执行、对灯光及信号装置等的正确使用。然而将人类可理解的语义化的交通规则映射到机器可编译的数字化规则，本身就是一项艰巨的挑战。在此基础上，驾驶自动化系统设计实现和验证其规则符合性的道路更长。

3）应变能力不足。随着驾驶经验的积累，人类驾驶员在各种复杂的、非规则定义的场景下具有灵活变通能力。这种能力保障了特殊状况下的交通畅通，例如：当路边停靠的车辆阻挡了本车道，需要向相邻车道借道行驶；前车在路口发生故障，需要临时从其他车道借道行驶等。这种应变能力体现了对规则和风险及责任的有效平衡。现阶段大部分智能网联汽车产品仍然缺乏这方面的能力，也局限了产品在更大范围内的可用性。

4）交互博弈能力不足。智能网联汽车面向的是一项更高阶的期待，即在交通过程中的交互博弈。在日常的行驶过程中，汽车不仅需要保障安全、符合规则，而且需要灵活应变，这同样离不开和各类动态交通参与者的交互博弈。不仅是被动化的响应，更是主动地探索和交流。通过交互博弈行为的实施，能够更高效、更准确沟通多方的行驶意图，从而实现双赢甚至多赢的交通效果。

测试评价技术是支撑以上这些方面目标的实现、产品可用性的提高和证明的主要手段之一。

1.2　基本概念

1.2.1　测试与评价的基本概念

测试是具有试验性质的测量，即测量和试验的综合。而测试的基本任务就是获取有用的信息，即通过借助专门的仪器、设备，设计合理的试验方法以及进行必要的信号分析与数据处理，获得与被测对象有关的信息。评价则是基于这些信息，对被测对象进行判断、分析，进而得出相应的结论。可以说评价是目的，而测试是手段。

所以，测试和评价合在一起，主要由经典的"Why-What-How"三要素构成。首先确定测评的目的，这既是一切测评活动的起点，也将是测评活动的终点。一般针对智能驾驶的测评目的可包括是否符合或达到了开发目标、安全性是否满足要求，以及智能性达到了何种水平等。评价所参照的准则可以是各类标准（国家标准、行业标准、企业标准等），也可以是平衡了客户需求和开发成本等约束条件而制定的安全目标或性能目标。其次是测评的内容，即针对这些目的，应确定必要且充分的测评项，制定相应的测试方案。最后是怎样实施这些测评，也即测试方法和评价方法，包括试验方法、必要的工具（仪器、设备等）、测量的信号和处理为信息的方法，及评价方案和评价体系等。

测评技术和开发技术都是行业研发能力的重要组成，其彼此互为动机，相互促进。假若将测评技术与开发技术视作一对矛和盾，则只有当矛愈加尖锐或更有攻击性时，才能有效发现盾的薄弱之处，或者对比出不同盾之间的坚固水平高低；此时，盾也将有迭代优化的方向和动力，最终实现两者品质的异步提升。

测评技术的优劣主要分为两方面：能力和效率。当测评技术的能力较低时，测评的手段和能力明显落后于开发技术的水平，可能使得开发过程欠优化，将一部分不合理的风险留到产品实际使用过程中，最终将导致额外的社会成本。当测评技术的效率较低时，将拖长整个产品开发周期，导致额外的开发成本，降低产品竞争力。

1.2.2　产品全生命周期中的测评技术

在整个智能驾驶产品的生命周期中，都有测评技术的贡献，无论是在开发之初、开发过程中或开发完成时，还是产品认可认证时，或是最终在市场上面向消费者使用周期内。

1）在企业内部开展智能驾驶产品开发之时，一定需要定义用例（Use Case）和目标。而这些内容往往就参考自前一个开发版本的测评结果，甚至有时是以对特定的人类驾驶员的测评结果作为比照。

2）在开发过程中，无论是算法、模型、模组、软件、硬件、大大小小各级系统直至整车，都需要开环或闭环的测试过程进行检验，从而反馈给开发，形成正向的迭代，实现设计的目标。

3）在 V 形开发流程的末尾，即验证与确认（Verification & Validation）阶段，则一般大量依靠测试与评价才能得以实现。其中，前者是应查明智能驾驶产品是否恰当地反映了规定的要求；而后者则是应证明所提供的智能驾驶产品符合预期的用途。

4）在产品开发完毕后，应由第三方开展测评，确认其满足国家的各项相关要求，实现对该产品的认可认证。测试与评价的内容、程序、方法和要求等均由相应的国家标准明确，由独立的、有资质的第三方检测机构实施。

5）在产品上市销售后，为了更好地引导消费和市场发展方向，还有一些测试与评价活动在市场化的环境中实施。与上述认可认证的通过性测试不同，这类测评通常是给出分级式的（半定量的）评价结果，从而体现不同产品之间的性能高低，引导消费者选择更优的产品，使得市场逐渐向评价价值维度上的好和优的方向演化。

1.3　现状与挑战

智能驾驶产品发展至今，已经实现了较高的 0 级至 2 级驾驶自动化的新车装车率。例如，截至 2024 年 3 月，在中国汽车市场中自动紧急制动（Autonomous Emergency Braking，AEB）功能的新车装车率已超过 60%。同时，针对这些智能驾驶功能的测试与评价技术已经相对成熟，形成较为完整的测试方法和评价方法，初步证明了开发目标的实现（相比未搭载 AEB 功能的汽车，配备了 AEB 功能汽车的追尾事故减少了 38%，有效提升了行驶安全性）。

然而，当面向 2 级及以上的驾驶自动化开展测评时，目标和要求都发生了巨大的变化。一方面是由于这类智能驾驶产品的设计运行域（Operational Design Domain，ODD）在时空上更连贯了，从而级数式地扩大了 ODD 直至 5 级驾驶自动化的无限 ODD，这极大地扩展了待测试验证的内容，增加了其复杂性。另一方面是由于动态驾驶任务的执行者完全是系统，也即系统和产品开发的责任扩大了，甚至取代了传统驾驶员对事故的责任；人类仅在作为后援的角色时出现（3 级驾驶自动化：接管成为驾驶员），或甚至再也不直接参与驾驶任务（4 级及以上的驾驶自动化）。这也意味着对验证的充分性和有效性的极高要求。

正是因为上述两方面的原因，当测评技术的服务对象从低等级的驾驶自动化系统（0 级至 2 级驾驶自动化）向中高等级的驾驶自动化系统（2 级以上的驾驶自动化）转变时，相应的技术挑战也随之而来，大致体现在测评目标、测试环境和评估价值三个方面。

挑战一，测评目标从典型性向覆盖度转变。传统的智能驾驶系统测试目标均是以典型性为指导的，即从应用范围内提炼具有典型性的若干个测试用例作为测试要求。其中所隐含的逻辑是，影响测评结果的要素是少量的，测评结果在整个应用范围内是具有单调性的。当面向中高等级驾驶自动化系统开展测评时，影响测评结果的要素显著增多，多维要素影响下的全局结果不再具有单调性，故而面向覆盖度目标的测评成为必然的选择。企业普遍采用的里程测试，其基本目标也正是面向覆盖度的。

挑战二，对测试环境的要求从抽象的、简化的向真实的、复杂的转变。其中包括三个方面：首先，在测试环境要素方面的转变，包括从单个交通要素向多个交通要素的数量转变，以及从单一交通要素向混合交通要素的成分转变。其次，要素之间动态关系的转变，从单向交互关系（即被测对象单向响应测试环境）向双向交互（即测试环境和被测对象同时具有响应和交互的能力）转变。最后，从无干扰的理想测试环境向有干扰条件的复杂测试环境的转变。前者是对真实使用环境的简化和典型抽象化，是传统的智能驾驶系统测试条件；而后者是注重对真实使用环境的复现，从而帮助提高测试验证的充分性和有效性。

挑战三，评估价值的维度和范围从单一的、局部的向综合的、间接的转变。一方面，类似于人类驾驶员，智能驾驶系统也逐步需要有效平衡安全性和其他各项行驶性能目标，包括时间高效性和平稳舒适性等，故而评估的价值维度增多，价值需要综合协调。另一方面，评估价值的范围也将逐步扩大，从关注驾驶系统本身的碰撞可能性，转向关注包括驾驶过程对周边交通质量所造成的影响。

围绕上述这些智能驾驶测评方面的技术挑战所做的思考和实践，构成了本书的主要内容。一方面涵盖了测试和评价两个主要阶段中的方法和技术，另一方面针对了安全性测评和智能性测评两个主要的性能方向。

1.4 本书章节安排

围绕上述测试和评价的两个主要阶段，本书首先分为三大部分：基础性介绍、测试相关技术与方法，以及评价方法。其中第 2 章和第 3 章属于第一部分，包括从测评需求分析、流程框架到工具链等概述性介绍，以及构成对智能驾驶测评的最重要要素——测试场景的介绍。第二部分由第 4～6 章构成，分别介绍了针对智能驾驶的两大核心系统（环境感知系统和决策规划系统）和整车测试的相关方法和技术。第三部分由第 7 章和第 8 章构成，面向两个主要性能方向，在综合运用测试场景和测试方法的基础上，分别介绍如何实现安全性评估和综合行驶性能（智能性）的评估。全书各章节关系如图 1-2 所示。

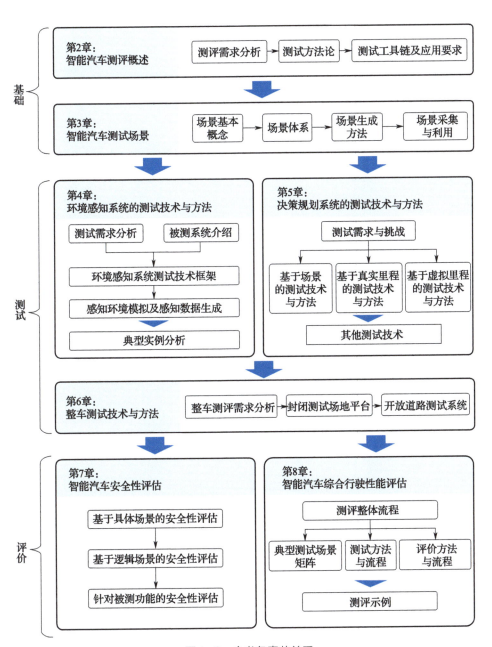

图1-2　全书各章节关系

智能汽车测试技术

第 2 章
智能汽车测评概述

测试与评价对于智能汽车的功能开发和落地应用至关重要，不仅能够为功能开发提供需求引导，也能对产品最终品质进行把控。安全性和智能性构成了智能汽车最核心的两方面性能表现，其中，安全性主要涵盖车辆使用过程中应尽可能避免引发交通事故的要求，智能性主要涵盖智能驾驶功能灵活且适当应对各类场景的要求。因此，智能汽车测评核心主要围绕安全性和智能性展开。本章围绕智能性和安全性测评，对相关基本概念、理论和方法、工具和应用等内容进行介绍。首先，分析智能汽车安全性测试验证需求和智能性测试评价需求；其次，介绍支持安全性和智能性测评的测试方法论和框架体系；最后，对服务于测试的工具链及其应用要求进行介绍。

2.1 测评需求分析

本节从车辆自动驾驶能力与车辆自动驾驶表现两个方面阐述了智能性的定义，并通过智能性定义导出了相应的测试评价需求。

2.1.1 安全性测试与验证

安全性对智能汽车至关重要，一方面，自动驾驶功能有望克服人类驾驶员的局限性，实现"零伤亡"目标，研究显示，90%的碰撞事故是由人类的过失导致的，而通过自动驾驶技术可以减少由人类因素导致的交通事故，从而极大地减少道路死亡事故；另一方面，智能汽车的高度复杂性，以及受当前技术水平限制，导致功能和性能不稳定，又引入了新的交通风险。从行业良性发展角度出发，确保车辆的行驶安全也是促进产品规模化应用的前提条件。

影响智能汽车安全性的因素众多，包括但不限于功能设计不合理、功能缺陷、器件故障、人工智能算法缺陷、复杂交通环境干扰、驾乘人员误用、人为蓄意破坏和攻击等。为了保证车辆运行过程中的安全性，需要在产品开发设计过程中充分考虑上述影响因素，按照规范流程进行测试与验证，以确保车辆不存在由上述原因导致的不合理风险。因此，测试与验证工作对于智能汽车安全目标实现不可或缺，该部分工作量在整个产品开发周期中占比超过70%。麦肯锡在2018年发布的中国自动驾驶市场研究报告曾指出，未来自动驾驶价值链最重要的三项能力为自动驾驶软件开发、硬件生产、自动驾驶系统及整车验证与集成测试，它们也是实现差异化竞争的最大技术瓶颈。其中最为关键的技术能力就是"自动驾驶系统及整车验证与集成测试"。

智能汽车安全性测试与验证工作，从制造商和监管方的角度出发，需求存在一定差异。对于自动驾驶汽车（Autonomous Vehicle，AV）制造商而言，测试与验证贯穿产品的研发与生产制造的整个过程，需要进行持续的功能迭代以满足安全性要求；对于国家监管与认证机构而言，自动驾驶系统也需要经过相关测试和批准流程以证明其安全性。近年来，自动驾驶系统的测试与验证技术发展迅速，但行业仍存在一些关键难题难以突破，导致智能汽车的安全性论证问题仍未妥善解决。

智能汽车的测试主要服务于验证和确认车辆在ODD内不存在不合理的风险，为了证明该目标，通常以人类驾驶员的事故率作为参照，即自动驾驶功能的引入，不能导致比人类驾驶员更高的事故率。按照美国高速公路管理局的统计数据，驾驶员平均需要行驶85万km才会经历一次警方报告事故，接近1.5亿km才会经历一次致命事故。产业观点则认为每个自动驾驶系统需要160亿km的驾驶数据来迭代优化。若配置一支1000辆自动驾驶测试车的车队，也需要花费大约50年的时间才能完成足够的测试里程，这显然是不具备工程可行性的。

为了解决自动驾驶汽车的安全性问题，世界范围内开展了大量科学技术研究和产业应用项目，形成了一些测试与验证方法论和标准规范。其中，预期功能安全（Safety Of The Intended Functionality，SOTIF）流程体系已经成为智能汽车研发中的重要依据。预期功能安全是指在系统部件无故障的情况下，由于功能不足或可合理预见的人员误用而导致的危害，是自动驾驶汽车大规模部署的最大难题之一。SOTIF在相关标准ISO 21448[1]中被定义为避免由于以下两类问题引发危害所产生的不合理风险：①在车辆级别上预期功能的规范定义不足；

②系统中电气/电子要素实现的规范定义不足或性能局限。该标准规定了自动驾驶汽车的开发和验证确认流程，要求对系统功能不足进行全面分析，并充分识别恶劣天气、不良道路条件、其他交通参与者的极端行为、驾乘人员对车辆系统合理可预见的误用等触发功能不足的场景特殊条件。此外，该标准提出了基于危险场景的验证与确认方案，并进一步分为已知场景和未知场景的评估要求。其中，已知场景是通过现有数据积累、分析手段等获取的潜在危险场景，主要通过场景测试、采样测试、组合测试等方式进行验证；未知场景则是未发现和遭遇的场景，以及场景已知，但系统应对行为未知的场景，由于场景未知，很难通过直接定义场景进行测试，更多借助随机测试、基于交通流模拟等测试手段，如通过强化学习构建具备自主能力的背景车（Background Vehicles，BV）模型实现模拟真实交通状况的虚拟里程测试等。SOTIF 标准的最终目标是要求系统在已知场景下的安全性达到要求，在未知场景中的不合理风险足够小。SOTIF 迭代过程中相关场景的变化情况示意图如图 2-1 所示。

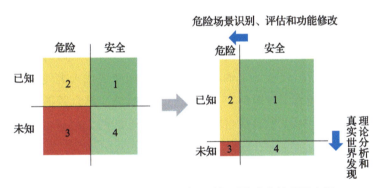

图 2-1　SOTIF 迭代过程中相关场景的变化情况示意图

在 SOTIF 流程基础上，国际标准化组织（International Standard Organization，ISO）制定了自动驾驶系统测试场景系列标准，提出了基于场景的安全评估框架（参考 ISO 34502[2]），以封闭高速公路自动驾驶功能为对象，提出了基于危险场景和风险因素的框架，将场景划分为交通干扰场景、感知干扰场景和控制干扰场景，为自动驾驶功能的测试与验证提供了更加具体的需求。

在 ISO 21448、ISO 34502 等流程保证类标准的基础上，近年来，国际和国内组织也相继推动制定了面向具体功能的安全标准，如 UN R157[3] 等标准，不断完善自动驾驶汽车的安全性，也对测试与验证提出了更多需求。

2.1.2　智能性测试与评价

汽车智能化技术是减少交通事故、缓解交通拥堵、减轻环境污染的有效途径。作为汽车智能化技术的重要一环，智能性测评方法有助于区分智能汽车的任务决策、复杂环境认知、演进交通场景理解等能力，提高汽车智能化设计水平。在提出智能性测评方法之前，首先要明确车辆智能性的概念与内涵。一般来说，智能汽车可以看作人工智能在交通领域的一个应用。人工智能是指当执行与人类相同的任务时，由机器所表现出来与人类智能相同或相仿的智能。进一步地，智能汽车也可以被视为一个智能体，Woodridge 等[4]在 1995 年提出智能体应该具有以下属性。

1）自治性：智能体可以在没有人类直接干涉的情况下进行运作，并可以自主地控制其行为和内部状态。

2）社会性：智能体可以与其他智能体（或人类）通过特定语言进行交互。

3）反应性：智能体可以感知周围的环境，并及时响应其中发生的变化。

4）主动性：智能体不只是简单地对环境做出反应，同时也能够主动地表现出目标导向的行为。

作为拥有上述属性的一类智能体，智能汽车在开发与设计过程中，需要进行充分的测试与评价，以验证车辆足够智能，从而能替代人类完成各项驾驶任务。目前，基于上述人工智能的定义和智能体的属性，结合智能汽车具体的运行环境和行驶任务，不少学者从自动驾驶能力与性能两方面对自动驾驶智能性的概念进行了阐述。

（1）自动驾驶能力

自动驾驶能力是指智能汽车在行驶过程中能够代替驾驶员所完成驾驶任务的能力，对应智能体属性的自治性、反应性与主动性。有学者认为，基于对驾驶员具体驾驶任务的划分，智能汽车的智能性是指车辆自主完成感知识别与决策规划，并采取行动的能力[5]；也有观点认为智能性是无人系统为了能够完成所分配的目标所具有的综合感知、认知、分析、沟通、计划、决策和执行等能力[6]；此外，还有人认为智能汽车的智能性体现在车辆可以自适应地根据环境风险确定辅助驾驶级别，并能实现兼顾车辆动力学特性的控制性能[7]。

与上述观点不同，美国的 SAE J3016[8]与我国的 GB/T 40429—2021[9]从整体驾驶任务层面出发，根据车辆对完整动态驾驶任务的执行能力来描述自动驾驶智能性，并将车辆驾驶自动化水平划分为 0 ~ 5 共 6 个等级。我国国家标准化管理委员会分别从动态驾驶任务的完整性与持续性、横纵向控制的同时性、能否自动执行最小风险策略与是否存在设计运行域对车辆驾驶自动化水平进行划分。

（2）自动驾驶性能

体现智能性的基本性能由传统车辆性能拓展得到。对于传统车辆，安全性、舒适性与经济性是衡量车辆性能的 3 个重要维度。其中，安全性包括车辆的被动安全性能、制动性能和操纵稳定性等；舒适性包含车辆的平顺性、振动和噪声性能等；经济性主要指车辆的燃油经济性。对于智能汽车，由于驾驶任务的行为主体由人类变成了智能系统，对车辆的考察由原来的驾驶员视角（即车辆好不好开）变成了乘员视角（即车辆开得好不好），因此，安全性、舒适性与经济性被赋予了新的涵义，以体现车辆的智能性。在安全性方面，智能性主要体现在如车辆避撞性能和危害减轻能力等的主动安全性能上；在舒适性方面，由于智能汽车具有更出色的运动控制和车间协同能力，与自然驾驶行为差异较大，往往会引起乘员的不舒适感[10]，因此，智能性也体现在车辆驾驶行为与乘员期望的一致性以及不让乘员产生失控感的能力[11]；此外，与传统车辆经济性对应，除了能耗效率，车辆在规定时间内完成既定驾驶任务的时间效率也是自动驾驶智能性的重要体现，因此，可将能耗效率与时间效率统称为智能汽车的高效性。进一步地，作为智能体，智能汽车还具有高阶性能。结合 Wooldridge 等所提出的智能体的属性，不少学者提出自动驾驶智能性也体现在尽可能少的人工干预、优秀的人机交互性与学习性以及与其他交通参与者良好的交互质量上。

综合考虑智能性的各维度，智能汽车的智能性概念可以从行驶自治性、社会合作性和学习进化性三个方面进行阐述。其中，行驶自治性是指车辆在没有人工干预的情况下，自主且高质量地完成驾驶任务的能力，是车辆本体智能性的体现；社会合作性是车辆对交互趋势的预判能力与对交互行为的实施能力，用来刻画车辆智能性中的社会合作能力[12]；学习进化性是指智能汽车随驾驶时间累积演化出的复述重现和泛化迁移的能力，是智能汽车智能性在时间维度上的体现。图 2-2 所示总结了从智能汽车自动驾驶能力和性能两方面考虑的自动驾驶智能性概念框架。

综上所述，对应自动驾驶智能性的概念，对智能性的测试与评价也可以从车辆自动驾驶能力与车辆自动驾驶性能两方面展开。本章 2.2.2 节将具体介绍不同时期针对这两方面所涵盖的内容展开的智能性测试与评价方法。

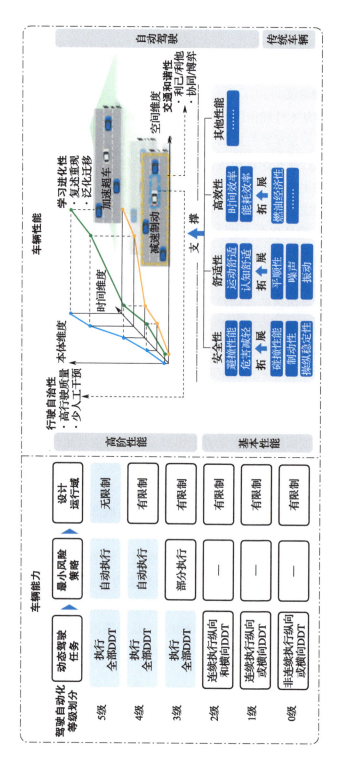

图2-2 自动驾驶智能性概念框架

2.2　测试方法论

2.2.1　安全性测试验证框架

对 L2 级以下的驾驶辅助功能进行安全性测试，传统的测试方法主要以预定义的测试用例作为测试输入，以系统的行为表现是否符合安全要求作为是否通过测试的评判依据，这样的测试方法在现行的诸多标准和测试规范中均有应用，如 Euro-NCAP 制定的面向各类高级驾驶辅助系统（Advanced Driver Assistance System，ADAS）功能的测试标准。对于高等级自动驾驶系统，这样的测试方法存在诸多弊端。首先，测试用例对实际交通场景的覆盖率不足。ADAS 测试用例的来源一般是从交通事故数据提取，或基于专家经验构建典型危险场景，这些场景对自动驾驶系统虽具有一定挑战性，但不足以覆盖 ODD 内的各种场景。其次，传统测试用例针对性较弱，更偏重整车行为的测试，缺少针对系统功能不足和性能局限的测试。最后，传统测试方法对测试结果的评估较为单一，以是否发生碰撞作为评估依据，无法对安全性进行细粒度的考察，不能很好地支撑系统功能改进和完善。

针对高等级自动驾驶功能，目前以基于场景的测试方案为主流，围绕场景，搭建测试与验证框架，构建安全性论证的逻辑链，以便从需求出发，系统开展测试，并有效地支撑安全性证明。由欧洲各主要汽车制造商、供应商、第三方测评机构以及高校等联合开展的 PEGASUS 项目中，特别针对基于场景的安全性测试验证框架进行了探索和实践，形成了具有指导意义的研究成果。

在上述框架下，自动驾驶汽车的安全性测试与验证涉及需求定义、数据采集和处理、场景数据库、测试用例库、安全性验证与确认等多个环节，如图 2－3 所示。

测试验证首先从需求和目标定义开始，即根据被测试系统的功能需求，得到相应的测试验证目标。功能需求是功能设计的基础，需求一方面要从产品设计角度出发进行确定，另一方面，也要参考现有规范的要求，包括交通法规、技术标准、行业的指导规范等。确定了功能需求后，还需要进一步进行分解，确定各个功能模块、子系统等的技术需求，这些需求将作为开展测试验证的目标。

开展测试需要输入测试用例。对于安全性测试验证，场景是测试用例的核心部分。测试场景的收集、处理、利用等是测试验证工作开展的基础。首先，

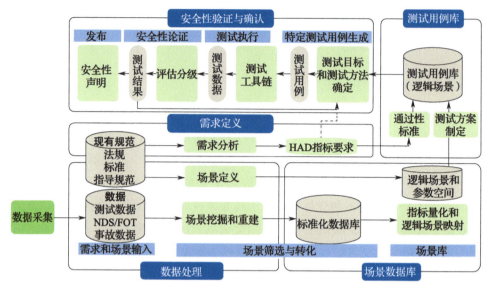

图2-3 安全性测试与验证框架

需要进行场景数据采集，采集范围包括已经开展的针对功能的各项测试、道路测试和自然驾驶数据，以及现有的交通事故数据等。这些数据需要经过进一步处理和加工，使其成为结构化数据，并进行感兴趣场景的挖掘和重建，成为统一的场景数据。之后，将大量的场景数据进行标准化，对场景进行分类，赋予其相应的标签，即可形成场景数据库。场景数据库可以用来筛选、生成、泛化各类测试场景。利用场景进行测试，另一项关键技术是场景描述框架，用于场景的定义，场景描述框架能够确定所需的逻辑场景或具体场景，满足不同的测试需求。

以测试需求和测试场景库为基础，构建符合要求的测试用例库。测试用例由测试场景描述，同时补充基于需求定义的测试标准组成。测试用例库中一般是以逻辑场景形式描述的场景，当需要执行测试时，从逻辑场景参数空间中采样或人为选取特定具体场景，作为具体测试用例。

获得测试用例集之后，需要根据被测系统（System Under Test，SUT）的测试环境，确定测试方案，以及相匹配的测试执行策略。对于依赖仿真环境的测试，可以采用自动化测试工具结合动态试验设计、黑箱优化测试等测试策略，这些测试策略基于参数定义的测试用例，协同仿真测试环境，能够提高测试的针对性和测试效率，但实际应用效果受策略算法和目标函数影响；对于依赖真实环境的测试，由于受真实环境的物理限制，还缺少特别有效的测试策略，只能采用随机抽样、组合测试等结合专家经验定义测试用例后逐一进行测试。在测试执行阶段，需要利用软件在环（Software-in-the-Loop，SIL）、硬件在环（Hardware-in-the-Loop，HIL）、整车在环（Vehicle-in-the-Loop，VIL）等测试工具链，开展"多支柱"测试，提高测试验证效率。

　　完成测试后，需对被测系统进行系统评估，系统评估需要建立评估框架和评价指标。由于测试的执行是以单个测试用例为单位的，首先应对单次测试下的系统表现进行评估，但单一的测试并不能反映系统的综合表现，因此还需考虑系统在整个测试用例集中的整体表现，评估框架即用于整合单次测试评估结果形成综合评估结果。对于不同的待测关键系统，具体的评价指标存在较大差异，需根据关键系统的能力需求进行构建或选择。最终，形成针对整个自动驾驶系统的安全性声明。

2.2.2　智能性测试评估框架和体系

　　本部分先介绍针对传统车辆相关的测评指标以及对车辆智能性测评的早期探索，之后，介绍基于车辆外部输入与性能输出的智能性测评方法，并以同济大学提出的"五维一体"智能性综合评价理论为例进行详细说明，最后，针对现有智能性测试评价方法的问题，从可用性需求出发，介绍同济大学提出的AQSP 智能性进阶测评方法。

1. 传统车辆测评指标及车辆智能性测评早期探索

　　传统车辆测评指标主要关注车辆本身的动力学性能；针对智能汽车的智能性，需要建立一套新的系统性测评体系，以满足智能汽车在开发与认证过程中的测评需求。针对该问题，学界和产业界均进行了探索和研究，试图对智能汽车的智能性进行阐述并建立相应的测评体系。目前，国内外对自动驾驶车辆智能性测评的研究主要分为两类：一类是第三方机构主导的智能车竞赛，根据比赛目的设计了测评体系和机制；另一类是由各类科研机构开展的理论研究，基于不同的测评理论和方法对智能汽车的综合表现进行了分析。

　　对车辆智能性测评的早期探索以无人车比赛为主，如美国国防高级研究计划局（Defense Advanced Research Projects Agency，DARPA）主导的无人车挑战赛与我国的国家自然科学基金委员会组织的中国智能车未来挑战赛等。比赛一般在预先规定的道路或区域内进行，通过人为构建的模拟交通环境，并指定车辆需要完成的行驶任务，对无人车辆的智能性进行考察。不同比赛中智能汽车智能性测评方法对比见表 2-1。

表 2-1　不同比赛中智能汽车智能性测评方法对比

比赛/项目	国别	首届时间	考察功能或性能	指标
Percept OR	美国	2001 年	自主行为能力	自主行驶里程、任务耗时、行驶速度、人工干预次数、任务失败次数
Grand Challenge	美国	2004 年	自主行为能力	行驶里程、完成时间
Urban Challenge	美国	2007 年	自主行为能力和部分交互能力	任务完成时间、完成质量、违反交通规则、危险行为
智能车未来挑战赛	中国	2009 年	安全性、舒适性、敏捷性、智能性	完成任务总时间、任务完成质量、人工干预次数
自动驾驶汽车挑战赛	中国	2018 年	智能性、安全性、人机交互、能效	任务完成时间、任务完成度、人工干预次数

各类智能汽车比赛的核心是比赛过程中设置的任务，并由车辆完成任务的各项指标对自动驾驶进行测评。总体而言，各类竞赛核心围绕智能汽车的自主行为能力、交互能力与学习能力展开测评，反映了业界对智能汽车的一般要求。

为了能够更准确地描述智能性的表现，一些研究机构对测评理论和方法进行了研究。早期的智能汽车测评主要基于单一功能与场景，随着技术的进步，对于智能汽车的测评逐渐向复杂化、集成化发展。在对智能汽车测评研究进程中，不少研究吸收了 ALFUS[6]无人系统自动级别框架对于广义的无人系统的测评经验。在此启发下，先后出现了多种测评方法，主要分为基于里程的测评和基于场景的测评两类，整体包含车辆控制行为、行车行为、交通行为等测评指标体系，见表 2-2。

表 2-2　不同研究中智能汽车智能性测评方法对比

机构	测评目标/准则/指标	类型
马里兰大学		基于里程
卡内基梅隆大学	总行驶里程、人工控制行为、人工干涉率等	基于里程
帕尔马大学		基于里程
慕尼黑国防大学		基于里程
美国国家标准与技术研究院[13]	人工干预度、环境复杂度、任务复杂度	基于里程
中国科学院沈阳自动化研究所[14]	感知技术、导航技术、人机交互、信息通信技术、路径规划技术、多平台协同技术、运动控制技术、任务规划、学习适应	基于场景
北京理工大学[15]	车辆控制行为、基本和高级行车行为、基本和高级交通行为	基于场景
同济大学[16]	行驶自治性、交通和谐性、学习进化性	基于场景

其中，基于里程的测评与各类无人车比赛类似，仍注重被测评对象的整体完成情况；基于场景的测评则根据具体场景的特点设计测评目标，针对性更强。

2. 基于车辆外部输入与性能输出的智能性测评方法

随着自动驾驶技术的不断发展，测试评价对象从传统的人 - 车二元独立系统变为人 - 车 - 环境 - 任务强耦合系统，测试场景及测试任务难以穷尽，评价维度纷繁复杂。为了更好地解决车辆智能性的测评问题，基于车辆外部输入与性能输出的智能性测评方法逐渐形成。这一类方法的基本思想是通过评价测试输入条件（如测试时的环境条件、需要完成的测试任务等）的难度以及测试输出条件（如车辆在测试过程中的安全性、舒适性等）的表现来评价车辆的智能性。其中，以同济大学提出的"五维一体"智能性综合评价理论最具代表性，其框架如图 2 - 4 所示。

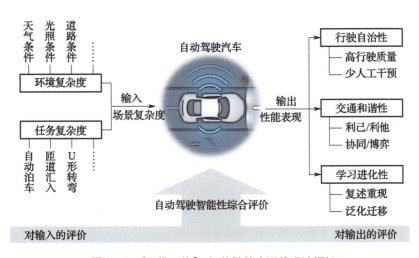

图 2-4　"五维一体" 智能性综合评价理论框架

该框架首先从环境复杂度及任务复杂度两个方面出发，评价测试输入条件的难度。其中，环境复杂度是指由道路因素（如拓扑结构、路面材质、高程等）、交通因素（如信号灯、道路限速等）、气候因素（如恶劣天气等）以及干扰因素等环境因素对车辆正常行驶造成挑战的程度；任务复杂度是指车辆测试任务本身的难度，不同驾驶任务对智能汽车造成的挑战是不一样的，因此在评价时需要将任务复杂度考虑在内。

对于车辆性能输出的评价，"五维一体"智能性综合评价理论框架从行驶自治性、交通和谐性以及学习进化性三个方面展开。

行驶自治性评价包含正向的行驶质量评价与负向的人工干预度评价。其中，行驶质量评价包括舒适性、高效性和安全性三个层面；人工干预度评价根据实际人工干预程度进行计分评价，具体可由加速踏板干预次数、加速踏板干预总时间、制动踏板干预次数、制动踏板干预总时间、方向盘干预次数、方向盘干预总时间等指标衡量。

交通和谐性是自动驾驶车辆的社会合作能力的体现，主要评价的是两车在博弈和协同过程中的交互质量，包含利己性和利他性两个方面的评价准则。其中，利己性指的是基于自车视角的局部信息和全局俯视视角的自车决策合理性；利他性是自车行为对对手车的影响程度，即对手车因受自车行为影响而产生的减速、换道、让道等行为和警觉、戒备等心理和脑力负荷变化等主观感受[17]。

学习进化性可用于描述自动驾驶车辆在环境中的运行表现随时间的变化规律。随着运行次数的增加，若自动驾驶车辆在环境中的表现不断提升，则称其有正向的学习进化性；反之，若其表现不断下降，则称其有负向的学习进化性。目前，随着人工智能技术、数据中心平台、云计算平台以及高速通信技术的快速发展，学习进化性在自动驾驶车辆领域也已经有了具体的体现：众多车企与供应商（Tesla、Waymo、博世、小鹏、蔚来等）已经开始逐渐开发与使用空中下载技术（Over-the-Air Technology，OTA），对车辆的软件系统故障修复与迭代更新，其中便包括对自动驾驶程序或 ADAS 模块的软件更新。使用 OTA 系统效果最显著的当属特斯拉（Tesla）公司，其已经开始使用 OTA 系统对车主推送全自动驾驶程序包的更新，包括对神经网络与控制算法结构的重写（A Fundamental Architectural Rewrite of Our Neural Networks and Control Algorithms），以提高自动驾驶的表现。Waymo 公司也基于驾驶数据，不断对自动驾驶电动汽车（AEV）进行更新，以提升其行驶质量。由此可见，随着 OTA 等技术的进一步普及，自动驾驶车辆将普遍具有学习进化性，以适应复杂的交通环境。

3. 面向可用性的车辆智能性进阶测评方法

尽管目前已有不少针对自动驾驶车辆智能性的测试与评价研究，然而，想要真正实现自动驾驶车辆应用落地，还需解决可用性问题。目前，针对自动驾驶车辆测试与评价，还存在以下问题：

1）测试场景范围局部：无法考核对中观及宏观交通范围的影响。

2）测试工况设置零散：无法有效覆盖整个设计运行域。

3）场景环境条件简单：无法复现实际使用环境中各类复杂情况。

4）智驾性能评价二元：无法综合反映智能驾驶性能水平。

5）智驾功能测评割裂：无法系统完整地测评功能实现情况。

这些问题导致现有方法无法综合反映智能驾驶性能水平，也无法系统完整地测评功能实现情况，不能满足高等级智能汽车智能性测试与评估的需要。面向高等级智能汽车在系统、功能、环境方面的极端复杂性以及对安全、可靠、舒适、智能等方面的复合性需求，同济大学提出一套系统、完整的进阶式测评体系——AQSP 测评方案。

AQSP 测评方案从基本驾驶能力（be Able to）、安全保障水平（be Qualified to）、综合智能表现（be Skillful at）和妥善应对程度（be Professional in）四个进阶等级出发对智能汽车进行能力划分，如图 2-5 所示。上述四个等级从微观到宏观、从自车到整个交通流、从安全性到智能性，实现了以顶层目标驱动、测试场景为实现方案、多级评价为输出的测评闭环架构。

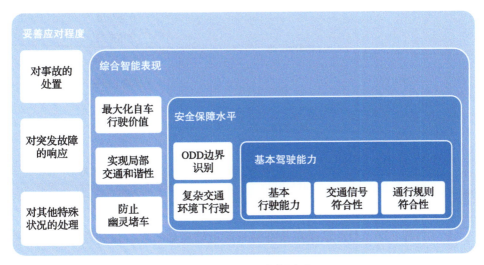

图2-5　AQSP 测评方案

基本驾驶能力（A）是指车辆在符合交通法规及行为规范的前提下，完成基本驾驶动作（如换道、超车等）的能力。针对基本驾驶能力的测试，可从行驶能力与交通法规符合性两个方面展开。对于行驶能力的测试场景来说，可根据表 2-3 的对自动驾驶功能的分类，从封闭道路（Highwat Pilot，HWP）、开放道路（Navigate on Autopilot，NOA）、代客泊车（Automated Valet Parking，AVP）三大类应用场景展开。交通法规符合性的测试场景则可进一步分为交通信号符合性场景、通行规则符合性场景与其他操作规范符合性场景。基于上述测试场景分类，可使用"通过 – 不通过"二元评价实现对车辆基本行驶能力的衡量。

表 2-3　基于自动驾驶功能分类的自动驾驶车辆基本驾驶能力（A）测试场景

自动驾驶功能	行驶任务	
封闭道路（HWP）	保持主路行驶	
	匝道汇入汇出	
开放道路（NOA）	结构化道路区域	主路行驶
		主辅路汇入汇出
		十字路口通行
		环岛通行
	非结构化道路区域	直道行驶
		弯道行驶
		路口行驶
代客泊车（AVP）	道路巡航	直道巡航
		弯道巡航
		直道上下坡
		螺旋上下坡
	路口巡航	直行通过
		左转通过
		右转通过
	泊入泊出	泊入车位
		泊出车位

安全保障水平（Q）是指在基本驾驶能力的基础之上，自动驾驶车辆还要能在 ODD 内的复杂行驶环境中行驶，同时实现 ODD 边界的识别。针对不同的自动驾驶子系统，复杂行驶环境的具体表现形式也不尽相同，如针对控制执行系统的路面附着条件突变、轮胎胎压异常以及车身受侧向风外力等场景；针对决策规划系统的其他车辆非预期行为以及盲区等场景；针对感知系统的传感器遮挡、识别目标罕见等场景。对于 ODD 边界的识别，这一层级要求车辆能够完成区域范围、可行区域、交通路口、基础结构、特殊结构、临时结构、能见程度、天气条件、亮度条件、互联状态、其他智能体以及自车状态共 12 类相关场景的 ODD 边界识别。

综合智能表现（S）是指车辆在完成上述自身行驶价值最大化的基础之上，也能考虑其他车辆的行驶价值，实现局部交通的和谐性。与本节中提到的交通和谐性概念类似，随着自动驾驶车辆的关注范围由单车拓展到微观及中观交通范围上，自动驾驶车辆所需权衡的价值不断增多，场景中动态交互的复杂程度也不断增高，因此对车辆的智能性水平提出了更高的要求。针对综合智能表现，应展开"单车行驶 – 微观交互 – 中观交通"的三维综合评估。

妥善应对程度（P）在上述要求的基础之上，也需要智能汽车能够妥善处置自车的突发故障、他车的事故，以及交通检查等罕见情况，并在上述事件中实现风险的最小化。

2.3　测试工具链及应用要求

2.3.1　测试工具链

为了应对自动驾驶汽车架构和功能的复杂性，提高测试效率，国际汽车制造商协会（The International Organization of MotorVehicle Manufacturers，OICA）和联合国自动驾驶验证方法非正式工作组（VMADIWG）提出了"三支柱"测试方法，这种方法主要包括虚拟仿真测试、封闭场地测试和实际道路测试三种手段。虚拟仿真测试是在虚拟仿真环境中模拟各类道路、交通情况以及部分车辆组件或者自动驾驶模块，对自动驾驶系统进行测试的方法。这种方式可以构建丰富多变的测试场景，并快速进行重复性测试。它一方面可以对不同设计运行域、不同功能、不同参数范围的大量场景进行快速而低成本的测试；另一方面，对于真实环境中难以复现或者复现危险性较大的场景进行重复测试。封闭场地测试是在封闭试验场地道路上利用真实或模拟的交通参与者构建各类可控、可重复的测试场景，对搭载自动驾驶系统的车辆进行测试的方法。精心设计和构建的测试场地和交通参与者，使得场地测试具有较高的保真度；同时由于各项测试要素都可以严格控制，场地测试可以对各项场景进行重复测试，并收集需要的数据。实际道路测试是指搭载自动驾驶系统的车辆在实际的开放道路上行驶，通过真实的道路、交通、天气等环境对其进行测试的方法。实际道路测试是对自动驾驶系统最终的验证手段，通过在复杂多变的真实交通流中长时间、不间断地行驶，可在设计运行范围内对各项自动驾驶功能的运行情况进行测试和验证。

　　基于"三支柱"测试基本思想，结合自动驾驶汽车 V 型开发流程，构建覆盖算法模型到整车集成测试需求的测试工具链。自动驾驶产业的上下游企业在开发过程中的各个阶段，根据自身需求，对软件算法、核心部件、集成系统开展测试，如环境感知系统测试、决策规划系统测试、控制执行系统测试、整车集成测试等，如图 2−6 所示。

图2-6　完整的测试工具链

　　虚拟仿真测试平台采用高运算服务器，实时生成虚拟的测试场景，支持对车辆核心算法和模型进行测试，加速智能汽车开发进程。同时，虚拟仿真测试平台也是硬件、整车在环测试的底层支持平台。产业界对仿真测试平台的应用已较为成熟，有多种综合性工具软件支持该需求。Waymo 开发了自己的仿真平台 Carcraft，如图 2−7 所示；百度 Apollo 仿真平台一方面用来支撑内部 Apollo 系统的开发和迭代，另一方面为 Apollo 生态的开发者提供基于云端的决策系统仿真服务；荷兰 Tass International 公司开发的仿真测试软件 PreScan 可用于从基于模型的控制器设计到利用软件在环和硬件在环系统进行的实时测试等应用，可连

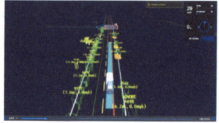

图2-7　Carcraft 仿真平台用于场景回放和测试

接至第三方的汽车动力学模型（CarSim 和 dSPACE ASM）；PanoSim Technologies 公司开发的软件 PanoSim 是新一代智能汽车仿真软件，具有完整的驾驶员模型、高精度车辆模型、传感器模型、天气模型，可方便地进行场景构建和算法 MDL 搭建，可用于智能驾驶算法的快速开发和验证。

　　驾驶员在环测试系统是用于研究、测试、分析和重现"人 – 车 – 路 – 交通"在实际车辆驾驶中的相互作用的测试系统。系统基于仿真测试技术开发，结合真实驾驶员的实际行为，可以实现对高级驾驶辅助系统（ADAS）和高级自动驾驶（Highly Automated Driving，HAD）功能的开发测试及主观评价，从而为产品开发提供支持。驾驶员在环测试需要搭建驾驶模拟器，主流驾驶模拟器可分为静态模拟器、六自由度驾驶模拟器以及八自由度驾驶模拟器，满足不同需求的驾驶员主观测试和人机交互测试等，如图 2 – 8 所示。

a）静态模拟器　　　　　　　b）六自由度驾驶模拟器

c）八自由度驾驶模拟器

图 2-8　不同类型的驾驶员在环测试系统

　　硬件在环测试主要分为两大类，即智能感知传感器在环测试和智能执行器在环测试。智能感知传感器在环测试以摄像头在环测试和毫米波雷达在环测试为主；智能执行器在环测试主要对线控制动、转向系统进行在环测试。

　　摄像头的硬件在环测试方案分为两类，一类是以视频暗箱进行的物理信号级测试，另一类是以视频信号注入进行的数据级测试。毫米波雷达硬件在环测试一般采用回波模拟器仿真，如 dSpace 公司和美国国家仪器（NI）的毫米波雷达硬件在环系统，通过与仿真测试平台配合，实现测试场景模拟和硬件在环测试。传感器硬件在环测试系统实际效果如图 2-9 所示。

图2-9　传感器硬件在环测试系统实际效果

　　线控制动、转向系统以传输电线取代传统车辆中方向盘和转向轮之间的机械连接，其控制器控制策略应弥补由机械连接组成的传统转向系的不足，需要开发硬件在环仿真系统用于测评控制策略。目前硬件主流开发工具有 dSPACE、Mathwork 公司的 xPC Target 产品以及 NI 公司的 LabVIEW-RT 等。其中 LabVIEW-RT 通过将 LabVIEW 图形化编程环境和实时操作系统结合，提供便捷的开发实时测控系统。

　　整车在环（VIL）测试平台是一种在虚拟交通环境中（包含交通场景、交通标志、道路等）集成真实车辆的测试技术，在一定程度上可降低整车集成测试对封闭场地的依赖性，并发挥仿真测试的高效性和可重复性优势。整车在环测试一般分为转鼓平台在环测试和真实车辆在环测试两大类。转鼓平台在环测试通过将车辆放置在转鼓平台，将车辆的绝对运动转化为车辆的相对运动，对车辆高速工况进行测试评价，如图2-10所示。真实车辆在环测试以真实车辆为基础，通过信号注入方式向车辆决策规划系统发送虚拟道路环境信息，实现整车与仿真环境的耦合。采用实时仿真机及仿真软件模拟道路、交通场景以及传感器信号，从而构成完整测试环境，这种方法可实现 ADAS 功能验证、各场景仿真测试、自动驾驶功能验证、与整车相关电控系统的匹配及集成测试。

图2-10　转鼓平台整车在环测试系统

　　封闭场地测试从测试环境到车辆系统均为实物。封闭场地测试依托于专用的封闭测试场地，采用柔性化设计，对典型环境和场景进行还原模拟，在有限的场地条件下，尽可能多地使被测车辆经历不同环境和场景。封闭测试场地也是支撑智能汽车测试验证的重要基础设施，在美国、欧盟等汽车产业相对发达的国家和地区，有大量设施齐全、运营完善的封闭测试场，如由部分高速公路路段改造的 Smart Road 测试路段、位于美国考文垂的 AstaZero 智能汽车试验场、位于美国密歇根的 Mcity 自动驾驶汽车封闭测试场地，如图 2-11 所示。我国从 2016 年起，在各地方政府支持下也开始大力建设智能汽车封闭测试场，并逐步形成了较为完善的封闭场地测试条件，能够对不同道路条件、道路类型、天气条件等进行模拟测试。

图 2-11　Mcity 自动驾驶汽车封闭测试场地

开放道路测试是智能汽车测试的重要环节。开放道路具备最真实的交通环境，包含最复杂、最具多样性、挑战性的场景，只有经过开放道路测试，验证自动驾驶功能可靠性，才能最终决定是否能够将其落地应用。国内外对开放道路测试都极其重视，并划定了专门的路段和区域支持测试。截至 2023 年，全国已开放智能汽车测试道路里程超过 1.5 万 km。这些测试道路涵盖了多个城市，包括天津、无锡、长沙等地的国家级车联网先导区。测试道路的开放对于智能汽车的技术研发和商业化应用起到了重要的推动作用。

2.3.2　测试需求与测试工具的适配性

测试工具可以满足不同测试阶段、不同测试环境需求的测试，一些测试工具的采用可以大大提高测试的可重复性并降低风险，同时便于数据的采集。根据测试环境的真实程度或者实际在环硬件的数量不同，测试工具所能满足的测试需求也不同，见表 2-4，应根据需要匹配合适的测试工具开展测试验证工作。

表 2-4　不同测试工具的比较

测试工具	部件或系统	车	环境	适用对象
虚拟仿真	虚拟	虚拟	虚拟	以信号、数据为输入的对象，如决策规划算法
硬件在环	真实	虚拟	虚拟	与物理世界直接交互的对象，以及软硬件结合的模块，如感知系统、执行系统
整车在环	真实	真实	虚拟	部分整车集成对象
封闭场地	真实	真实	真实（模拟）	整车

虚拟仿真测试是纯数字仿真测试工具，由场景模型、车辆动力学模型、传感器模型等组成，测试效率极高，测试成本和测试风险非常低。受当前仿真技术的限制，仿真软件还难以对真实物理世界做充分的还原，因此一般应用在功能开发早期阶段，在没有实物硬件的情况下，对系统的行为决策和路径规划算法进行测试并发现其功能局限。不同类型仿真软件比较见表2-5。

表2-5　不同类型仿真软件比较

软件名称	应用范围	局限	常用软件
面向单车功能的仿真软件	小空间尺度、少量交通参与者的微观交通场景	应用于大空间尺度和多个交通参与者的场景时建模效率低	PreScan、CarSim、VTD 等
交通流仿真软件	较大尺度交通网、多个交通参与者以及模拟小规模交通流	只提供少数传感器理想模型	SUMO、VISSIM
面向虚拟里程测试的仿真软件	完全还原真实交通环境，极大的空间尺度，众多交通参与者	开发成本高	定制开发

硬件在环测试中，自动驾驶系统的部分部件或系统是真实的，而环境是虚拟的，自动驾驶汽车的环境感知系统、决策规划系统和控制执行系统均可实现硬件在环测试。虽然理论上自动驾驶功能相关硬件均可开展硬件在环测试，但硬件在环测试的有效性仍有待论证。首先，部分硬件的在环测试技术手段相对复杂且成本很高，如毫米波雷达、激光雷达等。其次，传感器在环也受虚拟仿真平台的模型拟真度影响，可测试的因素有限，特别是预期功能安全所关心的一些触发条件，目前大部分虚拟仿真平台都难以还原。最后，部分硬件在环测试的意义不大，如决策规划系统硬件在环测试，这是因为决策规划系统的大部分功能主要以软件承载，其输入和输出均为数据或信号，不与物理世界进行直接交互，软件在环测试基本可以满足验证需要。

整车在环测试中，整车作为实物硬件被连接到虚拟的测试环境中进行测试，是比硬件在环测试更加复杂的测试工具。将所有部件、系统集成到车辆上进行测试，可以降低模型偏差带来的不良影响，使测试结果更加可靠。转鼓平台在环测试和真实车辆在环测试两种方案在实际中均有应用，两种方案各有优势和局限性。真实车辆在环测试仅有车辆是实际硬件，传感器仍依赖于模拟输入，真实度相比转鼓平台略低，同时它也不能克服场地受限的问题。对于转鼓平台在环测试，由于车辆静止，因此无法考察控制执行系统能力，而只能模拟车辆间的相对运动关系，且无法真实还原周围环境变化。

封闭场地测试的弊端主要在于测试效率低，测试成本高，并存在一定的测试风险。为提高测试效率，车辆一般需要先经过虚拟仿真测试、硬件在环测试等，筛选最为典型和测试价值较高的场景开展封闭场地测试，缩短场地测试的周期。

2.4 本章小结

本章主要介绍了智能汽车的测评方法，重点围绕智能汽车的安全性和智能性展开。首先，分析了智能汽车安全性测试验证需求和智能性测试评价需求。然后，介绍了支持安全性和智能性测评的测试方法论和框架体系。最后，对服务于测试的工具链及其应用要求进行了介绍。

智能汽车的安全性对其规模化应用至关重要，而测试与验证工作对于智能汽车安全目标实现不可或缺。目前，世界范围内开展了大量科学技术研究和产业应用项目，形成了一些测试与验证方法论和标准规范，如 ISO 21448、ISO 34502 等，可以指导安全性测试验证工作的开展。智能汽车的智能性测评有助于区分智能汽车的任务决策、复杂环境感知、演进交通场景理解等能力，提高汽车智能化设计水平。智能汽车的智能性概念可以从行驶自治性、社会合作性和学习进化性三个方面进行综合评价，以便全面反映车辆智能水平。

针对高级自动驾驶功能，目前业界以基于场景的测试方案为主流，并建立了相应的安全性测试验证框架，并开展了大量探索和实践，形成了具有指导意义的研究成果。总体而言，自动驾驶汽车的安全性测试与验证涉及需求定义、数据采集和处理、场景数据库、测试用例库、安全性验证与确认等多个环节，最终构建安全性论证的逻辑链。针对智能性评价体系，学界和产业界均进行了探索和研究。目前，智能性评价仍未形成统一的框架，存在多种评价方案，如基于车辆外部输入与性能输出的智能性测评方法，以及面向可用性的车辆智能性进阶测评方法等。

在测试工具链方面，为了应对自动驾驶汽车架构和功能的复杂性，提高测试效率，"三支柱"测试方法被广泛应用，包括虚拟仿真测试、封闭场地测试和实际道路测试三种手段，并形成了基于 V 型开发流程的工具链，能够服务不同开发测试阶段的测试需求。

总的来说，智能汽车的测试与评价是一个复杂且重要的过程，需要综合考虑车辆的安全性、智能性以及各种测试环境和方法，以确保智能汽车的性能和品质。

参考文献

[1] International Organization for Standardization. Road vehicles-safety of the intended functionality：ISO 21448：2022[S]. Geneva：ISO，2022.

[2] International Organization for Standardization. Road vehicles-test scenarios for automated driving systems-scenario based safety evaluation framework：ISO 34502：2022[S]. Geneva：ISO，2022.

[3] United Nations Economic Commission for Europe. Uniform provisions concerning the approval of vehicles with regard to automated lane keeping systems：UN Regulation No. 157. 2021[S]. Geneva：UNECE，2021.

[4] WOOLDRIDGE M，JENNINGS N R. Intelligent agents：Theory and practice[J]. The Knowledge Engineering Review，1995，10(2)：115－152.

[5] LI L，HUANG W L，LIU Y，et al. Intelligence testing for autonomous vehicles：A new approach[J]. IEEE Transactions on Intelligent Vehicles，2016，1(2)：158－166.

[6] HUANG H M，PAVEK K，NOVAK B，et al. A framework for autonomy levels for unmanned systems (ALFUS)[C]//Proceedings of the AUVSI's unmanned systems North America 2005. New York：IEEE，2005：849－863.

[7] NAGAI M. Research into ADAS with autonomous driving intelligence for future innovation[C]//5th International Munich Chassis Symposium 2014. Berlin：Springer Vieweg，2014：779－793.

[8] SAE International. Taxonomy and definitions for terms related to driving automation systems for on-road motor vehicles[S]. Warrendale：SAE International，2018.

[9] 全国汽车标准化管理委员会. 汽车驾驶自动化分级：GB/T 40429—2021[S]. 北京：中国标准出版社，2022.

[10] 蒙昊蓝，陈君毅，王斌，等. 车辆行驶行为的负性刺激对乘员预期的影响[J]. 同济大学学报（自然科学版），2022，50(5)：759－766.

[11] BELLEM H，THIEL B，SCHRAUF M，et al. Comfort in automated driving：An analysis of preferences for different automated driving styles and their dependence on personality traits[J]. Transportation Research Part F：Traffic Psychology and Behaviour，2018，55：90－100.

[12] 陈君毅，陈磊，蒙昊蓝，等. 两车交互场景中的车辆交通协调性评价方法[J]. 汽车技术，2020(11)：1－7. DOI：10. 19620/j. cnki. 1000－3703. 20200252.

[13] MCWILLIAMS G T，BROWN M A，LAMM R D，et al. Evaluation of autonomy in recent ground vehicles using the autonomy levels for unmanned systems (ALFUS) framework[C]//Proceedings of the 2007 Workshop on Performance Metrics for Intelligent Systems. New York：ACM，2007：54－61.

[14] WANG Y C，LIU J G. Evaluation methods for the autonomy of unmanned systems[J]. Chinese Science Bulletin，2012，57(15)：1290－1299.

[15] SUN Y，CHEN H Y. Research on test and evaluation of unmanned ground vehicles[J]. Acta Armamentarii，2015，36(6)：978－986.

[16] MENG H L，XING X Y，CHEN J Y，et al. Comprehensive evaluation framework of autonomous vehicles' intelligence (CEFAVI)[C]//2019 中国汽车工程学会年会论文集. 北京：机械工业出版社，2019：64－70.

[17] 上海交通运输行业协会. 智能网联汽车匝道场景交通和谐性测试与评价方法：T/SHJX 047—2022[S]. 北京：中国标准出版社，2022.

第3章
智能汽车测试场景

　　场景是智能汽车研发和测试过程中的核心要素。一方面，场景用于功能规范定义，为功能开发提供需求；另一方面，场景作为测试的最基本单元，能够考察智能驾驶功能是否达到预期目标。从测试角度出发，必须规范使用测试场景才能有效支持安全性和智能性测评。对于场景基本概念、场景描述体系框架等，目前行业已形成了一定共识，大大提高了测试场景使用的一致性和有效性；此外，围绕测试场景，也存在大量技术问题亟待解决，包括场景生成方法、场景采集方法等。本章将围绕以上话题，对智能汽车测试场景相关内容进行介绍和阐释。

3.1　场景基本概念

　　"场景"（Scenario）一词来自于拉丁语，最初的意思为舞台剧。新华字典将"场景"定义为：①电影、戏剧作品中的各种场面，由人物活动和背景等构成；②泛指生活中特定的情景。牛津字典将"场景"定义为：①假定的顺序或者事件的发展；②电影、小说、舞台剧的书面大纲，以及其中的情节和个别场景的细节。针对特定的研究领域，"场景"一词的含义存在一定差异。如在经济学领域，场景通常被定义为"对未来的描述"；在交互设计领域，场景被定义为"关于人们进行活动的简单故事"；在驾驶领域，场景被认为是一定时间和空间范围内行驶环境与汽车驾驶行为的综合反映，描述了外部场地、道路、气象和交通参与物以及车辆自身的驾驶任务和状态等信息。

　　服务于特定测试目的的场景则被称为测试场景。测试场景可以帮助人们把特定的研究对象放置在具体的情况下进行研究，考查其表现和反应等，从而形成一些结论。对于自动驾驶汽车测试场景，其含义可以从以下几方面进行理解。

测试场景的内涵：场景被应用于自动驾驶汽车测试时，描述的是某类或某个行驶环境，以及被测车辆在上述行驶环境中的任务。具体来讲，行驶环境描述了基本的交通环境情况和交通参与者状态及其行动，能够呈现或反映真实世界中的交通情景的发生环境以及发生过程；被测车辆的目标及行为描述了被测车辆在上述行驶环境下，需要完成的任务或预期完成的任务。由上述两部分共同组成了某个或某类特定测试场景。在测试场景中，可以对被测车辆的特定功能在行驶环境下的表现进行考查和分析。

测试场景的作用：测试场景是用于对自动驾驶汽车的功能或性能进行测试、验证或评价的。应用测试场景必须有明确的测试目的，如预期的行为、性能要求等。通过被测车辆在测试场景中的表现，可以对车辆进行验证和评价。

测试场景的尺度：测试场景描述的是一定时间和空间范围内的交通行驶环境以及被测车辆的测试任务。测试场景中包含动态要素，其行为反映的是一个动态过程，有一定的时间跨度；测试场景包含的所有要素是被布置在一定空间尺度的环境下的。测试场景的时间和空间尺度的大小是依据测试任务而确定的。对于时间尺度而言，紧急避障场景，一般持续数秒；而对于跟车行驶场景，则可能持续数分钟甚至数小时。对于空间尺度而言，测试场景可能包含一段道路，或者数条道路组成的路网。

测试场景的视角：测试场景存在多种视角。首先，是研发人员或场景设计者的视角。该视角下，能够获得最为完整的场景信息，且是真实信息，类似于一种"上帝视角"。该视角主要用于测试人员构建测试场景以及测试结果的评价。其次，是被测车辆视角。该视角下，场景信息是不完整的。自动驾驶汽车主要通过车载传感器、通信设备等获取周围行驶环境和交通参与者的信息，因此这些信息的范围有限，且存在一定误差。该视角是车辆在实际行驶过程的视角，是分析行驶环境和驾驶任务的重要视角。最后，是其他交通参与者视角，与被测车辆视角类似，该视角下的场景信息也是不完备的，从该视角出发可以对被测车辆的交通和谐性等行为进行评价。

测试场景的数据来源：对于自动驾驶汽车测试场景，需要强调的是其来源应该是一般的交通场景，涵盖城市、高速公路、乡村、越野等各种交通环境。为形成测试场景，可以通过分析和筛选已有的各类交通场景数据获得测试场景；或者根据测试需求，通过相关理论知识和经验，构建能够反映真实交通场景的测试场景。

3.2　场景体系

3.2.1　场景要素与属性

场景是开展自动驾驶汽车场景测试的基本素材。在进行测试场景构建时，首先需要明确测试场景所涵盖的要素。测试场景由环境要素和自车任务构成，以上两类统称为场景要素。场景要素是测试场景构建的基础，对自动驾驶汽车的测试和评价过程起重要作用，是测评体系的主要支撑。在对场景要素进行准确的理解和科学的分类后，进而为场景数据的采集、挖掘、分析处理等提供有效的支持。

测试场景的构成要素包括：①一定空间范围内的静态要素。在道路方面，如具有出入口的高速公路、车道的数量和尺寸、人行道设置情况等。其他静态环境要素方面，如行车道的状态、交通标志、交通灯的位置以及静态障碍物等。②一定时空范围内的动态要素，如机动车、非机动车、行人和动物等。不把被测车辆包含在内，主要原因是其行为不一定必须是预定义的。③该行驶环境中的气象环境要素。如光照、温度、湿度、气候等环境要素。④被测车辆的初始状态、目标和行为等。指在具备完整交通行驶环境的基础上，将被测车辆置于其中，并设定车辆的初始状态、目标和行为，就形成了完整的测试场景。对于较高级别的自动驾驶车辆的测试，也可以不设定其具体行为而只设定目标。该要素分类中①~③构成交通行驶环境；分类中④则构成被测车辆测试任务。

目前，六层场景本体模型是被业界广泛认可和使用的场景描述框架。该框架最初由欧盟 PEGASUS 项目提出，用于定义描述自动驾驶运行场景时需要考虑的元素，如图 3-1 所示。它将自动驾驶运行环境元素划分为道路层、交通设施层、临时变动层、交通参与者层、环境层和信息层 6 个层级，因此得名。

六层场景本体模型中每个层级的内涵及所覆盖要素如下：

1）道路层：道路层包括道路的几何、拓扑（连接关系）、质量、边界、路面状况等属性，这一层的元素在短时间内不会发生变化。在 OpenX 系列标准中，OpenDRIVE 与 OpenCRG 属于道路层相关的标准。

2）交通设施层：交通设施层包括结构化道路的道路标线、标志、交通信号灯、龙门架等基础交通设施，这一层的元素在短时间内不会发生变化。在 OpenX 系列标准中，OpenDRIVE 属于交通设施层相关的标准。

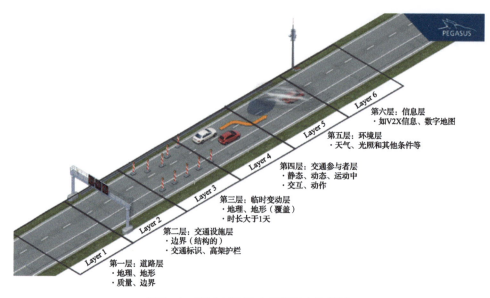

第六层：信息层
·如V2X信息、数字地图

第五层：环境层
·天气、光照和其他条件等

第四层：交通参与者层
·静态、动态、运动中
·交互、动作

第三层：临时变动层
·地理、地形（覆盖）
·时长大于1天

第二层：交通设施层
·边界（结构的）
·交通标识、高架护栏

第一层：道路层
·地理、地形
·质量、边界

图3-1 PEGASUS六层场景本体模型

3）临时变动层：临时变动层是指道路上对道路层和交通设施层的临时改变，例如路障、施工工事等，临时变动的持续时间通常大于1天。

4）交通参与者层：交通参与者层包括所有道路上的交通参与者，如机动车、行人、自行车、动物等，它们具有运动的能力，OpenX系列中的OpenSCE-NARIO标准描述了这一层中所有交通参与者的动态行为。

5）环境层：环境层包括天气、光照、温度、湿度、电磁场等自然环境元素。

6）信息层：信息层包括车路协同（Vehicle to Everything，V2X）等提供的等数字信息。

六层场景本体模型也被纳入了国际标准化协会的ISO 34502标准中，ISO 34502为SAE L3及以上的自动驾驶系统的测试场景和基于场景的安全评估过程提供指导和最新的工程框架。其中，对于场景的概念定义继承了六层场景本体模型。

使用六层场景本体模型可以系统性、结构化地描述一个自动驾驶场景。图3-2所示为T字路口场景示意图，其中道路层包括最底部的沥青道路、路面上的减速带等元素；交通设施层包括车道线、人行横道线、标志牌、交通信号灯等元素；临时变动层在这个场景下不包含任何元素；交通参与者层包含一辆灰色的轿车和一辆紫色的货车，以及它们的行驶动态；环境层包括路边的一些植被和路灯等环境元素；信息层在这个场景下同样不存在任何元素。同理，对于其他任意自动驾驶场景，都可以使用这种方法进行解构和描述。

图3-2　T字路口场景示意图

3.2.2　场景层级

PEGASUS 项目还引入了三层场景抽象层级概念，将场景分为功能场景（Functional Scenario）、逻辑场景（Logical Scenario）、具体场景（Concrete Scenario）三个抽象级别，以便满足开发与测试不同阶段需求，给出不同粒度的场景描述。功能场景是对场景的自然语言描述；逻辑场景将功能场景的控制因素抽象为多个参数，并设定其取值范围，由此可张成一个逻辑场景参数空间；具体场景是逻辑场景参数空间中的一个取值点，代表实际可被执行的一个测试场景。图 3-3 所示为三层场景抽象层级的示例。

基于六层场景本体模型和三层场景抽象层级，自动化及测量系统标准协会（Association for Standardization of Automation and Measuring Systems，ASAM）提出了 OpenDRIVE、OpenCRG、OpenSCENARIO 三项开源标准，分别建立了逻辑路网、路面状况和场景动态的标准格式，目前 OpenDRIVE 和 OpenSCENARIO 已经成为大部分自动驾驶仿真软件支持的标准高精地图格式和场景描述格式，例如 CARLA、VTD、PreScan 等。最近，ASAM 新发布一项 OpenOntology 标准，为自动驾驶场景建立了一个本体模型，用于统一之前提出的标准中的术语和概念。OpenOntology 中的本体模型同样采用了六层场景本体模型的框架。

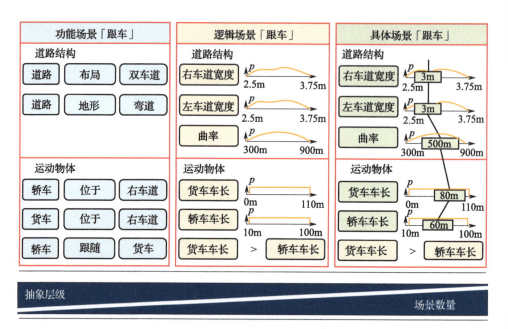

图3-3　三层场景抽象层级的示例

3.2.3　场景分类

为了更好地利用这些场景为自动驾驶汽车研发和测试提供支撑，需要对测试场景进行合理分类，构建更为完善的场景数据库结构化体系。

为了满足自动驾驶汽车在开发、验证和测试过程中不同的应用需求，可从不同角度、不同维度对测试场景进行分类。具体分类方法包括：从测试场景的数据来源进行分类，如自然驾驶数据、危险工况数据、标准法规等来源形成的测试场景，主要用以测试自动驾驶功能的有效性、安全性等；还可从测试场景所包含的要素属性特征角度进行分类，如结构化道路、非结构化道路、静态要素场景、动态要素场景等；或从测试场景的应用手段，如模拟测试场景和封闭实验场测试场景等方面进行分类。

为了能够满足具体的测试需求，也需要从场景的具体内涵进行分类。目前，已有的场景分类多是从事故类型角度进行的分类，UTYP（Unfalltyp）主要关注对事故场景的分类与编码，而美国国家公路交通安全管理局（NHTSA）公开的PRE-CRASH场景分类资料则主要关注预碰撞场景，其他的场景类别分别涉及对一般驾驶场景或交通干扰场景的类别。这些分类方案主要关注场景中的交通参与者及其行为或交互关系，主要涵盖六层场景本体模型中的动态要素，也是安全测试与验证、智能性评价中最为关注的内容。

3.3　场景生成方法

在智能汽车的研发和测试过程中，生成有效的测试场景是至关重要的。本节将探讨不同的自动驾驶场景生成方法，以帮助提高测试的有效性和全面性。首先，我们将介绍基于形式化描述的场景生成方法。其次，我们将讨论基于驾驶员模型的场景生成方法，可用于生成交互闭环的场景。最后，我们将介绍一种专注于安全关键场景的生成方法，在自动驾驶系统的测试中，重点关注可能导致事故或异常情况的场景，从而提升系统的安全性和可靠性。

3.3.1　基于形式化描述的场景生成方法

自动驾驶测试场景在应用中被划分为不同的抽象层级，以满足不同的场景应用需求，在实际应用中，需要相应的技术手段生成不同层级的场景。在确定功能场景后，需要一种介于功能场景和逻辑场景之间的描述方式，用于衔接测试与需求分析，即概要场景。概要场景的优势在于避免了烦琐的参数设置，能够缓解参数化场景的参数爆炸问题，便于从状态和行为层面探讨场景与自车的相互影响。从安全的角度出发，概要场景核心描述内容为周围交通参与者是否会对自车构成威胁以及其危险程度。因此，概要场景主要是对交通参与者的类型、相对自车的位置、相对自车的速度差以及可能的行为动作等的描述。

1. 场景瞬态栅格

概要场景定义为由场景瞬态 S_i、要素动作 A_{ele}、迭代周期 T_{step} 构成的序列，见式（3-1）。场景瞬态描述了场景在某个时刻的瞬时状态，要素动作指交通要素的动态交通行为相关的动作，迭代周期指场景瞬态根据要素动作进行更新的时间周期。在实际的交通场景下，交通要素的动作总体可以分解为速度调整动作和横向位置调整动作。对于车辆而言，速度调整动作包括保持车速、加速、减速；横向位置调整动作包括保持车道、向左换道、向右换道；速度调整和位置调整可以进行组合，因此共计产生 9 种动作。

$$\text{Scenario} = \{S_0, A_{ele}^1, S_1, A_{ele}^2, \cdots, S_n, A_{ele}^n, T_{step}\} \tag{3-1}$$

对场景瞬态进行描述时，采用栅格化的方式对自车周围一定范围内的交通参与者状态进行描述是较为直观和有效的。在自车周围一定横向和纵向范围内，以栅格进行划分，每个栅格覆盖一定的横、纵向距离范围；利用栅格占用情况表示周围交通参与者的相对位置，并为每个栅格匹配不同等级的危险系数；同时考虑到相对速度对危险程度的影响，为占用栅格定义惯性系数。

图 3-4 所示为适用于非交叉路口场景的栅格图。栅格图的横向宽度表示自车在行驶时需要关注的横向空间范围，以车道为单位，即每行栅格表示 1 条车道；栅格图的纵向长度表示自车需要关注的纵向空间范围，以 m 为单位，每个栅格覆盖特定的长度范围。考虑到自车车速越高，其需要关注的纵向范围应相应增大，将每个栅格覆盖的纵向距离 D 设计为与自车车速正相关的函数，见式（3-2）。

$$D = \frac{v_E T_{\text{step}}}{K} \tag{3-2}$$

式中，v_E 为自车车速；T_{step} 为迭代周期；K 为放大系数。

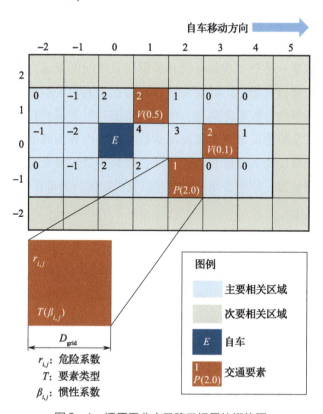

图 3-4　适用于非交叉路口场景的栅格图

对于各个栅格位置的危险系数 $r_{i,j}$，需要根据专家经验、交通数据等进行合理设置。惯性系数反映了交通要素沿栅格纵向移动的速率，即在一个迭代周期内，要素在栅格纵向上移动的距离为 $\beta_{i,j}$ 倍栅格长度 D。将所有占用栅格的危险系数与惯性系数相乘并求和，即为当前场景瞬态的总体危险程度 R_s，见式（3-3）。场景瞬态根据要素动作更新，速度调整动作会改变惯性系数，而横向位置调整动作将改变占用栅格的横向位置。

$$R_s = \sum_{i=1}^{n} \sum_{j=1}^{m} r_{i,j} \beta_{i,j} \tag{3-3}$$

2. 概要场景生成

基于概要场景形式化描述方法，以满足约束的初始场景瞬态的矩阵描述，泛化生成出不同形态的潜在危险场景。以生成潜在危险场景为目标，为了避免生成较多无意义、低危险程度的场景，提高场景生成的合理性和效率，对场景生成设定以下约束。

（1）动作约束

为了防止场景要素出现不合理行为，需要对动作进行约束，避免同一个位置被多个要素占用。具体而言，如果瞬态栅格中的某个位置被交通要素占据，包括自车所在的位置，则其他交通要素不能执行会使其进入已被占据位置的动作。此外，两个相邻的交通要素，不能通过执行动作而互换位置。根据场景瞬态矩阵所对应的道路情况，交通要素也不应执行会使其处于道路边界外的动作。

（2）危险程度约束

从安全分析、测试的角度出发，泛化得到的场景希望尽可能是高危险程度进而激发自动驾驶系统规避行为的场景。因此，产生的交通要素动作需使场景瞬态的危险程度增大，满足式（3-4）。

$$\text{find} A_{\text{ele}} \text{all} \rightarrow \Delta R_s > 0$$
$$\Delta R_s = R_{S_i} - R_{S_0} \tag{3-4}$$

进行场景泛化生成时，在较少的交通元素情况下，可采用遍历搜索的方法，以充分保证生成场景的覆盖完整性。由于本节提出的方法避免了具体参数的设置，参数维度和水平较低，遍历搜索的方法在复杂度和时间成本上均是可行的。

以式（3-5）规定的基元场景为基础，将多个基元场景首尾连接，可以构造复杂连续场景。

$$S_0 \xrightarrow{A^1_{\text{ele all}}} S'_0 \xrightarrow{A^1_E} S_1 \xrightarrow{A^2_{\text{ele all}}} S'_1 \xrightarrow{A^2_E} S_2 \rightarrow \cdots \rightarrow S_i \qquad (3-5)$$

在式（3-5）中，定义 S_0 为初始场景瞬态，$S'_k(0 < k \leqslant i)$ 为过渡场景瞬态，$S_k(0 < k < i)$ 为连接场景瞬态，S_i 为终止场景瞬态，i 表示迭代轮次。根据实际需要，设定 i 的数值。

3.3.2　基于驾驶员模型的场景生成方法

将自动驾驶测试场景参数化有助于场景生成，如提升测试效率等，但同样会面临参数爆炸的问题，即随着场景复杂度增加，用于描述场景细节的参数也会增多，从而导致生成场景数量的指数级增大。此外，场景参数中包含场景运行相关的参数，意味着场景的运行过程被事先定义了，这会导致其无法生成可与被测对象动态交互的测试场景，使得场景缺失交互真实性，难以对自动驾驶的驾驶能力进行完整的评测。

为解决上述问题，一种思路是基于驾驶员模型生成测试场景，驾驶员模型是指具备自主行驶能力的背景车模型。在场景测试时，不需要预定义场景中每辆车的行驶轨迹，驾驶员模型直接控制背景车辆运动，与被测对象、其余背景车之间发生交互。测试人员在拥有驾驶模型的情况下，通过设置测试场景初始状态（包括场景中车辆的数量、初始位置和初始速度等信息）、为背景车分配驾驶模型以及接入被测对象，即可生成测试场景。

驾驶员模型可以按照方法进行分类，常见的建模方法包括基于机器学习的方法和基于规则的方法。基于机器学习的方法使用大量的驾驶数据来训练模型，以学习驾驶员的行为模式和决策过程。基于规则的方法中，研究人员在先验知识的基础上手动定义驾驶员的行为模式和决策规则，这些知识与规则可以通过观察真实驾驶员的行为得出。在基于驾驶员模型生成测试场景的方法中，影响场景生成质量的关键因素是驾驶员模型的能力，合理、真实的驾驶员模型能够为自动驾驶提供可信、有效的测试场景。

因此，本节首先介绍判断驾驶员模型能力的分级方法，其次介绍基于规则的驾驶员模型的相关研究内容及具体方法。

1. 驾驶员模型的分级方法

现有研究中，存在许多方法用于构建驾驶员模型，以服务于不同的研究目的，例如交通领域重点关注交通流量预测，因此从宏观交通流的角度出发对驾驶员建模。多样的研究目的使得现有驾驶员建模问题被定义成不同的形式，在此基础上，研究人员还会对建模问题做不同程度的简化，在不同的细节水平上描述车辆的运动。对于自动驾驶的测试与评价，应当站在微观交通仿真的角度考虑驾驶员建模问题，其中，每一辆车都被视为一个离散的智能体，以模拟车辆之间的异构行为以及交互关系。此外，随着机器学习领域的迅速发展，并且在其他领域取得了显著的成果，越来越多的研究将机器学习方法应用于驾驶员模型的构建。为了使测试人员能够挑选出合适的驾驶员模型以生成测试场景，有必要对这些模型的能力进行等级划分。

　　因此，本节根据仿真场景中动态交通参与者（即驾驶员模型）运动行为的智能化程度，对驾驶员模型的智能化程度进行分级。级别越高，驾驶员模型的运动行为的自主程度越高，且智能化程度越高。这种分级方法便于测试人员对现有研究中的驾驶员建模方法进行评估，并对其可生成的测试场景性能有一个预期的了解。动态交通参与者的分级结果如下（见表 3-1）。

表 3-1　动态交通参与者分级方法

级别	典型模型	路径规划	速度规划	交互对象数量上限	运动行为真实性	模型介绍章节	示意图
1 级	OpenSCENARIO	预定义	预定义	—	—	5.5.1 节	
2 级	IDM	预定义	自主规划	固定	—	3.3.2 节	
3 级	Stackelberg 模型	自主规划	自主规划	固定	—	3.3.2 节	
4 级	深度强化学习模型	自主规划	自主规划	人为规定范围（小于物理观测范围）内所有	一定的真实性	5.4.2 节	
5 级	大模型技术	自主规划	自主规划	物理观测范围内所有	高度的真实性	—	

图例：
 交通干扰模型
 交互对象
　　　　预定义轨迹
.... 自主规划轨迹
　　　　观测范围

（1）1 级

场景中的动态交通参与者沿预定义的轨迹运动。

注：此种情况下动态交通参与者无自主运动行为。预定义轨迹是一组描述物体从起始位置到终点位置的时序状态序列，包含描述物体在某一时刻下的运动状态信息（包括位置、速度、加速度等）。预定义轨迹由人为设置，不由动态交通参与者自主决定。

（2）2 级

场景中的动态交通参与者能够在合理交互的情况下沿预定义的路径实现自主行驶或其他运动行为。

注：预定义路径是指描述物体从起始位置到终点位置的空间中的特定曲线。预定义路径由人为设置，动态交通参与者可自主规划速度。

（3）3 级

场景中的动态交通参与者能够在合理交互的情况下，进行自主轨迹规划并实现自主运动行为。其交互对象的数量上限固定，仅能处理限值内的交互对象及相应数据信息。

注：对于该等级下机动车类型的动态交通参与者，其自主运动行为包括在同一车道内自主行驶以及不同车道间的自主变道。

（4）4 级

场景中的动态交通参与者能够在合理交互的情况下，进行自主轨迹规划并实现自主运动行为。其交互对象的数量上限不固定，能处理在人为规定范围（小于物理观测范围）内所有的交互对象及相应数据信息。动态交通参与者的行为应具有一定的真实性，能够模拟真实场景多数可能发生的动态交互过程。

注：对于该等级下机动车类型的动态交通参与者，其自主运动行为包括在同一车道内自主行驶以及不同车道间的自主变道。

（5）5 级

场景中的动态交通参与者能够在合理交互的情况下实现全部运动行为。其交互对象的数量上限不固定，能处理在物理观测范围内所有的交互对象及其数据信息。动态交通参与者的行为应具有高度的真实性，能够模拟真实场景所有可能发生的动态交互过程。

当前，大模型技术正在迅速崭露头角，其在自然语言处理、计算机视觉以及自动化决策等领域的显著成就，充分展示了其在复杂系统仿真生成方面的巨大潜力，并且预示其在交通仿真领域的广泛应用可能性。以 2023 年 8 月马斯克在社交平台上展示的特斯拉 FSD Beta V12 为例，他在演示中强调，FSD V12 实现了全新的"端到端自动驾驶"，所有的行为都是由 AI 驱动，不包含任何由程序员编写的道路或行人识别代码，全部交由神经网络来实现，如图 3 – 5 所示。特斯拉的自动驾驶大模型通过在大量真实交通数据上进行预训练，可以提取车辆、行人、道路标志、交通信号灯等多种场景下的特征，从而深入理解并掌握城市交通中的各种复杂情境，这些特性同样也是构建真实的仿真场景所需要的，因此自动驾驶大模型可以作为仿真任务的基础模型，进一步微调后转化为专门的仿真大模型。

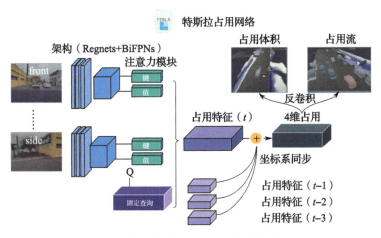

图 3-5　特斯拉 FSD 功能网络架构

对于未来的交通仿真，大模型技术将能够提供无与伦比的个性化和地理特定的模拟环境。模型能够接收关于城市或地区的特定信息，如道路设计、地形特征、当地驾驶习惯等，进而生成具有当地特色的交通场景。这意味着，无论是模拟北京的五环交通，还是重庆的山城立体交通，大模型技术都能够提供精准和富有地域特色的仿真环境，这在传统仿真技术中是难以实现的。

2. 基于规则的驾驶员模型

基于规则的驾驶员模型在交互时，交互对象的数量受到规则的限制，难以处理复杂且变化的驾驶场景，因此属于第二级或者第三级动态交通参与者。基于规则的驾驶员模型因原理清晰而具有较强的可解释性，同时该模型架构展现出良好的可迁移性，可便捷嵌入各类仿真系统。但此类模型仍存在以下局限性：其一是模型通常依赖预设固定路线指导车辆运行，并将交通参与者的纵向和横向运动解耦处理，导致行为模拟能力受限；其二是专家预设的规则难以适配真实驾驶场景的复杂多样性，在应对高维复杂场景时存在局限，致使基于规则的交通参与者模型多应用于简化版交通仿真系统，客观上制约了仿真场景的复杂度拓展。

基于规则的驾驶员模型可以基于预定义的数学公式直接控制车辆的运动行为，例如 IDM 等模型，但应用公式也意味着对驾驶行为进行了相当程度的简化，因此这种方法通常用于分析交通流，如再现交通振荡现象，并不适合生成微观维度的自动驾驶测试场景。为了建立具有更接近人类驾驶员特征的模型，研究人员基于人类驾驶行为是（接近）最优结果的假设，将物理距离等相关驾驶信息整合到效用函数中，从而将人类驾驶员之间的相互作用制定为优化问题，使用现有的动态和线性规划算法进行求解建模，如 MOBIL、Nilsson[1]、Stackelberg[2] 模型。这种基于效用的模型需要应用在其设计运行范围（ODD）的场景中，否则难以保证合理与真实的表现，如 Stackelberg 模型假设自车是领导者，周围两辆车是跟随者，因此需要应用在至少有两辆车在周围的场景下，否则会导致类似一直换道的非预期驾驶行为。

（1）IDM

智能驾驶员模型（Intelligent Driver Model，IDM）是典型的基于规则的跟驰模型，其通过公式规则设定了跟车行为，能够实现沿路线的保守行驶。规则模型具有良好的可迁移性，易于应用到各种交通仿真器中，因此 IDM 常被用于构建交通仿真中的交通流。IDM 的原理见式（3－6）。

$$\dot{v}_\alpha = \frac{\mathrm{d}v_\alpha}{\mathrm{d}t} = a\left[1 - \left(\frac{v_\alpha}{v_0}\right)^\delta - \left(\frac{s^*\ (v_\alpha,\ \Delta v_\alpha)}{s_\alpha}\right)^2\right]$$

$$s^*(v_\alpha,\ \Delta v_\alpha) = s_0 + v_\alpha T + \frac{v_\alpha \Delta v_\alpha}{2\sqrt{ab}}$$

(3－6)

式中，v_0 为期望速度，表示车辆在畅通无阻的情况下行驶的速度；s_0 为最小间距，车辆在与前车距离小于 s_0 的情况下不能前进；s_α 为自车与前车的距离；a 为车辆最大的加速度；b 为舒适制动加速度；Δv_α 为自车与前车的相对速度差；加速度指数 δ 为超参数，δ 越大则车辆的加速过程越激进，特定参数使 IDM 能够模拟各种车辆类型和驾驶风格。IDM 根据车辆当前速度和相对于前车的速度和距离计算车辆的加减速度，如图 3－6 所示。

为了生成更真实的交通仿真场景，服务于不同的测试目的，IDM 易于作为基线方法被改进，对于自动驾驶测试来说，IDM 作为背景车只能生成有限的驾驶场景，基于 IDM 的背景车属于第二级动态交通参与者，因为其一方面只能沿着特定的路径前进，无法实现换道、路口转向等驾驶行为，另一方面由于公式限制，只能表现出保守的驾驶策略，即无法实现主动加速超车等驾驶行为。

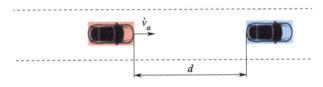

图3-6　IDM 根据与前车的距离计算目标加速度

（2）MOBIL 模型

MOBIL 是一种换道算法，对每个车道进行效用函数建模，在不考虑有差别换道行为的情况下，左侧超车与右侧超车都被允许且被鼓励，自车的换道决策效用为

$$\tilde{a}_c - a_c + p[\tilde{a}_n - a_n + \tilde{a}_o - a_o] > \Delta a_{th} \qquad (3-7)$$

式中，$\tilde{a}_c$ 为车辆换道到目标车道后在目标车道中能够达到的加速度期望，因此当车辆能够在目标车道取得比当前车道更大的加速度期望，这样的换道行为是被鼓励的；p 为礼貌因子，为该模型中较为重要的参数，其表明了自车当前换道行为对目标车道与当前车道中最邻近的车辆加速度状态的影响。目标车道为左侧车道的中心车辆的邻近车辆定义如图 3-7 所示。

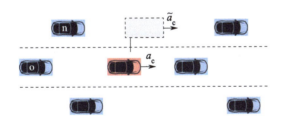

图3-7　目标车道为左侧车道的中心车辆的邻近车辆定义

从图 3-7 中可以看出，邻近车辆的定义为当前车道中后视视野域中离当前自车最近的车辆以及目标车道中后视视野域中离当前自车最近的车辆。其中 n 代表自车换道至目标车道后新的跟随车辆，o 代表自车当前车道中的跟随车辆。式（3-7）中，Δa_{th} 为调整加速度阈值，定义该参数的目的是防止车辆换道至目标车道后其加速度的收益期望相对不换道决策收益差值较小。对于较为激进

的驾驶策略，$\Delta a_{th} = 0$，$p = 0$，则自车的激进换道决策效用见式（3-8），最终在MOBIL决策模型中，换道决策效用最大的换道行为将会被采纳。

$$\tilde{a}_c + \tilde{a}_n + \tilde{a}_o > a_c + a_n + a_o \qquad (3-8)$$

（3）Stackelberg 模型

Stackelberg 博弈决策模型为博弈论中较为经典的模型，为时间序贯性的动态博弈，在 Stackelberg 模型中具有三个主体参与者：领导者（leader）以及两个跟随者（followers）。在该模型中，由领导者作为主车，先做出决策，接下来由跟随者做出决策，然后领导者再根据跟随者当前的决策再做出决策，如此循环直到收敛至纳什均衡，如图3-8所示。

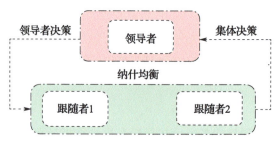

图3-8 Stackelberg 博弈循环模型

在 Stackelberg 模型中也需要对车辆的动作价值建模，即使用效用函数进行量化，首先为位置效用 U_{pos}：

$$U_{pos} = \begin{cases} \min(d_\Delta, d_v), & \text{如果有前车} \\ d_v, & \text{其他} \end{cases} \qquad (3-9)$$

式中，d_Δ 为自车与其同一车道前向视野域内最近车辆的纵向距离，即车头距离；d_v 为前向视野域的最大距离。其次为负面效用 U_{neg}：

$$U_{neg} = d_\nabla - v_r T - d_{min} \qquad (3-10)$$

式中，d_∇ 和 v_r 分别为自车与其同一车道后视视野域内最近车辆的纵向距离以及相对速度；T 为时间预测窗口；d_{min} 为允许车辆换道的最小距离。记跟随者决策为 χ_1，χ_2，领导者决策为 χ_h，则主车作为领导者的决策应满足在由跟随者做出决策最坏的情况下选取动作价值最大的动作，即

$$\chi_h^* \in \arg \max_{\chi_h} \min_{\chi_1, \chi_2} [U_{pos} + U_{neg}] \qquad (3-11)$$

（4）Nilsson 模型

Nilsson 决策换道算法通过计算每个车道的车流密度进行效用函数建模，效

用函数分别包含平均行驶时间效用 U_{lv}、平均时间差密度效用 U_{ltg}、剩余行驶时间效用 U_{ld}，其中下标 l 对应第 "l" 号车道，U_{lv} 代表 l 号车道内所有车辆在一定的时间域 P 内纵向平均行驶速度，为

$$U_{lv} = -\left| \frac{d_{\max}}{v_{x\mathrm{des}}} - \frac{d_{\max}}{\max(\gamma,\ v_{l\mu})} \right| \tag{3-12}$$

式中，γ 为防止分母为 0 的常数项；$v_{x\mathrm{des}}$ 为车辆的期望速度，一般设置为车辆所能达到的最大速度；$v_{l\mu}$ 为车辆在时间域 P 内的平均行驶速度；$d_{\max}$ 为车辆时间域 P 内以期望速度行驶的最大行驶距离，$d_{\max} = P v_{x\mathrm{des}}$。由此可见当 $v_{l\mu} = v_{x\mathrm{des}}$ 时，U_{lv} 取最大值。

平均时间差密度效用 U_{ltg} 反映了在 l 号车道内的平均车流密度：

$$U_{ltg} = \min(\alpha tg_{\mathrm{des}},\ tg_{l\mu}) \tag{3-13}$$

式中，α 为缩放系数，$\alpha > 1$；tg_{des} 为自车期望的时间差；$tg_{l\mu}$ 为 l 号车道内所有车辆的在时间域 P 内的平均时间差。从式（3-13）可以看出，U_{ltg} 将随着 $tg_{l\mu}$ 的增大而增大，直到 $tg_{l\mu}$ 所带来的收益超过 αtg_{des}。

剩余行驶时间效用 U_{ld} 用于当前车道与其他车道并道的场景，如高速公路的汇入口处，汇入车道将会并入主路车道，具体表达式如下：

$$U_{ld} = \frac{\min(d_{\max},\ d_{\mathrm{end}})}{v_{x\mathrm{des}}} \tag{3-14}$$

式中，d_{end} 为与道路消失点处的距离。根据以上三种效用函数，可以得出 l 号车道的总效用为

$$U_l = w_1 \frac{U_{lv}}{N_{lv}} + w_2 \frac{U_{ltg}}{N_{ltg}} + w_3 \frac{U_{ld}}{N_{ld}} \tag{3-15}$$

式中，w_j 为权重系数，$w_j \geq 0$，$j = 1,\ 2,\ 3$；N_{lv}、N_{ltg}、N_{ld} 为正则化因子，分别为

$$N_{lv} = \left| \frac{d_{\max}}{v_{x\mathrm{des}}} - \frac{d_{\max}}{\gamma} \right| \tag{3-16}$$

$$N_{ltg} = \alpha\, tg_{\mathrm{des}} \tag{3-17}$$

$$N_{ld} = \frac{d_{\max}}{v_{x\mathrm{des}}} \tag{3-18}$$

此外为了保证换道能够遵守左侧行驶的交通规则，需要对每个车道的效用 U_l 进行修正：

$$U_l = U_l - \zeta n \tag{3-19}$$

式中，n 为目标车道偏离最左侧车道的相对车道值；ζ 为缩放系数。使用 Nilsson

决策系统在实际执行换道决策时，车辆向道路效用 U_l 最大的车道换道。

3.3.3 安全关键场景生成方法

安全关键场景（Safety-critical Scenario）是指能使被测智能汽车进入危险状态（碰撞或临界碰撞）的场景。使用安全关键场景对智能汽车进行测试能有效地探索智能汽车的安全性能边界，发现其功能不足并进一步指导智能汽车的开发设计。因此，生成安全关键场景是智能汽车测试过程中的一个重要环节。

1. 基于数据的关键场景生成方法

得益于目前采集到的海量自然驾驶数据，智能汽车的测试场景可基于自然驾驶数据得到。通过机器学习或模式识别等方法，可从自然驾驶数据中提取或衍生出测试场景。这类方法主要分为两部分，第一部分直接从数据集中采样 $x \sim D$，以重现现实的关键场景，第二部分使用密度估计模型 $p_\theta(x)$ 来学习数据集的场景分布，从而生成未知的场景。通常来说，密度估计模型的学习目标是最大化对数似然，见式（3-20）。场景的生成过程为 $x \sim p_\theta(x)$，并添加随机噪声。

$$\hat{\theta} = \arg \max \sum_x \log p_\theta(x) \qquad (3-20)$$

在直接从数据集中采样的方法中，按照提取场景的方法，可以将研究内容分为两部分。第一部分为基于分类（Classification）的场景提取，通过设定判断关键场景的条件，从自然驾驶数据中提取关键场景。第二部分为基于聚类（Clustering）的场景提取，使用无监督聚类方法对相似的场景进行分组，有助于提高在特定类型场景下测试自动驾驶汽车的效率。

在基于密度估计模型拟合场景分布的方法中，按照密度模型将研究内容分为三部分。第一部分采用贝叶斯网络作为密度模型，贝叶斯网络是一种概率图模型，用节点表示对象，用边表示节点之间的关系。这个结构化模型可以很自然地描述场景中的对象。第二部分采用深度学习中的监督学习方法来训练密度模型，该方法生成的场景与数据集具有高度的相似性，因此多用于生成真实、自然的场景。第三部分采用深度学习中的生成式学习进行场景生成，目前生成模型共有五种类型：生成对抗网络（Generative Adversarial Networks，GAN）、变分自编码器（Variational Auto-Encoder，VAE）、自回归模型、扩散模型、基于流的模型。生成模型具有两大优势：首先，它能够生成符合真实数据分布的内容，同时保持场景的可定制性；其次，它能够处理高维度的多模态复杂场景，例如可以为同一场景生成多个不同视角的图像。

借助大量自然驾驶数据集，基于数据的关键场景生成方法能够保证生成场景的真实性。但由于自然驾驶数据集中关键场景较为罕见，无论是直接采样还是基于密度模型采样的方法，关键场景的生成效率都较低，且测试性较差。

2. 基于对抗的关键场景生成方法

为了更有效地生成关键场景，一种方法是通过攻击自动驾驶系统来主动生成危害场景。例如，控制周围车辆，使其故意与自动驾驶车辆发生碰撞，即便自动驾驶车辆成功避免碰撞，但研究人员仍然可以获得接近发生事故的安全关键场景。这种基于对抗的关键场景生成方法由攻击者和受害者组成，场景生成过程可表示为式（3-21）。

$$\hat{\theta} = \arg \min E_{p_\theta(x)}\big[Q(x, \pi) \big] \qquad (3-21)$$

式中，$Q(x, \pi)$ 为一个定量函数，表示自动驾驶所采取的策略 π 的性能。式（3-21）表示场景应朝着最小化策略 π 的性能表现的方向生成；但这种场景生成方向会导致生成的场景分布单一，过分关注对策略 π 来说最关键的场景，容易忽略了生成关键场景的多样性。因此，在这类方法中，考虑增加熵损失或者约束生成不同分布的场景是有必要的。

由于自动驾驶系统由多个模块组成，可根据受害者模型的类型将对抗生成方法进行细分。当受害者模型的输入为单帧时，例如对象检测和分割，只需要生成静态场景。当受害者模型需要一个连续的测试用例时，需要对抗生成包含所有对象运动的动态场景。

在静态场景生成中，基于对抗直接生成完整的高维数据具有挑战性，因此，大多数方法生成对象的位置与姿态，然后借助渲染来获得最终输出。

基于对抗生成动态场景常用于测试与评估自动驾驶的决策规划系统。对于这类方法，可根据场景的灵活性将研究分为两种。第一种是生成场景的初始条件，例如车辆的初始速度、初始位置，或是在场景开始前提供车辆的行驶轨迹。其优点是搜索空间维数低，所需计算资源少。

基于对抗生成动态场景的第二种类型研究主要关于建立对抗策略。对抗策略被用作控制场景中的动态对象，进而对自动驾驶进行攻击，在这种场景中动态对象能与自动驾驶发生逐步的交互，因此这类问题通常被描述为强化学习问题，其中受害者模型属于训练环境的一部分，而攻击者则作为被训练的对象，强化学习能够在大量的训练场景中不断探索攻击受害者模型的方式。

3. 基于采样的安全关键场景生成方法

上述两种方法针对场景的真实性和测试性进行场景生成。然而，它们生成的关键场景仅能用于证伪测试，即证明自动驾驶系统在某些场景下会失效。这对于自动驾驶系统在开发设计阶段是非常有帮助的，因为得到的安全关键场景可以进一步帮助改进已有的自动驾驶算法。然而，在安全验证阶段，测试评价的目的是保证智能汽车在任何场景下都能安全运行，从而实现智能汽车的商业化运行。即使智能汽车在上述两种方法生成的所有场景下都不发生事故，也不能得出"安全性得以保证"的结论，因为上述两种方法无法解决覆盖率的问题。针对这一问题，可以基于本章 3.2.2 节中所述的三层场景模型，使用采样的手段生成安全关键场景。

三层场景抽象层示例如图 3-3 所示，从功能场景层面，对跟车场景的描述可以是"自车在两车道弯路的右车道，跟随前方的货车行驶"；从逻辑场景层面，对该场景的描述为"自车在两车道弯路的右车道，跟随前方的货车行驶，路宽范围为 $2.5 \sim 3.75\text{m}$，道路曲率范围为 $300 \sim 900\text{m}$，自车的纵向位置范围为 $10 \sim 100\text{m}$，货车的纵向位置范围为 $0 \sim 100\text{m}$，且自车的纵向位置不能超过货车的纵向位置"；从具体场景层面，对该场景的描述为"自车在车道宽为 3.5m、道路曲率为 500m 的两车道弯路的右车道的 60m 处，跟随前方的位于 80m 处的货车行驶"。从上述示例不难看出，从功能场景到具体场景，场景抽象程度不断下降，而对应的场景数量则越来越多。

给定一个功能场景，通过找到场景中的所有参数并定义它们的范围便可得到一个完整的逻辑场景。理论上，遍历该逻辑场景的每一个参数便可得到智能汽车在该功能场景下遇到的所有情况，所有的危险关键场景也自然被包含在内。如果智能汽车能够在上述所有具体场景中都能安全运行，则我们可以证明智能汽车是足够安全的。假设我们有一个包含 n 个参数的逻辑场景，为了实现对参数的遍历，在每一个参数的范围内我们均匀间隔取 m 个值，这样，想要实现对这个逻辑场景的全覆盖，我们需要进行 m^n 次测试。然而，为了保证测试的有效性，间隔取值的分辨率 m 通常不能太低，而定义逻辑场景的参数数量（即逻辑场景的维数）n 通常也不能太少，且随着 n 的增加，实现对逻辑场景遍历的总测试次数将呈指数级增长，所造成的测试成本远超我们所能接受的范围，这就是所谓的"维数爆炸"。

为了解决上述问题，可将遍历测试问题转化为优化搜索问题。优化搜索问

题可表示为

$$x^* = \arg\max_x f(x)\,,\ x \in \Omega \qquad\qquad (3-22)$$

式中，x 为逻辑场景参数空间 Ω 中某个采样点，即某个具体场景，$x = (x_1, x_2, \cdots,$ $x_i, \cdots, x_n)$，x_i 为从第 i 个场景参数范围内取到的某个具体参数值；$f(x)$ 为在由场景参数 x 构成的具体场景下，智能汽车在行驶过程中的风险大小。

表示优化搜索问题的目的为在逻辑场景空间中，寻找使智能汽车行驶风险尽可能大的场景参数组合（即具体场景）。通过优化搜索，可以加快测试的速度，在保证覆盖率的同时尽可能地减少测试成本，提高测试效率。具体的优化搜索算法以及优化搜索在生成关键危险场景上的应用可参见本书 5.2.2 节。

3.4　场景采集与利用

3.4.1　场景采集技术

对于场景数据采集技术来说，所需采集的数据来源一般包括自然驾驶场景数据、服务测试验证的场景数据、事故场景数据，以及从测试过程中新产生的场景数据。第一类、第二类数据一般通过实车安装采集设备后在真实环境中采集获得；第三类数据需要基于事故现场采集、行车记录仪、路侧监控记录等信息来源经过重现分析加工获得，且无法主动获取；第四类数据是在前三类数据的基础上通过虚拟仿真测试手段演化形成，是前三类数据的衍生和补充。其中，第一类数据主要用于研究驾驶行为特征、功能大规模验证等领域，要求以尽可能不影响车辆正常使用方式和习惯的途径进行采集；第二类一般需要制定规范的采集计划，要求尽可能全面覆盖各类场景，是当前支持功能开发和测试验证的重要手段。在进行第二类数据采集前，需要从数据的采集范围、采集方法、数据处理技术及数据传输存储等方面，综合考虑制定合理的测试场景数据采集技术方案。场景数据采集应以统一的采集需求、存储格式、同步方式等为基本前提，并应制定通用的采集工具链和统一规范。

服务测试验证的场景数据采集，需要依赖专用采集平台车在真实道路上进行数据采集。搭建的场景数据采集平台应尽可能采集到完备的驾驶场景信息，为数据库的建设提供保障。根据需求的不同，可以分别设计基于视觉和基于多传感器融合的多种采集平台方案。基于视觉传感器的场景采集平台配合目标检测、识别、追踪等算法，具备基本的场景采集能力。该方案成本和技术难度较低，适合大规模驾驶场景采集。基于视觉与毫米波雷达融合的场景采集平台成本稍高，但能够提高整个采集平台的采集精度和可靠性，以及提高驾驶场景采集参数的多样性，更有利于后期的场景数据处理分析和应用。基于多传感器融合的场景采集平台可以安装摄像头、激光雷达、毫米波雷达等感知传感器，同时匹配高精度惯导系统、环视高清摄像头。通过采集系统同步采集存储各个传感器信号、车辆 CAN 信号、车辆位置信号等参数。同时，配套多传感器融合算法，最终实现视觉、毫米波雷达和激光雷达的目标级数据融合，最大限度地提高场景采集参数的多样性和精度，为驾驶场景数据的处理和分析应用等做好铺垫。

采集到的场景数据，还必须经过数据处理后才能形成满足需要的测试场景。主要是通过对场景数据的分析挖掘，借助一定外部手段，完成对场景的理解和场景内要素特征的提取和聚类，并最终支持基于场景要素的重组以实现场景的生成和泛化，以获得更多合理的场景。

3.4.2 场景库搭建

在数据采集以及挖掘分析完成后，为了对已有数据进行有效的组织、管理与应用，需要建立相应的数据库系统，并应在场景数据库系统架构、数据格式、数据文件接口、数据管理等方面满足相应需求。自动驾驶测试场景构建应按照一定的格式进行，并通过构建驾驶场景数据库对场景进行统一的存储和管理。测试场景数据库建设应依托一套完整的数据库构建体系，该体系包含数据处理、数据格式化、数据库结构化以及仿真软件接口在内的标准性流程和规范，从而指导测试场景数据库的标准化建设，以便于数据库的不断扩充和完善。

3.5 本章小结

本章主要介绍了智能汽车测试场景的相关内容，包括场景基本概念、场景体系、场景生成方法以及场景采集与利用等。

场景是智能汽车研发和测试的核心要素，是功能规范定义和测试的基本单元。它是对行驶环境和汽车驾驶行为的综合反映，描述了外部场地、道路、气象、交通参与物以及车辆自身的驾驶任务和状态等信息。

为了满足不同测试阶段、不同测试环境的场景需求，形成了场景体系，包括基于本体搭建的场景六层模型，以及包括功能场景、逻辑场景、具体场景的三层抽象层级。为了更好地利用这些场景为自动驾驶汽车研发和测试提供支撑，需要对测试场景进行合理分类。可从测试场景的数据来源、测试场景所包含的要素属性特征或从测试场景的应用手段等方面进行分类。

场景生成方法可以基于专家知识或已有场景数据，生成大量用于测试的场景，根据服务目的不同，分为基于形式化描述的场景生成方法、基于驾驶员模型的场景生成方法和关键场景生成方法。基于形式化描述的场景生成方法的优势在于能够生成具有不同危险程度的场景，以测试和验证自动驾驶车辆在各种潜在危险情况下的性能和安全性；同时，它也有助于避免参数化场景中出现的参数爆炸问题，使场景生成过程更加高效和可控。基于驾驶员模型的场景生成方法能够生成接近真实交通场景，同时具备测试性的复杂场景，能够高效地对智能驾驶系统的智能性进行测试评价。关键场景生成方法能够根据测试需求，生成具有挑战性的安全关键场景，可以更有效地探索智能汽车的安全性能边界，发现其功能不足，并指导智能汽车的开发和设计。

在场景采集与利用方面，主要包括场景采集技术和场景库搭建。场景采集主要基于视觉的采集平台和基于多传感器融合的采集平台在开放道路条件进行采集，采集到的数据需要经过处理，通过数据分析挖掘理解场景并提取场景内要素特征形成场景数据库，而后，基于场景要素的重组，实现场景生成和泛化。场景库搭建服务于采集数据的有效组织、管理和应用，包括搭建数据库系统架构、定义数据格式和接口、定义仿真软件接口等。场景库搭建便于场景的规范和标准化管理，提高场景利用效率，并持续扩充场景数据。

参考文献

[1] NILSSON J, SILVLIN J, BRANNSTROM M, et al. If, when, and how to perform lane change maneuvers on highways[J]. IEEE Intelligent Transportation Systems Magazine, 2016, 8(4):68 – 78.

[2] YU H T, TSENG H E, LANGARI R. A human-like game theory-based controller for automatic lane changing[J]. Transportation Research Part C: Emerging Technologies. 2018(88):140 – 158.

智能汽车测试技术

第4章
环境感知系统的
测试技术与方法

环境感知系统作为智能网联汽车的"眼睛",是智能网联汽车获取外界环境信息的关键模块,其能否良好地实现预期功能在很大程度上影响了智能网联汽车的安全,因此十分有必要通过测试发现其性能局限,或验证其性能是否满足要求。本章从环境感知系统的测试需求分析出发,强调了测试的必要性,随后介绍了各类被测对象,提出了针对环境感知系统的测试技术框架,然后介绍了不同的数据生成环境和获取方法,最后结合具体的测试案例,对本章的测试技术和方法进行详细说明。

4.1 环境感知系统测试需求分析

智能汽车通常包括环境感知系统、行为决策系统和控制执行系统三部分,其中环境感知系统是智能汽车准确及时获取外界信息的关键模块,决策规划系统需要根据环境感知系统提供的车辆内外部环境信息做出合理的轨迹规划,并由控制执行系统完成预定轨迹行驶。环境感知系统面临的行驶环境包括各种极端天气、恶劣光照条件和各类交通参与者。因此,环境感知系统极易受到复杂环境条件的影响而无法实现预期功能,环境感知系统性能局限是引发安全问题的主要来源之一。因此,通过测试发现其性能局限,或验证其性能是否满足要求是环境感知系统测试的主要需求。

构成环境感知系统的传感器和感知算法,都存在一定的性能局限性。在传感器感知性能局限性方面,以视觉传感器和激光雷达两类典型传感器为例,它们获取信息的精度、广度相较其他传感器更优,是高级自动驾驶汽车不可或缺的感知部件。视觉传感器通常包括成像传感器、光学系统和一个可选的图像信号处理单元,因为受到镜头、畸变效应、动态范围、灵敏度、帧率等因素的限制，感知系统接收到的信息相比原始信息有不同程度的缺失。因而，在雨雾、暗光等情况下，传感器会受到干扰，产生难以利用的低质量图像。在降雨、雾条件下，随着雾和雨水的增加，图像的灰度直方图的分布逐渐向右偏移，导致图像对比度下降；降落的雨滴会在图像上产生条纹，从而导致图像的像素值下降，使得图像中物体的边界出现模糊。激光雷达使用激光束来确定传感器和附近物体之间的相对距离，多激光束的反射信号形成代表这些对象的点云。由于激光的性质，在大雾、暴雨和大雪的情况下，激光雷达的性能会明显下降；此外，目标物体尺寸、物体表面反射强度以及环境光照强度等因素也会对激光雷达造成影响；激光雷达表面灰尘积聚会产生激光前向传播过程中的折射现象，导致激光点云的坐标值发生偏移；通过实验室、封闭场地环境下的模拟降雨试验研究发现，降雨量、雨滴直径等因素对激光雷达获得的反射激光的点云数量、反射强度、测距精度等均会造成影响，降低激光雷达的测量精度。

对于系统内部的算法而言，目标的识别过程可以概括为获取数据、数据过滤、特征提取、对象信息提取以及语义建模五个步骤。基于视觉传感器的图像识别算法是自底向上的，其中的关键部分就是对特征的提取。在图像识别中起主导作用的特征主要包括纹理特征、颜色特征、形状特征和空间关系特征等。由于现实世界包含的视觉特征及其组合的复杂性，导致相关因素极其多样。天气条件和光照条件的变化、物体之间的遮挡或与背景之间的相似性、物体形成的阴影等都会对识别算法形成干扰。激光雷达点云数据中则主要是坐标和强度信息，对于物体的识别需要先进行点云聚类，然后从中提取关键特征进行目标识别。因此，数据中特征的显著程度是影响识别算法的关键因素，而影响特征的因素又包括原始数据的质量，以及感兴趣区域中的特征有效性。常用的点云特征包括直线和曲面等源语特征，其准确性取决于点云的参数，但真实环境下很多因素会影响源语特征的提取。在类似道路边缘检测和障碍物检测的任务中，基于边缘的方法可解决相关问题，但要求对象须具有较强的人工边缘特征，且该方法容易受到点云参数噪声的影响；基于区域的分割方法则过于依赖种子点的选择，选点不当会导致分割不充分和效率低下，种子点的不同选择往往导致分割结果的不同；基于模型的方法不能处理非平面路面，如起伏路面、上坡路面、下坡路面、驼峰路面等，此外，分割对点云密度、位置精度和噪声都比较敏感。

综上，对环境感知系统开展测试，需要构建包含上述影响因素或触发条件等的测试用例，并对感知性能进行评估，考察其是否能够在行驶环境（ODD 范围内）中具备足够的鲁棒性、可靠性。

4.2　环境感知系统介绍

感知系统通常包括物理传感器、相关硬件单元以及内部相对应的认知算法，三者间的关系如图 4-1 所示，通常来说这三者也是环境感知系统在测试中的被测对象。其中，物理传感器负责从环境中采集原始的感知数据，随后将其输入相应的算法中进行数据分析和处理，得到最终的感知与认知结果。目前主流感知系统使用的传感器包括视觉传感器、激光雷达、毫米波雷达和组合导航设备等。本节将以视觉感知系统为例，详细介绍感知系统各层级。

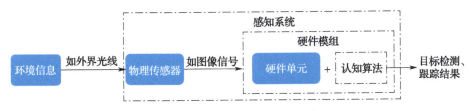

图 4-1　感知系统各部分关系示意图

4.2.1　感知系统

感知系统中的物理传感器负责从环境中采集数据，然后将特定格式数据输入内置算法中，经算法处理后输出最终感知结果。

以视觉感知系统为例，其为机器视觉系统信息的直接来源，是指利用光学元件和成像装置获取外部环境信息的设备。车载视觉传感器主要是指车载摄像头。从硬件组成的角度，目前车载摄像头主要由透镜、成像器、图像处理元件组成。其中图像处理元件有可能集成在镜头部件，摄像头直接负责目标识别和测距；也可能集成在控制器中，摄像头仅负责生成图像。车载摄像头两种硬件组成方式如图 4-2 所示，其中图像信号处理（Image Signal Processing，ISP）为图像信号处理算法，放置位置相对灵活。

图 4-2　车载摄像头两种硬件组成方式

4.2.2 硬件模组

硬件模组指的是硬件单元和认知算法的组合，如芯片单元等。相比于完整的感知系统，它不具备待测感知数据获取的能力，无法将环境中的光线信号转换为图像信息，需要借助外部数据采集系统进行数据获取，再输入模组中，但相比感知系统，它体积小，同时不受测试条件和测试环境的影响，具有不错的灵活性和良好的可扩展性。相比于认知算法，一方面，硬件模组可以满足硬件在环测试的需求；另一方面，硬件模组中通常搭载了多种认知算法，可以实现一次对多种功能进行测试。

4.2.3 认知算法

认知算法需要完成两个主要的任务：物体检测和语义分割。前者得到的是场景中重要目标的信息，包括位置、大小、速度等，是一种稀疏的表示；而后者得到的是场景中每一个位置的语义信息，如可行驶、障碍物等，是一种稠密的表示，这两个任务的结合被称为全景分割。对于物体目标（如车辆、行人），全景分割输出其分割掩膜、类别和实例 ID；对于非物体目标（如道路、建筑物），则只输出其分割掩膜和类别。环境感知系统的终极目标就是要得到车辆周边三维空间中全景分割结果。

对于视觉传感器，其收集得到的是图像和视频信息，算法的目的是根据图像和视频实现目标识别和测距。针对智能汽车行驶过程中的交通场景，需要检测的目标主要是汽车、两轮车及行人。目前在目标检测领域，常见的多模态视觉识别算法大多是基于传统的视觉识别算法发展起来的，如 FasterR-CNN[1]、SSD[2]、YOLO[3] 等。FasterR-CNN 是由 R-CNN[4] 改进到 FastR-CNN[5] 再改进而来的，当前其优势在于极高的检测精度，并将推理时间减少了一个数量级，但是检测速度仍显著低于其他主流视觉识别算法。SSD（Single Shot MultiBox Detector）是第一个与同时代两级探测器（如 FasterR-CNN）的准确性相匹配同时还能保持实时速度的一阶段检测器，但是它在检测小物体方面效果不好。此外，由于它的网络结构中利用了多层特征，引入了过多的超参数，训练难度较高。YOLO 是一种一步式的视觉识别算法，可以同时完成物体的定位与分类，经过回归最终输出边界框的位置和其中物体所属类别。YOLO 的优势在于极快的检测速度（相较 FasterR-CNN 速度快了 10 倍左右），可以实现高帧率实时检测，并且由于没有划分区域采样，在全局信息上表现较好。虽然牺牲了一定的检测精度，但是由于其在实时检测方面显著的优越性及在应用上的灵活性，因而在目前的智能感知系统中常被作为基础网络结构而广泛应用。在这些基础的识别算法基础上，为了进一步提升感知系统的能力，还衍生出了跟踪算法，如 DeepSORT[6]、ByteTrack[7] 和 BoT-SORT[8] 等，以及基于单目视觉的三维物体检测算法，如 GS3D、MonoDIS 等。

4.3　环境感知系统测试技术框架

本章主要讨论针对前向环境感知系统（如 1V，即 1 个前向视觉传感器）的测试技术，其他如负责定位功能的感知系统测试，可以参考本章所提出的测试技术框架。针对前向环境感知系统的测试技术分为从被感知对象所处环境获取数据和被测对象选取两大部分，中间借助相关辅助工具完成测试流程。如图 4-3 中的序号①~③所示，可以直接在道路交通环境和封闭场地环境中针对被测感知系统开展测试，也可以基于虚拟仿真环境并额外使用如摄像头光学暗箱或毫米波雷达仿真暗箱等工具，对该感知系统进行测试；如图 4-3 中的序号④~⑥所示，可以使用数据采集系统从各类环境中获取待测感知数据，随后进一步输入给被测对象；对于虚拟仿真环境还可以在环境中使用虚拟传感器模型直接输出待测感知数据，即序号⑦；另外，如图 4-3 的序号⑧所示，使用数据生成模型也可以直接得到待测感知数据用于测试。

在图 4-3 中，一条从获取数据到获得认知结果的包含完整流程的连线，即构成一种测试技术。在本章后续的小节中，4.4 节将介绍各类被感知对象所处环境，4.5 节将对数据生成模型展开介绍，4.6 节将对若干具体测试案例展开介绍。

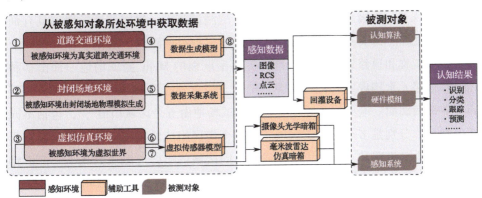

图4-3　环境感知系统测试技术框架

4.4 各类感知环境介绍

基于 4.3 节的环境感知系统测试技术框架，被感知对象所处的不同环境在一定程度上决定了整体的测试流程和所需使用的辅助工具。本章将对 4.3 节中列举的各类感知环境进行介绍，包括封闭场地环境、道路交通环境和虚拟仿真环境。

4.4.1 封闭场地环境

封闭场地环境依托专门建设的封闭测试场地。封闭测试场地强调环境和场景的还原和模拟能力，采用柔性化设计，保证感知系统能够在有限的场地条件下，尽可能多地经历不同环境和场景的测试，从而不断积累测试数据，为智能汽车技术迭代提供有力支撑。封闭场地生成基于测试需求和封闭测试场地的特点，有针对性地直接构建测试用例，因此其弊端为生成效率低、成本高，并且存在一定的风险，针对封闭测试场地详细的介绍可见本书 2.3 节。封闭测试场地需要在有限的范围内尽可能在多方面模拟真实道路环境，从而更好地服务于感知系统测试，因此需要重点考虑以下三个方面：道路环境模拟、气象条件模拟和交通参与要素模拟。

1. 道路环境模拟

道路环境通常不是感知系统直接的感知目标，但其在很大程度上会对感知结果造成影响，如易扬尘道路会干扰传感器感知，环岛和 T 形路口会造成不同的感知盲区等。为满足在各种道路路面下的测试需求，封闭测试场地应具有沥青路、水泥路、砖石路、砂石路、泥土路等多种材质路面，道路设计和铺设应满足公路工程和道路设计相关标准。美国密歇根的 Mcity 测试场地[9]即由多种路面和道路元素构成。它包含水泥、柏油、仿真砖等铺装路面，还有泥土、碎石等非铺装路面。瑞典的 AstaZero 封闭测试场地由五个区域组成[10]，包括不同道路类型，分别是多车道测试区域、由四个街区组成的城市区域、高速道路测试区域、农郊道路和主试验中心，通过不同区域的组合可以模拟几乎全部道路交通模式及场景。国家智能网联汽车（长沙）测试区（以下简称长沙测试区）也涵盖多种测试道路，包括高速、城市、乡村、越野等，如图 4-4 所示。

图 4-4　长沙测试区

　　除测试场地的路面条件需要尽可能贴近真实道路外，测试场地还需包含其他道路元素信息，如交通标志、车道线、信号灯、人行横道、指示牌、减速带等，这些要素同样需复刻真实道路环境。

　　封闭测试场地中不同的道路类型也是生成多样化场景的必要条件之一，与路面条件模拟类似，不同道路类型的模拟同样需要参照相关标准构建以满足对真实道路类型的复刻。美国 Mcity 测试场模拟了隧道、环岛、交通管制区、施工区等道路元素。长沙测试区模拟了隧道、十字路口、T 形路口、环岛等道路元素，如图 4-5 所示。

隧道模拟　　　　　　十字路口模拟　　　　　T 形路口模拟　　　　　环岛模拟

图 4-5　长沙测试区不同道路类型

　　为更好地还原真实世界场景，道路环境模拟中还需要对道路周边要素进行还原，如路边建筑、加油站、停车场等。例如，在美国 Mcity 测试场地，其城市场景设计有可移动的房屋外墙，墙体材料均取自真实建筑，如玻璃、砖、木头、氯乙烯等，用于模拟传感器对于不同材料的不同反馈，并且还有多种停车位可供选择，如侧方停车、倒车入库和斜对角停车等。该测试场地还在市中心区域设置有邮箱、消防栓、候车椅、计时码表等自动驾驶车辆在真实世界中会遇到的道路元素，用于测试它们的应对状况。

另外，除常规行车场景外，如循线行驶、通过各类路口、斜坡等，封闭测试场还可以特别设计一些用于测试传感器的场景。如美国 Mcity 的人造树荫区域，可以用于测试传感器信号被削弱、遮蔽和延迟对于自动驾驶车辆的影响；Mcity 内还有故意做旧的道路标牌，用来测试图像处理系统等。

2. 气象条件模拟

自然气象条件如雨、雾、雪等，具有地域性和季节性的特点，其发生时间、持续时间、强度大小等均不受人为控制。通过在封闭测试场地内搭建相关气象条件模拟设备，能够规避以上测试时遇到的问题，从而提高测试效率、降低测试成本。

美国弗吉尼亚 SmartRoad 的天气模拟系统是该封闭测试场的特色之一[11]。如图 4-6 所示，测试场中 75 个天气塔可以产生雨、雪和雾。天气塔中的水来源于一个容量为 189 万 L 的水箱，它们可以在适宜的天气环境下在 0.8km 的道路范围内产生特定的天气：如雨量为每小时 2 ~ 64mm 的降雨天气；能见度在 3 ~ 91m 范围内变化的雾天；以及雪量为每小时 102mm 的

图 4-6　美国弗吉尼亚 SmartRoad 测试场天气模拟系统

降雪天气。日本 J-town 的特殊环境试验区可以在室内复现雨、雾等气候条件，能够实现暴雨、大暴雨及特大暴雨的模拟，同时环境中还设置了如隔离栏、交通信号灯等其他交通元素，能够组合实现多种降雨环境下的测试场景。

长沙测试区内专门搭建了一系列能够带来危害的特殊气候环境的模拟设施，能够实现雨天、雾天、扬尘等模拟，如图 4-7 所示。

雨天模拟　　　　　　　　雾天模拟　　　　　　　　扬尘模拟

图 4-7　长沙测试区气候环境模拟设施

除雨、雾、雪等天气条件外，光照条件的模拟同样是测试用例生成的关键条件之一。美国 SmartRoad 测试场内配有可变照明设施，用以研究光照条件对传感器的影响。它可以复现 95% 的美国公路照明系统，采用了变间距设计，光源有包括发光二极管模块在内的多种灯具头可选。能见度测试系统包括静态和动态两个路段，用于测试路面标记和其他对象的可见性。Mcity 测试场地有贯穿整个测试场的各类照明设施。长沙测试区内也搭建有光照模拟设备，如图 4 - 8 所示。

图 4-8　长沙测试区光照模拟设备

3. 交通参与要素模拟

常见的交通参与要素包括隐蔽的障碍物、行人、动物、汽车等，在封闭测试场地内常通过假人、气球车等进行模拟。如瑞典 AstaZero 测试场即模拟了假人以及大型动物模型、可远程控制的气球车等。图 4 - 9 所示为 AstaZero 在乡村区域的大型动物场景模拟。

图 4-9　AstaZero 在乡村区域的大型动物场景模拟

4.4.2　道路交通环境

道路交通环境是指真实的道路环境，可以直接对被测系统在该环境中进行测试，也可以从该环境中获取待测数据再进行测试。待测数据获取的流程为：首先在真实道路上采集一定时长的自然驾驶数据；然后对采集得到的数据结果进行后处理，如场景划分、摄像头图像生成、点云生成等；最后对数据进行标注、整理，即完成待测数据的获取。现阶段已有较多开源数据集是通过从道路交通环境中获取自然驾驶数据，后经加工得到的，下面将对几个典型的数据集进行介绍。

1. KITTI 数据集

KITTI 数据集[12]是由德国卡尔斯鲁厄理工学院和丰田工业大学芝加哥分校联合构建的用于自动驾驶领域研究的数据集。采集地点位于德国卡尔斯鲁厄，采集时长为6h，采集数据共划分为城市、乡村、道路、校园、行人五大类，如图4-10所示。数据采集平台装配有2个灰度摄像头、2个彩色摄像头、4个光学镜片、1个64线旋转激光雷达和1个组合惯导系统。经人工处理后，KITTI数据集共包含原始和同步矫正处理后的灰度图像、彩色图像、激光雷达点云数据、组合惯导数据（位置、速度、加速度等）、矫正文件、3D目标检测标签。

城市　　　　乡村　　　　道路　　　　校园　　　　行人

图4-10　KITTI 数据集

2. nuScenes 数据集

nuScenes 数据集[13]是由 Motional 团队开发的大规模自动驾驶公共数据集，如图4-11所示。数据采集地点为具有密集交通环境和极具挑战性驾驶环境的波士顿和新加坡，收集大约15h的驾驶数据，经专家筛选后得到1000个驾驶场景。每个场景的持续时间为20s，每个场景内同时包含数十个对象，不同场景之间的天气条件、车辆类型、道路标记、植被环境等均有所不同。数据采集平台上配备了多种传感器，包括 6 个摄像头、1 个激光雷达、5 个毫米波雷达，以及 GPS 和惯性测量单元（IMU）。完整的数据集包含近 140 万张图片、39 万个激光雷达扫频数据、140 万个毫米波雷达扫频数据和 4 万个关键帧中的 140 万个目标包围盒。

图 4-11　nuScenes 数据集

3. Waymo 数据集

Waymo 数据集[14]是谷歌母公司 Alphabet 旗下的自动驾驶公司 Waymo 开源的自动驾驶数据集，如图 4-12 所示。数据集中涵盖了菲尼克斯市（又称凤凰城）、亚利桑那州、柯克兰市、华盛顿州、山景城、旧金山等共 25 个城市和地区，同时有各种天气条件下的数据，包括白天和夜晚、黎明和黄昏、晴天和雨天等。数据采集平台为 Waymo 的自动驾驶车辆，其上配备了 1 个中程激光雷达、4 个短程激光雷达、5 个摄像头用于采集数据。数据集中有 1000 个场景片段的激光雷达数据和摄像头图像数据，每个片段时间长度为 20s。数据标注方面，Waymo 数据集将目标对象分为 4 类：车辆、行人、骑行者和交通标志，总共标注了 1200 万个 3D 边界框和 120 万个 2D 边界框。

图 4-12　Waymo 数据集

4.4.3 虚拟仿真环境

虚拟仿真环境是指在虚拟仿真测试软件中模拟汽车复杂的行驶环境，如极端天气、复杂交通参与者等，进而生成待测场景和数据。经虚拟仿真环境的生成方法可以摆脱对真实环境和硬件的需求，其生成效率高，生成成本和下一步进行测试的风险较低。但其仍有一定缺陷，一方面，所获取的待测数据的效果严重依赖传感器模型和环境模型的正确性，不正确或错误的仿真模型将导致不真实的结果，从而对下一步的测试造成影响；另一方面，在仿真环境中难以快速还原现实场景，需要软件开发团队有针对性地提升场景渲染的真实度。现阶段已有较多的数据集是通过虚拟仿真生成的方式构建的，下面将对几个典型的数据集进行介绍。

1. SHIFT

SHIFT[15]是由苏黎世联邦理工学院视觉智能和系统组构建的数据集，是目前最大的自动驾驶多任务合成数据集，同时提供最全面的注释和条件。它包含云、雨和雾的强度大小，以及一天中连续时间内的车辆和行人密度的离散和连续变化情况，进而捕捉现实世界不断变化的本质。SHIFT 是在 CARLA 虚拟仿真软件中收集的，它包括全面的传感器套件，能够覆盖最重要的感知任务。SHIFT 从 8 个不同位置的多视图传感器套件捕获了 4800 多个序列。针对多任务驾驶系统，该数据集可以支持 13 个感知任务：语义/实例分割、单目/立体深度回归、2D/3D 物体检测、2D/3D 多物体跟踪（MOT）、光流估计、点云配准、视觉里程计、轨迹预测和人体姿态估计。SHIFT 数据集中的 RGB 摄像头数据集如图 4 – 13 所示。

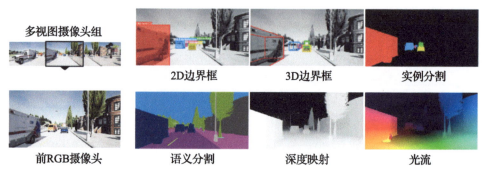

图 4-13　SHIFT 数据集中的 RGB 摄像头数据集

2. Livox 仿真数据集

Livox 仿真数据集是基于自动驾驶仿真测试平台生成的点云数据和对应标注，支持 3D 目标检测和语义分割任务。其中传感器配置了 5 个浩界 Horizon 激光雷达和 1 个泰览 Tele-15 超远距激光雷达，整个数据集包含 14445 帧 360°Lidar 点云数据，6 种目标的 3D 包围框标注和 14 种类别的点云语义标注。目前开放下载的数据集场景主要为市区宽阔道路场景，包括双向 12 车道和双向 8 车道。相应地，该仿真场景中也包含多种车辆和行人模型，以及更贴近真实场景的交通流模拟。此外，丰富的交通信号灯、交通标识牌、隔离物（包括隔离栏杆、绿化带、隔离墩等）、树木建筑等都让整个仿真场景更加贴近实际驾驶路况。仿真场景示例和数据标注示例如图 4 – 14 和图 4 – 15 所示。

图 4 – 14　仿真场景示例

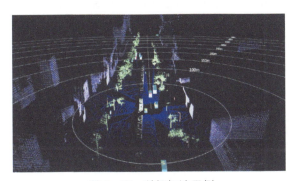

图 4 – 15　数据标注示例

3. 51WORLD 虚拟标注数据集

51WORLD 虚拟标注数据集是基于其自研的自动驾驶仿真测试平台 51Sim-One 生成及标注的。51Sim-One 场景如图 4 – 16 所示。在 51WORLD 虚拟标注数据集中，主要包含由 51Sim-One 所产生的摄像头传感器相关数据和激光雷达传感器相关数据。摄像头传感器相关数据主要包括图像和对应的语义分割、实例分割、深度标注、目标检测标注；激光雷达传感器相关数据主要包括激光点云和对 3D 边界框标注、语义分割标注、实例分割标注。51WORLD 虚拟标注数据集内容丰富且全面，可满足图像目标检测、点云目标检测、融合目标检测、光流、实例分割、语义分割和深度预测等算法研究的需求。

图 4-16 51Sim-One 场景

4. OPV2V

OPV2V（Open dataset for Perception with V2V communication）是由加州大学洛杉矶分校 Mobility 实验室构建的数据集[16]。该数据集是第一个用于车对车感知的大规模开放模拟数据集，包含 70 多个场景、11464 个帧和 232913 个有注释的三维车辆边界框，收集自 CARLA 的 8 个城镇和洛杉矶卡尔弗城的一个数字城镇。数据集中，每一帧平均包含 3 个联网车辆，每个联网车辆配备了 4 个摄像头，总共可以覆盖 360°视角，同时配备了 64 通道激光雷达和 GPS/IMU 传感器。OPV2V 可以支持协同 3D 目标检测、纯电动汽车（BEV）语义分割、跟踪和预测等感知任务。OPV2V 数据集示例如图 4-17 所示。

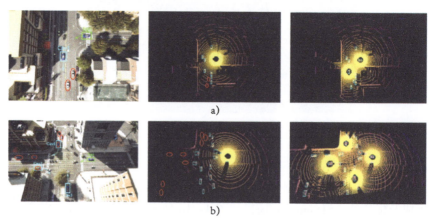

a)

b)

图 4-17 OPV2V 数据集示例

4.5　数据生成模型介绍

在4.3节介绍的环境感知系统测试技术框架中，数据生成模型（如图像生成模型、大语言模型等）无须从某一个感知环境出发，就可以直接有针对性地生成大量、拟真的感知数据，近年来有很多学者致力于此。而基于数据生成模型得到的待测数据直接影响后续的测试，因此，这一数据生成方法对模型的精度提出了较高的要求。

近年来，神经辐射场（Neural Radiance Fields，NeRF）技术的兴起为数据生成提供了新的可能性。NeRF 于 2020 年被首次提出[17]，它是一种基于隐式辐射场的技术，通过使用多视角的 2D 图像及相应摄像头姿态来训练神经网络重建 3D 场景，用以提取新视角的图像。NeRF 的核心原理类似于光线追踪技术，其主要过程是通过多层感知器（Multi Layer Perceptron，MLP）对给定的空间坐标 (x,y,z) 和观察方向 (θ,ϕ) 进行光线路径建模，计算得到该点的颜色和密度值，如图 4-18 所示。基于该技术不仅能够实现高保真图像的生成，还能够从不同的视角自由提取图像，甚至能够对场景中的动态目标进行修改和重建。NeRF 训练渲染流程可以总结如下：

1）对于给定的摄像头光线，在光线上进行采样，对采样点的空间坐标及观察方向进行编码，用深度复杂网络获得辐射场信息。

2）辐射场输出空间点的颜色和密度。

3）根据2）的输出，用体素渲染方程获得生成视角图片。

4）在训练阶段，根据原视角图片计算损失更新网络。

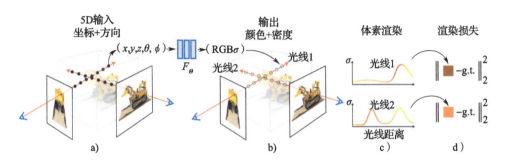

图4-18　NeRF 场景表述和体素渲染流程[17]

基于 NeRF 技术，TancikM 等[18]提出了 Block-NeRF，将场景分解为单独训练的 NeRF，实现了对街景的大规模渲染。在此基础上，UniSim[19]提出了一种扩展的 NeRF，将场景解构为动态目标和静态背景，如图 4 – 19 所示，通过动态目标姿态估计建立空间之间的映射，以实现对动态目标的创建和编辑，包括对象的移除、增添和动作修改等，能够有效支持自动驾驶闭环仿真，但仍存在渲染计算负载高的问题。

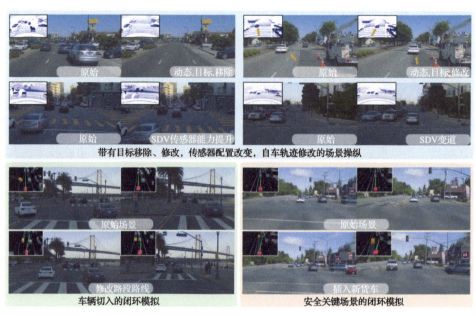

图 4-19　UniSim 基于原始传感数据创建可编辑的数字孪生，
实现对场景中对象的移除、增添、动作修改等操作[19]

另外，基于 GAN 方法搭建的数据生成模型也是常用的数据生成方法，已经发展较为成熟，下面将以模拟降雨图像生成为例，介绍现有图像生成方法，并选取其中一种进行详解。

4.5.1　降雨图像生成方法概述

模拟降雨图像生成方法主要分为三种。

1）基于物理模型的图像生成：通过研究雨滴的物理模型，获取降雨对图像的影响，进而实现从晴天图像生成雨天图像。如图 4 – 20 所示[20]，首先基于估计的场景深度，生成一个雾状的衰减层。然后，生成雨条纹和雨滴，并与雾状层合成。最后，将生成结果与原始图像叠加在一起，得到基于物理模型的降雨图像生成。

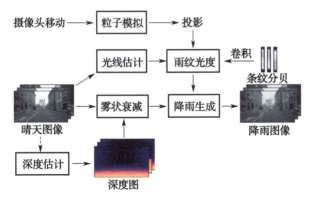

图 4-20　基于物理模型的降雨图像生成

2）基于深度学习的图像生成：基于神经网络构建降雨图像生成模型，由数据驱动获取降雨图像。基于物理的渲染可以产生真实的雨条纹和雾状的雨效果，但它忽略了主要的降雨特征，如湿度、反射、云，因此可能无法传达下雨场景的整体外观，而神经网络则擅长学习这些视觉特征。下一小节将以其中一个图像生成模型为例，详细介绍基于深度学习的降雨图像生成模型的原理。

3）基于物理模型和深度学习结合的图像生成：如图 4-21 所示，首先使用深度学习模型将晴天图像转换为雨天图像，再使用基于物理模型的方法增强雨条纹[21]。

图 4-21　基于物理模型和深度学习结合的图像生成

4.5.2　降雨图像生成模型介绍

本节将介绍一个基于 GAN[22] 的小、中、大雨三级降雨图像生成模型（Rain Conditional Cycle GAN，RCCycleGAN）[23]。

GAN 于 2014 年被提出，其由生成网络和判别网络相互对抗组成。生成网络负责从训练数据中学习期望输出数据分布，由原始输入生成模拟数据；判别网络则是负责判断输入数据属于模拟数据还是真实数据。在对抗过程中，生成网络旨在得到判别网络无法区分的模拟数据，而判别网络旨在尽可能区分模拟数据与真实数据，生成网络与判别网络按照动态博弈规则进行训练。条件生成对抗网络（Conditional Generative Adversarial Networks，CGAN）于2014年被提出[24]，实现生成对抗网络一对多的映射输出。该模型引入了传统深度学习中的监督式学习思想，在原有生成网络和判别网络上引入辅助信息 y（数据标签），使得生成网络可以生成具有辅助指导的模拟数据。循环对抗生成网络（Cycle-Consistent Generative Adversarial Networks，CycleGAN）[21]于2017年被提出，实现非配对图像间端到端的学习，该模型被广泛应用于两个数据集合之间的风格迁移。下面要详细介绍的模型 RCCycleGAN，则是在 CycleGAN 的基础上进行修改的，其概念示意图如图4-22所示。该模型主要由以下4个模块构成：

1）判别网络 D_n 与 D_r：其输入为真实图像或模拟图像与对应的降雨强度标签，D_n 用于判别输入图像属于真实晴天图像还是模拟晴天图像，D_r 用于判别输入图像属于真实降雨图像还是模拟降雨图像。

2）生成网络 G_n 与 G_r：其输入为真实图像或模拟图像、降雨掩膜和对应的降雨强度标签，G_n 用于由多级降雨图像（包括真实降雨图像与模拟降雨图像）生成模拟晴天图像，G_r 用于由晴天图像（包括真实晴天图像和模拟晴天图像）生成模拟多级降雨图像。

3）降雨掩膜识别网络 Ident_m：用于获取降雨图像与真实图像的雨量掩膜，属于一种非监督的降雨掩膜识别模块。

4）图像特征识别网络 Ident_f：用于获取模拟图像与真实图像的关键特征，采用已训练的深度卷积网络。

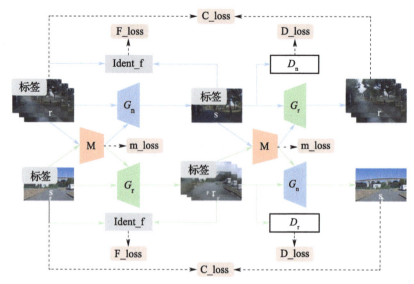

图4-22　RCCycleGAN 模型概念示意图

（1）判别网络

判别网络 D_n 与 D_r 采用了相同的多尺度卷积网络。输入为模拟图像或真实图像（RGB 3 通道）及对应的降雨强度标签（1 通道），其中降雨强度标签实现条件生成对抗网络，并采用 PathGAN 结构作为判别网络最终输出，相较于传统采用全连接层作为判别网络最终输出，PathGAN 结构最终输出为局部感受野，可保留更多图像特征，更好地指导生成网络输出模拟数据。判别网络架构如图 4-23 所示，其由三个深度卷积神经网络构成，不同尺度通过平均池化层得到。各卷积层通过卷积核提取感受野内特征，通过多层卷积网络提取输入图像的特征及结构信息。

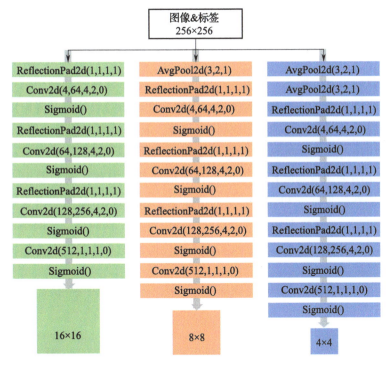

图 4-23　判别网络架构

（2）生成网络

生成网络 G_n 与 G_r 采用了相同的 U-net 结构，其网络结构示意图如图 4-24 所示。生成网络输入（5 通道）包括原始图像（RGB 3 通道）、降雨强度标签（1 通道）和降雨掩膜（灰度图 1 通道）三部分，其中降雨强度标签实现条件生成对抗网络。生成网络主要由编码器、转换器和解码器构成。编码器由 4 层卷积神经网络构成，完成对输入信息的特征提取，获取更优的全局信息。而后转换器由 10 层卷积神经网络构成，实现降雨/除雨风格迁移。解码器由三层卷积神经网络构成，对风格迁移后的图像特征进行解码，输出模拟图像。

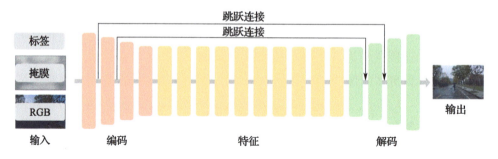

图 4-24　生成网络结构示意图

（3）降雨掩膜识别网络

针对晴天图像到降雨图像的转换任务，传统的 CycleGAN 通过判别网络自主捕捉两个数据集合（晴天/降雨）之间的差异，而后根据判别网络输出指导生成网络获取较为真实的模拟降雨图像。但降雨图像由背景信息及降雨信息（雨滴条纹和视觉传感器表面遮挡）两部分构成，其中的降雨信息，即降雨掩膜，由雨滴遮挡和雨滴条纹两部分组成。因此，若仅依靠 CycleGAN 模型来完成该任务，由于晴天图像与降雨图像所包含的信息并不对称，则需要大量数据与训练时间。在数据缺乏和训练不足的情况下，CycleGAN 模型会出现颜色或结构破坏的问题。为解决上述问题，设计了降雨掩膜识别网络，其网络结构示意图如图 4-25 所示，通过降雨图像和晴天图像两个支路共同约束降雨掩膜识别过程。

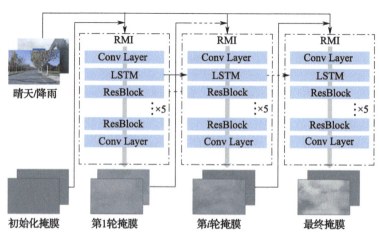

图 4-25　降雨掩膜识别网络结构示意图

　　降雨掩膜识别网络由若干降雨掩膜识别模块（Rain Mask Identification, RMI）构成，每个 RMI 由卷积层和激活层、LSTM、若干残差模块和卷积层构成。首先，由卷积层和激活层对输入的图像和上一轮输出的降雨掩膜进行特征提取。然后，利用 LSTM 模块结合上一轮输出更新降雨掩膜。此外，随着 RMI 模块数量的增加，降雨掩膜识别网络的层数会急剧增加，导致网络训练过程中出现梯度消失的问题。因此，RMI 模块引入了 5 个残差模块，使得降雨掩膜识别网络具有较大的深度且具备较大的感受野。最后，利用卷积层获取单通道的降雨信息（即掩膜）。

　　（4）图像特征识别网络

　　图像特征识别网络为一个已训练稳定的 VGG16 网络，其负责提取真实图像与模拟图像包含的特征与结构信息，后续无须训练。由先验知识可知，生成网络输出的模拟降雨图像在真实图像上叠加了降雨掩膜，总体来说，图像的特征和结构信息并未发生较大改变。

4.5.3　降雨图像生成模型结果

　　经过一定轮次的训练后，该模拟降雨图像生成模型输出结果如图 4-26 所示。其中，左侧第一列为输入晴天图像，第二列为真实小雨图像，第三列为 RCCycleGAN 生成的模拟小雨图像。可以看出，RCCycleGAN 可以较好地保留图像结构信息，减少图像扭曲现象，同时保留较多色彩信息，保留图像内的局部细节（阴影、反光等），与真实驾驶场景接近。因此，基于该生成模型输出的图像数据，可以满足下一步测试的需求。

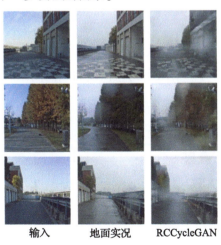

輸入　　　　地面实况　　　RCCycleGAN

图 4-26　降雨图像生成模型输出结果

4.6　具体测试案例

本节将介绍四个案例，举例说明 4.3 节测试技术框架的应用。

4.6.1　案例一：基于封闭场地环境的感知系统测试

本案例的测试技术框架对应图 4 - 27 中序号②的连线。封闭测试场地具备雨雾模拟设备，可以模拟各类天气，同时为测试提供拟真的道路条件，感知系统直接在该封闭场地环境中被测试，输出相对应的认知结果。被测对象为某公司融合感知系统（由 1 个前视摄像头、1 个前向毫米波雷达和 4 个角雷达构成），测试该感知系统的性能。测试流程如下。

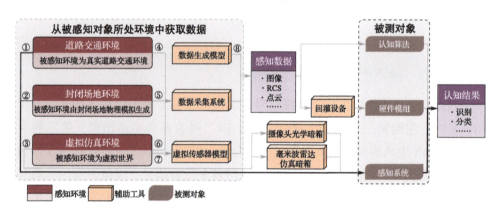

图 4-27　基于封闭场地环境的感知系统测试技术框架

（1）搭建测试场景

基础场景如图 4-28 所示。道路为长直道，前车行驶在车道中心，自车以相同的车速行驶在其后方。当两车到达预设的纵向间距时，前车开始制动减速直至停车。

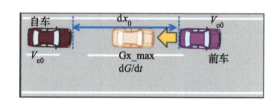

图 4-28　前车制动场景示意图

（2）构建测试用例

结合试验场地及测试车辆实际情况，针对机动车辆感知系统测试项设计并构建各类触发条件，表 4-1 所列为本次测试中的两个触发条件。在基础场景上叠加上述包含机动车辆测试项的若干感知系统触发条件，即完成若干测试用例的构建。

表 4-1　本次测试中的两个触发条件

序号	分类	语义触发条件	具体触发条件	
			属性变量	取值
T1	传感器遮挡	金属覆盖毫米波雷达表面	遮挡比例	100%
			覆盖形式	块状
T2	天气条件	浓雾	能见度	场地实际情况

（3）输出测试结果

每个测试用例重复测试至少三次。下面以 T1 传感器遮挡和 T2 小雨天气为例，介绍该测试实例的试验结果。

1）T1：传感器遮挡。试验过程中测试车辆由测试人员控制，测试过程实拍图如图 4-29 所示。

在 T1 触发条件下，测试车辆的感知系统表现仍保持稳定，未出现漏检现象。但是

图 4-29　金属覆盖毫米波雷达表面

目标状态检测结果相较于基准条件下偏差增大，说明该触发条件会显著增加感知系统的感知状态不确定性。其中某次感知结果如图 4-30 所示。

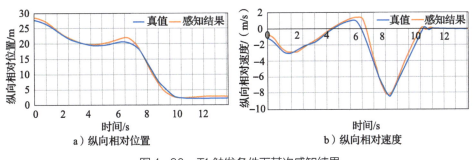

a）纵向相对位置　　　　　b）纵向相对速度

图 4-30　T1 触发条件下某次感知结果

2）T2：小雨天气。试验过程中测试车辆由测试人员控制，测试过程实拍图如图4-31所示。在T2触发条件下，感知系统表现出的性能良好，未出现漏检现象。目标状态检测结果与基准条件下的偏差较小。其中某次感知结果如图4-32所示。

图4-31　场地模拟小雨

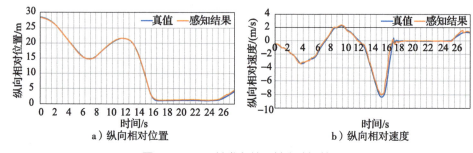

a）纵向相对位置　　　　　　　b）纵向相对速度

图4-32　T2触发条件下某次感知结果

4.6.2　案例二：基于虚拟仿真环境的硬件模组测试

本案例的测试技术框架对应图4-33中序号⑦的连线。在数字仿真软件中搭建各类传感器模型和车辆模型，同时还可以在软件中设置并组合不同天气条件，然后经由搭建的虚拟传感器模型采集数据，完成待测感知数据的生成。被测对象为某芯片的视觉硬件模组，该模组具备车道线检测、车辆检测、行人检测和交通灯检测等十余种功能。测试包括仿真场景设置、车辆模型设置、模型数据传输、仿真数据回灌及检测算法识别若干步骤，具体如下。

（1）搭建测试平台

构建以该芯片为基础的硬件在环虚拟仿真测试平台。其架构如图4-34所示。

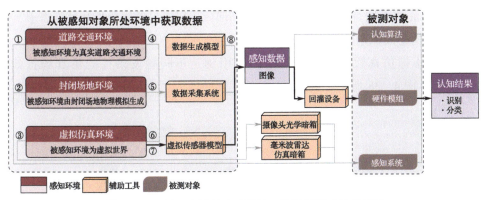

图4-33　基于虚拟仿真环境的硬件模组测试技术框架

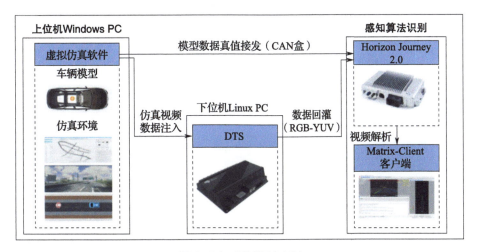

图4-34　测试平台架构

　　仿真场景通过虚拟仿真软件搭建，包括静态场景和动态场景设置。静态场景包括道路模型、天气模型及交通环境模型等。动态场景包括车辆运动参数、行人及动物运动参数等。

　　车辆模型设置也通过虚拟仿真软件搭建，主要包括自车动力学模型和视觉传感器模型。其中，视觉传感器模型参数设置需要由该芯片内部传感器参数进行标定

　　模型数据传输环节通过 CAN 盒将虚拟仿真软件的测试用例信息传输给该芯片。

　　仿真数据回灌注入环节主要任务为虚拟仿真软件将原始视频数据注入数据传输系统（Data Transmission System，DTS），DTS 再将数据由 RGB 格式转化为 YUV 格式，回灌给该芯片和 Matrix-Client 客户端两部分。

　　检测算法识别主要由该芯片内集成的算法对图像数据进行处理，并通过

Matrix-Client 客户端对感知视频进行录制和回放，以满足数据分析和处理需求。

（2）构建测试用例

基于虚拟仿真软件构建相应的测试用例。不同触发条件的仿真场景如图 4-35 ~ 图 4-38 所示。

小雨　　　　　　　大雨　　　　　　　小雪

大雪　　　　　　　薄雾　　　　　　　浓雾

图 4-35　不同环境条件的仿真场景

低光照　　　　　　色温异常　　　　　太阳光直射

图 4-36　不同光照条件的仿真场景

破损车道线　　　　破损指示牌　　　　施工区域间隔较大

行人速度较快　　　机动车速度较快　　自行车速度较快

图 4-37　不同目标物特征的仿真场景

机动车压线行驶

白色机动车与天空

白色行人与白色机动车

行人部分遮挡

自行车部分遮挡

锥桶部分遮挡

图 4-38　不同目标物关系的仿真场景

（3）输出测试结果

以"低光照时行人横穿马路"的测试用例为例，相关参数为，自车自 100m 处以 10m/s 速度驶入双向三车道十字路口，同时行人以 1.2m/s 速度横穿马路。对于构建好的测试用例，在虚拟仿真软件中运行仿真测试用例，同时开启设备，运行 DTS 数据回灌程序与 CAN 传输程序，最后在客户端录制仿真视频，分析感知数据，仿真测试结束。

4.6.3　案例三：基于虚拟仿真环境的感知系统测试

本案例的测试技术框架对应图 4-39 中序号⑥的连线。类似于案例二，同样在数字仿真软件中搭建各类传感器模型和车辆模型，设置并组合不同天气条件。然后经由搭建的摄像头暗箱采集数据，获取待测感知数据。被测对象为使用 SSD 认知算法的摄像头。

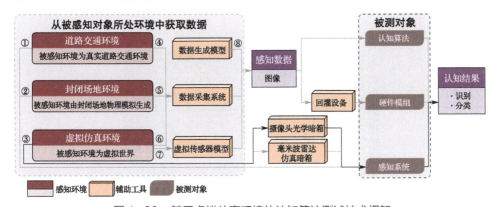

图 4-39　基于虚拟仿真环境的认知算法测试技术框架

（1）搭建测试平台

视觉传感器测试平台的硬件架构如图4-40a所示，实际测试平台如图4-40b所示。在服务器上利用仿真软件搭建仿真行驶场景，显示在显示屏B上，并同步将其投影至显示屏A作为视觉传感器的图像输入。视觉传感器和显示屏A均放置于暗箱环境中，以避免现实环境中光照等因素的干扰，视觉传感器的图像输出至显示屏C来进行存储和其他操作。

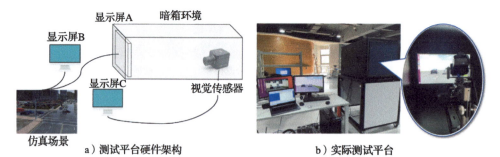

a）测试平台硬件架构　　　　　　　　　b）实际测试平台

图4-40　视觉传感器测试平台

（2）搭建仿真场景

基于仿真软件搭建相应的测试场景，首先设定对照场景参数，见表4-2。对照场景下的自车视角如图4-41所示。

表4-2　对照场景参数表

场景参数名称	参数设置	场景参数名称	参数设置
道路类型	双向三车道	太阳高度角	90°
前车型号	BMW650（黑色）	光照强度	30%
前车距离	25m	降雨强度	0%
自车视角高度	1.3m	降雪强度	0%
仿真场景时间	10：00AM	雾浓度	0%

图4-41　对照场景下的自车视角

为控制变量，在后续其他场景中场景设置均以该对照场景作为基础，通过在对照场景上叠加不同的环境因素来模拟不同环境条件的真实场景。不同环境因素的仿真场景如图 4 – 42 所示。

图 4 – 42　不同环境因素的仿真场景

（3）输出测试结果

摄像头经暗箱从仿真软件中采集得到图像，输入给 SSD 算法，经算法处理得到目标物的分类置信度（Classification Confidence，CC），如图 4 – 43 所示，其中绿色边界框就是网络的检测结果，目标物的类别为轿车，分类置信度结果为 0.88。

图 4 – 43　图像识别结果可视化

4.6.4　案例四：基于三类感知环境和数据生成模型的认知算法测试

本案例的测试技术框架对应图 4 – 44 中序号④、⑤、⑦和⑧的连线。由于算法的输入通常较为独立，一般没有前序相关设备的限制，即单独输入图像或视频即可，各种待测感知数据获取方法均可以满足测试要求。在本案例中共包含四种待测感知数据获取方法，经由数据采集系统分别从道路交通环境和封闭场地环境中获取待测感知数据、经由虚拟传感器模型从虚拟仿真环境中获取待测感知数据、经由数据输出模型直接获取待测感知数据。被测对象为 YOLOv5 算法，检测目标为降雨条件对检测结果的影响。测试流程如下。

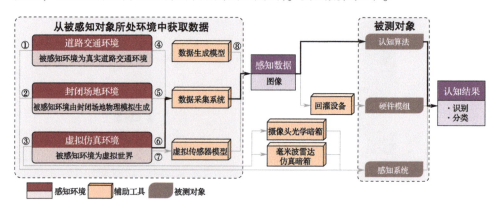

图4-44　基于三类感知环境和数据生成模型的认知算法测试技术框架

（1）待测数据生成

选取降雨作为触发条件，选取行人作为预期感知目标设计静态场景，场景中行人目标距视觉传感器纵向距离20m。

从道路交通环境中使用车载摄像头采集真实道路数据。根据实时天气预报的小中大三级降雨，分别采集各级降雨及晴天条件下的原始感知图像，对摄像头输出的原始感知图像进行中心裁剪预处理，裁剪图像尺寸为 1080×700，最终结果如图4-45所示。

晴天　　　　小雨　　　　中雨　　　　大雨
图4-45　路采数据生成降雨

封闭场地环境位于上海某封闭测试场，测试道路右侧设置有 500m 长降雨模拟设备。该降雨模拟设施共设有 6 个降雨等级，从 0 级到 5 级分别对应无雨、小雨、中雨、大雨、暴雨、大暴雨。基于该降雨模拟设备，控制视觉传感器采集晴天和不同降雨强度下的图像，采集时长大于5s。为保证降雨水平稳定，每次调整降雨模拟设备的降雨量后，需等待至少5min后再进行数据采集。为保证各类生成方法的图像大小一致，对摄像头输出的原始感知图像进行中心裁剪预处理，裁剪图像尺寸为 1080×700，最终结果如图4-46所示。

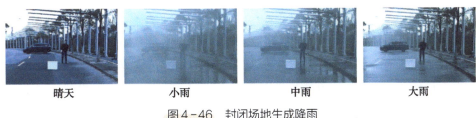

图 4-46　封闭场地生成降雨

使用仿真软件搭建测试场景，并利用软件中的虚拟传感器模型采集虚拟仿真环境中的待测感知数据。首先选取合适的地图和视觉传感器模型，同时控制场景中的天气条件变量（如雨量、云量、地面干湿度等）得到不同等级降雨，最后得到摄像头表面有水渍和无水渍两类场景，同样对摄像头输出的原始感知图像进行中心裁剪预处理，裁剪图像尺寸为 1080×700，两类场景的结果分别如图 4-47 和图 4-48 所示。

晴天　　　　　　　　小雨　　　　　　　　中雨　　　　　　　　大雨

图 4-47　虚拟仿真生成降雨（无水渍）

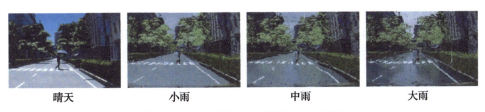

晴天　　　　　　　　小雨　　　　　　　　中雨　　　　　　　　大雨

图 4-48　虚拟仿真生成降雨（有水渍）

选取本章介绍的基于生成对抗网络构建的分级降雨图像生成模型 RCCycleGAN，获取各级降雨图像，最终结果如图 4-49 所示。

晴天　　　　　　　　小雨　　　　　　　　中雨　　　　　　　　大雨

图 4-49　生成模型模拟降雨

（2）输出测试结果

将上述各方法生成的降雨图像输入至目标识别算法 YOLOv5 中，以漏检率和分类置信度为评价指标，计算不同等级降雨的评价指标数值。经过测试，对于行人目标物，各类生成方法得到的降雨图像均未导致漏检现象出现。分类置信度方面，以封闭场地物理模拟降雨为例，其分类置信度（CC）的结果如图4-50所示。基于不同生成方法结果的对比和分析，可以横向比较各种生成方法的效果。

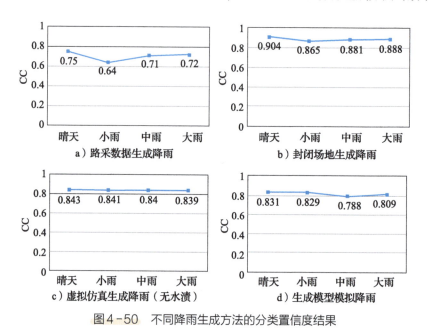

图4-50　不同降雨生成方法的分类置信度结果

4.7　本章小结

本章从环境感知系统的测试需求出发，首先说明了环境感知系统测试对智能汽车安全的必要性；然后对三类不同被测对象的感知系统、硬件模组和认知算法进行了介绍；随后提出了针对前向环境感知系统测试的技术框架，基于不同的感知环境并辅以相关辅助工具，同时选取合适的被测对象进行组合，即可得到多种的测试方法；接着对三类感知环境和数据生成模型依次进行了详细说明和介绍；最后结合具体的测试案例，对本章所提出的环境感知系统各测试方法加以详细说明。

参考文献

[1] REN S, HE K, GIRSHICK R, et al. Faster R-CNN:Towards real-time object detection with region proposal networks[J]. IEEE Transactions on Pattern Analysis and Machine Intelligence,2017,39(6):1137 – 1149.

[2] LIU W, ANGUELOV D, ERHAN D, et al. SSD:Single shot multibox detector[C]//European Conferenceon Computer Vision. Cham:Springer,2016:21 – 37.

[3] REDMON J, DIVVALA S, GIRSHICK R, et al. You only look once:Unified, real-time object detection [C]//Proceedings of the IEEE Conference on Computer Vision and Pattern Recognition. New York:IEEE,2016:779 – 788.

[4] GIRSHICK R, DONAHUE J, DARRELL T, et al. Rich feature hierarchies for accurate object detection and semantic segmentation[C]//Proceedings of the IEEE Conference on Computer Vision and Pattern Recognition. New York:IEEE,2014:580 – 587.

[5] GIRSHICK R. Fast R-CNN[C]//Proceedings of the IEEE International Conference on Computer Vision. New York:IEEE,2015:1440 – 1448.

[6] BOCHINSKI E, EISELEIN V, SIKORA T. High-speed tracking-by-detection without using image information[C]//2017 14th IEEE International Conference on Advanced Video and Signal based Surveillance(AVSS). New York:IEEE,2017:1 – 6.

[7] ZHANG Y, SUN P, JIANG Y, et al. Byte track:Multi-object tracking by associating every detection box [C]//Computer Vision-ECCV 2022. Cham: Springer Cham,2022:1 – 21.

[8] AHARON N, ORFAIG R, BOBROVSKY B Z. BoT-SORT:Robust associations multi-pedestrian tracking [J]. arXivpreprintarXiv:2206. 14651,2022.

[9] BRIEFS U. Mcity grand opening[J]. Research Review,2015,46(3):1 – 2.

[10] JACOBSON J, JANEVIK P, WALLIN P. Challenges in creating AstaZero, the active safety test area [C]//Transport Research Arena (TRA) 5th Conference:Transport Solutions from Research to Deployment. Paris:[s. n.],2014.

[11] GIBSON T. Virginia's smart road:Where researchers make the extreme weather[J]. Weatherwise,2015,68(4):20 – 27.

[12] MENZE M, GEIGER A. Object scene flow for autonomous vehicles[C]//Proceedings of the IEEE Conference on Computer Vision and Pattern Recognition. New York: IEEE,2015:3061 – 3070.

[13] CAESAR H, BANKITI V, LANG A H, et al. nuScenes:A multimodal dataset for autonomous driving [C]//Proceedings of the IEEE/CVF Conference on Computer Vision and Pattern Recognition. New York: IEEE,2020:11621 – 11631.

[14] SUN P, KRETZSCHMAR H, DOTIWALLA X, et al. Scalability in perception for autonomous driving:Waymo open dataset[C]//Proceedings of the IEEE/CVF Conference on Computer Vision and Pattern Recognition. New York: IEEE,2020:2446 – 2454.

[15] SUN T, SEGU M, POSTELS J, et al. SHIFT:A synthetic driving dataset for continuous multi-task domain adaptation[C]//Proceedings of the IEEE/CVF Conference on Computer Vision and Pattern Recognition. New York: IEEE,2022:21371 – 21382.

[16] XU R, XIANG H, XIA X, et al. Opv2v:An open benchmark dataset and fusion pipeline for perception

with vehicle-to-vehicle communication [C]//2022 International Conference on Robotics and Automation(ICRA). New York： IEEE, 2022:2583 – 2589.

[17] MILDENHALL B, SRINIVASAN P P, TANCIK M, et al. NeRf： Representing scenes as neural radiance fields for view synthesis[J]. Communications of the ACM, 2021, 65(1):99 – 106.

[18] TANCIK M, CASSER V, YAN X, et al. Block-neRf： Scalable large scene neural view synthesis[C]// Proceedings of the IEEE/CVF Conference on Computer Vision and Pattern Recognition. New York： IEEE, 2022:8248 – 8258.

[19] YANG Z, CHEN Y, WANG J, et al. UniSim： A Neural Closed-Loop Sensor Simulator [C]// Proceedings of the IEEE/CVF Conference on Computer Vision and Pattern Recognition. New York： IEEE, 2023:1389 – 1399.

[20] TREMBLAY M, HALDER S S, DE CHARETTE R, et al. Rain rendering for evaluating and improving robustness to bad weather[J]. International Journal of Computer Vision, 2021, 129(2):341 – 360.

[21] ZHU J Y, PARK T, ISOLA P, et al. Unpaired image-to-image translation using cycle-consistent adversarial networks[C]//Proceedings of the IEEE International Conference on Computer Vision. New York： IEEE, 2017:2223 – 2232.

[22] GOODFELLOW I, POUGET A J, MIRZA M, et al. Generative adversarial networks [J]. Communications of the ACM, 2020, 63(11):139 – 144.

[23] LIU Z Y, JIA T, XING X Y, et al. Hierarchical-level rain image generative model based on GAN[J]. arXivpreprintarXiv:2309. 02964, 2023.

[24] MIRZA M, OSINDERO S. Conditional generative adversarialnets[J]. arXivpreprintarXiv:1411. 1784, 2014.

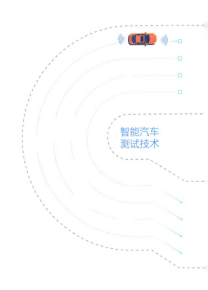

第 5 章
决策规划系统的测试
技术与方法

决策规划系统是自动驾驶汽车的"大脑",其决策结果与自动驾驶汽车的安全性直接相关,因此有必要对决策规划系统进行全面与详细的测试。本章将首先分析决策规划系统的测试需求与挑战;之后从基于场景、基于真实里程与基于虚拟里程三个方面介绍现有决策规划体统的测试技术与方法;最终,本章将拓展介绍与决策规划系统测试相关的一些常用测试工具与技术。

5.1 决策规划系统的测试需求与挑战

决策规划系统位于自动驾驶系统信息传输链的中间部分,需要处理复杂的外界环境信息,并直接影响控制执行系统的表现,因此决策规划系统测试在系统级测试过程中占有重要地位,在开发和验证过程中需对其进行大量的测试以确保安全性。

5.1.1 测试需求

自动驾驶汽车的判断决策过程,同时受到多种因素的影响,在信息处理阶段输入的实时信息和预测信息正确合理的情况下,判断决策的可信程度依赖于从历史信息中总结归纳的价值模型或预设规则的合理正确性以及当前场景与模型或规则的符合性。价值模型合理正确性主要体现在模型是否准确符合交通场景下的行驶目标要求,是否尽可能广泛考虑了各种影响因素,是否适用于不同类型的交通场景等方面。典型的价值模型包括风险评估模型、行驶舒适性评估模型、行驶效率评估模型等,实际应用中通常需要使用多种价值模型,并结合场景需求选择模型。然而,当场景实时信息和预测信息所描述的场景状况超出了价值模型所能涵盖的范围时，例如出现价值模型未考虑的场景要素，或者价值模型不适用的场景，会造成价值模型失效，导致判断决策结果不可信。因此，必须对可能造成价值判断错误的场景进行全面的分析和识别。此外，判断决策阶段作为利用输入信息进行全局判断的系统中枢，前序信息的不可信因素是必须纳入考虑的重要方面，对输入的信息必须具备一定范围的容错能力和鲁棒性。

综上，针对决策规划系统的测试，主要是对决策规划算法在各类场景下的决策安全性进行考察。一方面，需考察算法在边缘场景、紧急场景下的决策能力；另一方面，需考察决策算法在信息处理阶段输入的错误信息影响下的容错能力和鲁棒性。

5.1.2 测试挑战

决策规划系统不同于其他关键系统，它需要根据前序信息处理阶段的输入做出决策，进而与高动态不确定的交通环境进行交互，其"信息输入 - 指令输出"处于相互迭代的实时过程中，即系统决策行为将反过来影响场景后续发展。加上决策规划系统内部决策模型的复杂性，很难通过解析或形式化验证的方式，对其安全性和可靠性进行验证，采用闭环测试是验证决策规划系统安全性的必要过程。而由于决策规划系统的输入以对象级信息为主，较容易在仿真环境中构建，因此闭环仿真测试成为测试决策规划系统最为重要的手段。

决策规划系统的闭环仿真测试存在诸多挑战。其中最为突出的是场景危险域（高风险的场景参数子空间）分布、数量、大小不确定问题和场景复杂性造成的参数空间爆炸问题。

高级别自动驾驶决策规划系统及其所运行的外部交通环境均存在高动态的复杂性，这导致了其在逻辑场景空间内的安全性能差异大，即危险域分布、数量、大小不确定，如图 5 - 1a 所示。若沿用高级驾驶辅助系统（ADAS）测评的技术路线——以少量典型的具体场景代替功能/逻辑场景对系统进行安全评价，如图 5 - 1b 所示，则势必产生对危险域的漏检，评估结果和结论将是错误的。

在基于场景的闭环仿真测试过程中，场景参数必须是唯一确定的，又由于以一定评估指标表示的测试结果不具有外推性，因此为了保证测试结果在逻辑场景范围的可靠性，必须以一定数量的测试样本对逻辑场景空间形成覆盖。这样的场景空间覆盖，随着观测精度的提升，付出的测试成本也将指数级增长。假设，一个切入逻辑场景可以由 8 个关键参数（自车起始速度、相对速度、纵向相对距离、横向相对距离、最大加速度、变道开始时间、变道持续时间、变道最大横向速度）定义，且每个参数设置 10 个取值水平；则该逻辑场景下共有 1×10^8，即 1 亿个待测具体场景，如图 5-2 所示。假设每个具体场景仿真时长为 20s，则执行所有仿真测试所需时间为 20 亿 s，近 64 年，而这还仅仅是一个逻辑场景所需的测试成本。虽然可以借助高并发测试等手段，但要想覆盖足够的不同类型场景并达到可靠的观测精度，并发测试也不足以解决该问题。

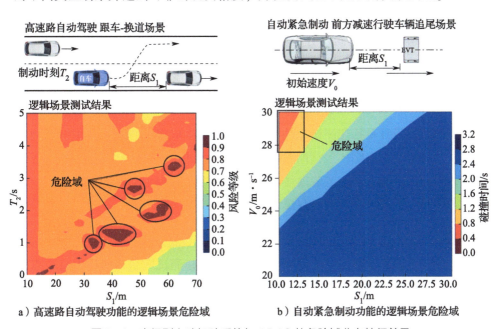

a）高速路自动驾驶功能的逻辑场景危险域　　　b）自动紧急制动功能的逻辑场景危险域

图 5-1 高级别自动驾驶系统与 ADAS 的危险域分布特征差异

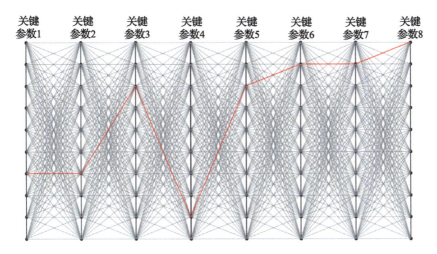

图 5-2 场景参数维数爆炸的示意图

本章主要针对测试过程中的参数爆炸问题进行讨论，场景危险域分布、数量、大小不确定的问题将在第 7 章进行探讨。

5.2 基于场景的测试技术与方法

基于场景的测试通过预定义场景参数确定出具体场景作为测试用例，根据场景参数赋值方法的不同可分为静态试验设计测试方法和动态试验设计测试方法。

5.2.1 静态试验设计测试方法

静态试验设计是指在测试活动开始前就已经生成完毕所有测试用例的测试策略。传统的测试策略，包括网格测试、随机测试、组合测试等都属于静态试验设计的范畴。基于静态试验设计的测试方法能够较准确地找到危险域的大小、数量和分布，但同时会引发参数爆炸的问题。

1. 网格测试

网格测试即将逻辑场景关键参数离散化，构建测试网格，网格中每个点对应一个具体场景。测试过程中依次选取网格点进行测试。这种方法的特点是可重复、测试场景固定，但会导致参数爆炸问题。图 5-3 所示为二维逻辑场景参数网格图，图中每个网格点对应一个具体场景参数。其中，横轴为速度，参数范围是 $10 \sim 20 \text{m/s}$，取 11 个间隔，纵轴为距离，参数范围是 $10 \sim 100 \text{m}$，取 10 个间隔。

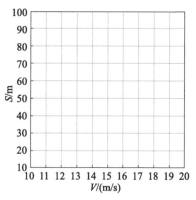

图5-3 二维逻辑场景参数网格图

2. 随机测试

随机测试是指基于逻辑场景的关键参数，构建参数空间，利用随机采样从参数空间中生成具体场景进行测试。这种方法的特点是随机性高，难以重复。

常见的随机测试方法有蒙特卡洛方法，该方法通过随机抽样生成大量的随机样本用于测试。这些样本可以是从已知概率分布中抽取的，也可以是通过随机过程生成的。理论上大量的随机样本可以逼近问题的解，因此这种测试方法理论上可以用于测试系统的安全性。但由于随机采样所需的样本数量巨大，且也会存在类似网格测试面临的参数爆炸问题，故不是一个用于测试系统安全性的理想选择。图 5 – 4 所示为一个二维逻辑场景参数空间，在该参数空间中随机生成 1000 个样本点，每个点对应一个具体场景参数。其中，横轴为速度，参数范围是 10 ~ 20m/s；纵轴为距离，参数范围是 10 ~ 100m；黄色代表危险场景对应的具体参数，黑色代表非危险场景对应的具体参数。

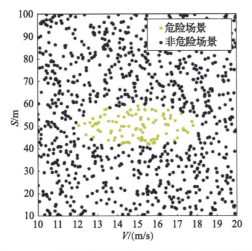

图5-4 二维逻辑场景参数空间随机生成具体场景

3. 组合测试

组合测试是一种首先在软件故障测试上应用的测试方法，组合测试方法假设错误是由 t 个参数相互作用产生的。因此，我们可以选择测试用例，使得对于任意 t（t 是一个小的正整数，一般是 2 或者 3）个参数，其所有可能取值的组合至少被一个测试用例覆盖。运用组合测试可以显著减少测试用例的数量，并能够直接检测各参数组合对软件的影响。在组合测试方法用于具体场景生成方面，主要通过对场景参数的具体取值进行组合完成场景生成。

下面用一个简单的例子来说明组合测试方法。表 5 – 1 描述了一个具有四个场景参数的逻辑场景，该场景的每个参数有 3 个可选值，使用网格测试方法测试该逻辑场景下被测系统的性能需要 $3^4 = 81$ 个测试用例。

采用两两组合测试准则，测试时仅需要表 5 – 2 中的 9 个测试用例，即可覆盖任意两个参数的所有取值组合。

表 5 – 1 一个具有四个场景参数的逻辑场景

速度/（m/s）	距离/m	加速度/(m/s²)	加速持续时间/s
20	10	3	1
40	20	6	2
60	30	9	3

表 5 – 2 组合测试用例

编号	速度/（m/s）	距离/m	加速度/（m/s²）	加速持续时间/s
1	20	10	3	1
2	20	30	9	2
3	20	20	6	3
4	40	10	9	3
5	40	20	3	2
6	40	30	6	1
7	60	10	6	2
8	60	30	3	3
9	60	20	9	1

静态试验设计的主要缺陷在于忽视了测试活动中逐步获取的被测系统信息，后续测试用例无法参考已完成用例的测试结果进行设计，是一种基本但低效率的测试方法。

5.2.2 动态试验设计测试方法

动态试验设计是指在测试活动中逐步动态地生成测试用例的测试策略。动态试验设计将测试过程视为一个黑箱函数，其输入和输出分别为测试用例和测试结果，通过引入黑箱优化的思想，使用历史测试结果预测更关键的测试采样位置，指导下一步的试验设计。基于动态试验设计的测试方法能够有效提高测试效率，能够一定程度上解决参数爆炸问题；同时，一些基于动态试验设计的测试方法在危险域大小、数量和分布上也有较好的表现。危险场景搜索方法整体框架如图 5 – 5 所示。首先，以逻辑场景参数空间 D 作为优化算法的输入。其次，基于给定参数空间 D，通过优化算法计算采样得到具体场景参数 d。然后，依托在环仿真测试平台，根据具体场景参数 d 生成并运行具体场景。最后，将被测系统在该场景的安全性评价结果 r 作为优化算法的成本函数值，输出至优化算法。算法根据前一轮结果，调整后一轮的具体场景参数 d，反复迭代至试验达到结束条件。同时，根据安全性评价标准，将搜索过程中所有的危险场景输出，得到危险场景集。

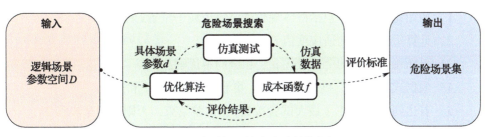

图5-5　危险场景搜索方法整体框架

　　典型的优化算法可以分为群体智能类算法和代理模型类算法。群体智能类算法是无模型的优化方法，通常仅利用前一个迭代轮次的样本信息，典型的算法粒子群（Particle Swarm Optimization，PSO）算法[1]、差分进化（Differential Evolution，DE）算法[2]、遗传算法（Genetic Algorithm，GA）[3]等。代理优化类算法是有模型的优化方法，通过维护一个测试过程的代理模型，选择更有潜力的采样点，典型的算法包括贝叶斯优化（Bayesian Optimization，BO）算法[4]、基于信赖域的贝叶斯优化[5]、隐动作蒙特卡洛树搜索（Latent Action Monte Carlo Tree Search，LA-MCTS）[6]等。

1. PSO 算法

　　PSO 算法是 Kennedy 和 Eberhart 受人工生命研究结果的启发、通过模拟鸟群觅食过程中的迁徙和群聚行为而提出的一种典型的基于群体智能的全局随机优化算法。在 PSO 中，每个优化问题的潜在解都是搜索空间中的一只鸟，称为粒子。所有的粒子都有位置、速度和结果三个值，其中位置即输入参数的数值，速度决定粒子飞翔的方向和距离，结果由成本函数计算得到。在每一次迭代中，粒子通过跟踪两个最优值来更新自己：一个是粒子本身的历史最优解，即个体最优；另一个是整个种群的历史最优解，即全局最优。基于个体最优和全局最优，粒子的速度和位置更新计算方法见式（5 – 1）和式（5 – 2）。

$$v_{id}^k = wv_{id}^{k-1} + c_1 r_1 \left(p_{\text{best}_{id}} - x_{id}^{k-1} \right) + c_2 r_2 \left(g_{\text{best}_{id}} - x_{id}^{k-1} \right) \tag{5-1}$$

$$x_{id}^k = x_{id}^{k-1} + v_{id}^k \tag{5-2}$$

式中，v 为粒子速度；k 为迭代轮次；i 为粒子序号；d 为维度序号；w 为惯性因子，表示粒子对自身速度的记忆性；c_1 和 c_2 为学习因子，用于平衡收敛速度和搜索效果；r_1 和 r_2 为随机函数，以赋予算法随机性；x 为粒子位置；p_{best} 为个体最优粒子位置；g_{best} 为全局最优粒子位置。

PSO 算法具体流程（图 5-6）如下：

1）初始化粒子群，包括群体规模 N、每个粒子位置 x_i 和速度 v_i。

2）计算每个粒子的适应度值 f_i。

3）更新每个粒子的个体最优 p_{best_i} 和全局最优解 g_{best_i}。

4）根据式（5-1）和式（5-2），更新粒子的位置 x_i 和速度 v_i。

5）若达到终止条件（最大试验次数），试验结束，否则返回至步骤 2）。

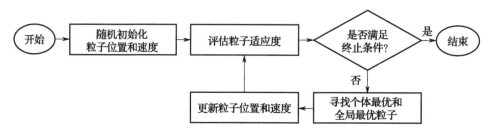

图 5-6　PSO 算法具体流程

2. BO 算法

BO 算法是一种典型的解决全局优化问题的算法，目的是找到全局最优解。其优化过程利用了著名的"贝叶斯定理"，通过更新迭代输入与输出的映射概率模型，找到空间中的最优位置。算法计算原理见式（5-3）。

$$p(f \mid D_{1:n}) = \frac{p(f) p(D_{1:n} \mid f)}{p(D_{1:n})} \tag{5-3}$$

式中，f 为未知的成本函数；$D_{1:n}$ 为已观测集合，$D_{1:n} = \{(x_1, y_1), (x_2, y_2), \cdots, (x_n, y_n)\}$，$x_n$ 为决策向量即每次采样的输入数据，y_n 为观测值，即样本对应的输出数据，$y_n = f(x) + \varepsilon_n$，$\varepsilon_n$ 为观测误差；$p(D_{1:n} \mid f)$ 为 y 的似然分布，由于观测值存在误差，所以也称为"噪声"；$p(f)$ 为 f 的先验概率分布，即对未知成本函数状态的假设；$p(D_{1:n})$ 为 y 的似然分布；$p(f \mid D_{1:n})$ 为 f 的后验概率分布，后验概率分布描述通过已观测数据集对先验进行修正后未知成本函数的置信度。

BO 算法主要包含两个核心部分——概率代理模型和采集函数。概率代理模型包含先验概率模型和观测模型。先验概率模型即 $p(f)$，观测模型描述观测数据生成的机制，即似然分布 $p(D_{1:n} \mid f)$。更新概率代理模型意味着根据式（5-3）得到包含更多数据信息的后验概率分布。采集函数根据后验概率分布构造，通过最大化采集函数来选择下一个最有"潜力"的采样点。同时，有效的采集函数能保证选择的评估点序列使得总损失最小。BO 算法原理如图5-7所示，主要分为三个步骤：

1）根据最大化采集函数来选择下一个最有潜力的评估点。

2）根据选择的评估点，评估成本函数值。

3）把新得到的输入和输出值添加到历史观测集中，更新概率代理模型，为下一次迭代做准备。

BO 算法相较于 MC 算法和 GS 算法，能在更少的评估中获得更好的结果。但随着迭代轮次的增加，代理模型的更新耗时会大幅增加，并且，BO 算法在高维空间的性能与 MC 相近。因此，BO 算法仅适用于迭代轮次较少、空间维度较低的优化问题，不适用于高维参数空间。

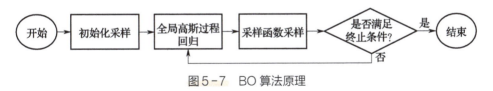

图5-7　BO 算法原理

3. 算法性能对比

（1）指标选取

当策略 Π 用尽了 N 次优化预算后，得到最终的采样记录 D^N，可以根据 D^N 学习得到一个二分类器 C，C 的目标是对任意 $x \in \boldsymbol{\Omega}$ 进行预测，判别其是关键的还是非关键的。根据预测结果，C 将搜索空间 $\boldsymbol{\Omega}$ 划分成关键子空间和非关键子空间两个部分，分别记作 $\hat{\boldsymbol{\Omega}}_\delta$ 和 $\hat{\boldsymbol{\Omega}}_{\neg\delta}$。

如果已知真正的关键子空间 $\boldsymbol{\Omega}_\delta$ 和非关键子空间 $\boldsymbol{\Omega}_{\neg\delta}$，就可以使用混淆矩阵分析来评估动态试验设计策略 Π 的性能。混淆矩阵如图5-8所示。其中，TP 表示 $\hat{\boldsymbol{\Omega}}_\delta$ 和 $\boldsymbol{\Omega}_\delta$ 的交集，即本身是关键用例，同时也被 C 正确预测为关键用例的部分；FP 表示 $\hat{\boldsymbol{\Omega}}_\delta$ 和 $\boldsymbol{\Omega}_{\neg\delta}$ 的交集，即本身不是关键用例，但被 C 错误地预测为关键用例的部分；TN 表示 $\hat{\boldsymbol{\Omega}}_{\neg\delta}$ 与 $\boldsymbol{\Omega}_{\neg\delta}$ 的交集，即本身是非关键用例，同时也被

C 正确地预测为非关键用例的部分；FN 表示 $\hat{\Omega}_{\neg\delta}$ 与 Ω_δ 的交集，即本身是非关键用例，但被 C 错误地预测为关键用例的部分。

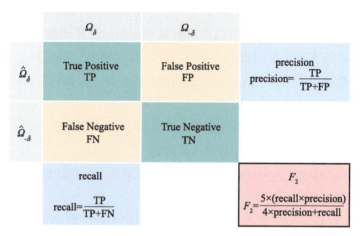

图5-8　混淆矩阵

召回率 recall 表示预测关键用例中真实的关键用例占所有真实关键用例的比例，是覆盖率的自然定义；准确率 precision 表示预测关键用例中真实的关键用例占所有预测关键用例的比例，它是对召回率的补充。如果仅采用召回率作为算法性能的评价指标，试想这样一种情况：不难构造一个刻意的分类器 C_{dummy} 将所有用例都预测为关键用例，那么召回率恒等于1，这就失去了对算法性能进行评估的意义。因此需要综合考虑召回率和准确率。F_α 分数是机器学习领域内常用的一个综合指标，它是召回率和准确率的加权调和平均数，$\alpha \in (0, +\infty)$ 是超参数，用于调节召回率和准确率的相对权重。如果 $\alpha = 1$，召回率和准确率具有同样的重要性，α 越大，意味着召回率越被重视。解集覆盖问题的目标是覆盖率（即召回），因此本节中使用了 F_2 分数作为各算法性能的评价指标。

（2）性能对比

为了验证优化算法性能，本节在两种测试函数上对优化算法性能进行验证，具体而言，除了包括前面提到的6个算法之外，还增加了蒙特卡洛（Monte-Carlo，MC）搜索算法、SOBOL[7]算法，以及针对动态试验设计测试而改进的改进粒子群算法[8]（Improved Particle Swarm Optimization，IPSO）和密度自适应隐动作蒙特卡洛集束搜索（Latent-Action Monte-Carlo Beam Search with Density Adaption，LAMBDA）[9]。MC 是一种随机算法，SOBOL 与随机算法类似，但其产生的采样在空间中更加均匀。使用 MC 和 SOBOL 的目的是体现优化算法的优越性。

　　黑箱优化领域的研究者们设计了许多测试函数用于算法的性能评估。不同测试函数具备不同的结构和特点，能够针对黑箱优化算法某一方面或某些方面的性能进行有效的检验。本节选取的两个测试函数分别是 Holder-Table 和高斯测试函数。Holder-Table 是黑箱优化领域内常用的一个测试函数。如图 5-9a 所示。它定义在二维空间上，方便作为一个演示性的例子；同时存在四个全局最优值，分布在空间的四个角落中，对于算法的全局探索能力很有挑战性；此外，它还存在非常多的局部最优模态，性能较弱的优化算法可能被困于这些陷阱模态中。高斯测试函数也是一个多模态函数，但与 Holder-Table 测试函数不同，高斯测试函数不仅具有多个模态（危险域），而且还具有危险域稀疏性，即除了极小的危险域之外的绝大部分区域的函数值都接近 0，如图 5-9b 所示，这对优化算法的信息利用能力是个很大的挑战。

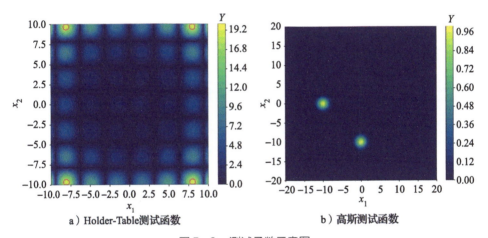

a）Holder-Table测试函数　　　　　b）高斯测试函数

图 5-9　测试函数示意图

　　各优化算法在 Holder-Table 测试函数上开展优化搜索，结果如图 5-10 所示。从图中可以看出，除去做了针对性改进的 IPSO 算法外，代理模型类算法的 F_2 分数普遍优于群体智能类算法。从图 5-11 的采样点分布情况可以看出在 1500 轮采样时，相比其他算法，LAMBDA 算法以及 BO 算法在四个危险域附近进行了大量探索，具备较高的搜索效率和危险域识别准确率。

　　各优化算法在高斯测试函数上的结果如图 5-12 所示。从图中也可以看出除了 IPSO 算法外，代理模型类算法的 F_2 分数普遍优于群体智能类算法。从图 5-13 的采样点分布情况可以看出 IPSO 的采样主要围绕两个危险域展开，说明其对危险域识别的准确性较高。

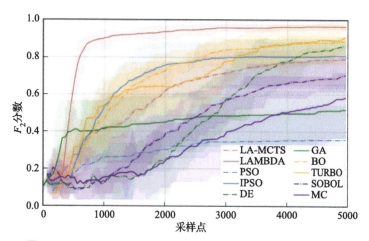

图5-10　Holder-Table 测试函数上采样过程中 F_2 分数变化图

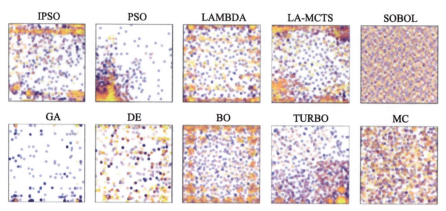

图5-11　Holder-Table 测试函数上 1500 轮时不同算法采样点分布情况

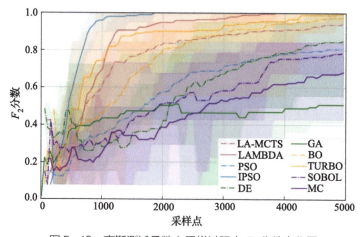

图5-12　高斯测试函数上采样过程中 F_2 分数变化图

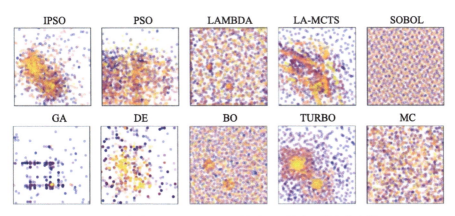

图 5-13　高斯测试函数上 1500 轮时不同算法采样点分布情况

5.3　基于真实里程的测试技术与方法

基于真实里程的测试方法是让被测车辆在一定的环境条件下连续行驶，而不预先设定其测试任务或目标。具体包括开放道路测试方法和基于开放道路测试数据的重要度采样加速测试方法。

5.3.1　开放道路测试技术

开放道路测试是使用真实的研发车辆在现实道路和真实交通环境下开展的测试。其测试真实性高，可同时测试车辆各硬件子系统之间的协调情况、软件算法的正确性、车辆与驾驶员之间的交互情况等。开放道路测试是企业最常采用的测试技术，也是汽车量产之前必须经历的测试过程。

1. 开放道路测试技术分类

开放道路测试方法存在特殊性，主要体现在该测试方法是结合特定测试环境的专用测试方法，无法推广到其他测试工具。开放道路测试可以提供完全真实的、非人工模拟的交通场景，所有交通参与者、气候条件、道路条件都真实存在，不受人为控制。由于所有事件均是随机发生的，车辆在真实道路行驶的过程均是测试过程，从而对智能汽车提出了更高的要求。现有的开放道路测试可以分为两大类，一类是不限定行驶路线的，另一类是限定行驶路线的。

不限定行驶路线的测试方法直接让被测系统在实际开放道路上行驶，而不限定其行驶路线。不限定行驶路线的测试方法能够提供真实的交通环境，满足环境感知系统、决策规划系统的测试需求，理论上是进行智能汽车测试的最佳方式。该测试方法的主要不足在于测试周期长、效率低，测试成本巨大，同时必须考虑安全风险问题以及法律法规的限制。从统计学角度出发，要验证智能汽车比人类驾驶更安全，理论上应该至少进行 99000000mile（1mile = 1609. 344m）以上的实车道路测试，这是一个十分漫长的测试里程[10]。因此，单纯依靠开放道路测试方法来测试智能汽车并不具备可操作性。

限定行驶路线的方法会根据被测车辆的设计运行条件（Operational Design Condition，ODC）、目标和事件探测与响应（Object and Event Detection and Response，OEDR）等功能定义筛选符合条件的开放道路，用于被测车辆的测试。限定行驶路线的实际道路测试评价框架如图 5 - 14 所示，包括确定被测车辆的 ODC、选定备选道路类型、评估确定备选、被测车辆实际道路测试和实际道路评价。具体而言，首先，确定被测车辆的 ODC，然后依据 ODC 在实际道路类型集中初步筛选符合 ODC 的道路类型，之后结合道路评估方法和测试元素基础模型最终确定符合条件的道路用于测试，测试过程中基于用户主观感受来评价被测车辆的性能。该方法依据 ODC 限定测试的道路，减少了测试里程量，具有一定可行性。

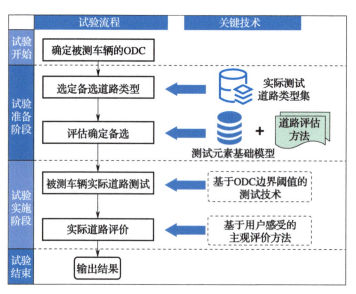

图 5-14　限定行驶路线的实际道路测试评价框架

2. 开放道路测试技术相关进展

近年来，随着智能汽车技术的发展，国内外企业均在开放道路测试上进行了大量实践。

在我国,多个城市都开展了开放道路测试。上海 2020 年开放道路测试有效测试时长 1.17 万 h,有效测试里程 39.7 万 km,22 家测试企业中,避险脱离率最高为 26.8 次/100km,平均 11.9 次/100km。

截至 2022 年底,广州市智能网联汽车开放道路有效测试总时长超过 51 万 h、有效测试总里程达 976.1 万 km。广州市 2022 年测试主体累计研发出 25 款测试车型投入到广州市进行道路测试工作,其中,平均脱离间隔里程数最长为 51.43km。排名前 10 的测试车型中总平均脱离间隔里程数为 28.88km。截至 2022 年底,北京市累计 28 家企业开展了智能汽车道路测试。其中,17 家企业 379 辆智能汽车取得全市范围内测试通知;14 家企业 269 辆智能汽车获准在高级别智能汽车示范区开展道路测试、示范应用及商业化试点的先行先试。其中,无人化累计测试里程超过 138 万 km,高速公路累计测试里程达 5.3 万 km。

在国外,梅赛德斯 – 奔驰于 2013 年用一辆 S500 轿车完成了一段 103km 的全智能汽车道路测试[11]。整个测试路线途经 25 个城镇和主要城市,覆盖了很多复杂的交通场景。美国谷歌公司的 Waymo 智能汽车研发团队是最早开展全智能汽车道路测试的团队之一。截至 2017 年 10 月,Waymo 智能汽车在美国的 4 个州、20 个城市完成了超过 5.6×10^6 km 的道路测试。在测试过程中,由经过严格培训的测试工程师负责监测和记录智能汽车的行为,寻找车辆表现不佳或无法应对的特殊场景,针对性地改进和调整软件算法,对功能进行迭代和优化。2018—2019 年,德国、英国、芬兰、日本等国的汽车企业也都在本国自动驾驶相关法律法规框架下开展了大量的实际道路测试。在美国,谷歌、沃尔沃、通用汽车等厂商都先后开展了智能汽车的开放道路测试。《加州 DMV 智能汽车路测数据》显示,2022 年上报总测试里程为 820.67 万 km,上报总接管数为 8216 次,平均接管里程(MPI)为 998.87km。

5.3.2　重要度采样加速测试方法

重要度采样加速测试方法采用数据驱动的思想,通过对开放道路测试数据进行统计分析,利用重要度采样方法提取满足特定需求的驾驶场景,用于智能汽车的测试。重要性采样的本质在于改变场景数据的原始分布情况,为重要(稀有)场景分配较高的出现概率,在保证事故率估计准确的同时又能减少测试次数,从而加速测试。其关键在于引入一个新的采样函数(重要度函数),在新的采样函数中去采样 x_i,使发生重要场景的可能性更高。

下面举例介绍重要度采样方法的基本思路。如图 5 – 15 所示,$f(x)$ 为目标函数在参数空间上的分布情况。如图 5-16 所示，$g(x)$ 为参数 x 实际分布的概率密度函数。事故率（E）可按式（5-4）进行估计。从图 5-16 中可以看出，$g(x)$ 数值较大的部分主要集中横轴的右半部分，若按照该分布进行采样得到的点大部分位于横轴右边；而目标函数 $f(x)$ 值较大的部分集中在横轴左边，这就使得测试过程中很难快速准确估计出事故率。

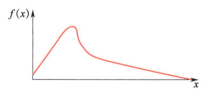

图 5-15　目标函数在参数空间中的概率密度分布示意图

为了快速准确估计事故率，引入一个新的采样函数 $p(x)$，如图 5-16 所示，该函数的数值较大的部分更靠左，也就是与目标函数的分布更接近。基于该函数进行采样，采样的点将会更多位于横轴的左边，可以更快速且准确地估计事故率（E）。引入 $p(x)$ 后的事故率计算公式见式（5-5）。

$$E = \int_x g(x)f(x)\,\mathrm{d}x \tag{5-4}$$

$$E[f] = \int_x p(x)\frac{g(x)}{p(x)}f(x)\,\mathrm{d}x \tag{5-5}$$

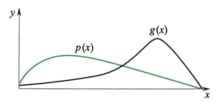

图 5-16　目标函数实际概率密度和采样函数概率密度分布示意图

5.4　基于虚拟里程的测试技术与方法

在真实交通环境中，决策规划系统面对的周围场景无限复杂，难以在所有场景下对其进行全面测试。由于真实的交通环境无限复杂，要想对场景进行详尽描述需要较多的参数维度，这导致了"维数诅咒"问题的出现，使得无法对所有的场景参数进行遍历，难以在所有场景下对决策规划系统进行详尽测试。

基于场景的测试和基于实车的里程测试是常用的决策规划系统测试方法，但这两种方法均存在明显缺陷。基于场景的测试方法具有较高的测试效率，并且在一定逻辑场景参数空间内能够达到较高的危险场景覆盖率，但采用该方法难以实现高维参数空间中的场景生成，无法在高维测试场景中对决策规划系统进行测试。基于实车的里程测试可以实现高维测试场景的生成，但这种方法需要大量的时间和金钱成本，且测试效率低，因此在实际应用时也存在较大的局限性。

决策规划系统在仿真环境中具有较高的保真度，因此可以采用仿真替代实车进行里程测试，从而实现在高维空间中对决策规划系统的测试，有效提升测试效率、降低测试成本。根据本书 3.3.2 节中的介绍，虚拟里程测试中的背景车行为由驾驶员模型控制，通过将这些驾驶员模型和被测决策规划系统接入仿真环境中，可以对连续交通环境进行模拟，进而对决策规划系统进行测试和评价。由于场景如何演绎由背景车驾驶员模型和被测系统之间的交互决定，具有很强的不确定性，因此采用该方法还可以生成针对决策规划系统的未知危险场景。

5.4.1　虚拟里程测试系统组成框架

为了实现虚拟里程测试，可以基于驾驶员模型构建一个虚拟里程测试系统，系统中具有一个连续仿真交通环境，将被测决策规划系统在环接入后，通过智能体之间的动态交互和博弈实现连续测试场景的生成。

虚拟里程测试系统通常由非玩家角色（Non-Player Character，NPC）模型、测试地图、仿真平台组成，用于构建具有时空连续场景的连续仿真交通环境。被测系统（System Under Test，SUT）在环接入该测试系统后进行虚拟里程测试。系统组成框架如图 5-17 所示。

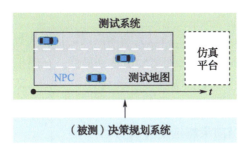

图 5-17　虚拟里程测试系统组成框架

NPC 模型是一组具有决策能力的驾驶员模型，在虚拟里程测试中被用于背景车（BV）的行为决策。测试系统中的交通环境根据 NPC 模型和 SUT 之间的不断交互实现演绎，生成各类未知危险场景，从而实现虚拟里程测试。NPC 模型通常需要具备一定的真实性、测试性、泛化性、进化性和场景生成效率，可以根据不同的测试需求，采用特定的方法生成 NPC 模型。

测试地图用于模拟真实交通环境中可能出现的各类道路拓扑，例如直道、弯道、汇入/汇出匝道等。为了使得系统具有更强的测试能力，通常测试地图都具备多种不同的道路拓扑，且会根据不同 SUT 的设计运行域（ODD）有针对性地设计，从而同时实现在多种道路拓扑下的测试；此外，为了使得测试能够连续进行，测试地图最好具有闭环的结构。

仿真平台中设定了仿真测试的执行流程，用于对车辆的状态和动作进行更新，以支撑虚拟里程测试的进行。仿真平台通常基于常见的仿真软件进行搭建，如 CARLA、VTD、PreScan 等。

5.4.2 用于虚拟里程测试的 NPC 模型生成方法

虚拟里程测试的测试性主要来源于被测系统与背景车辆的交互，用于背景车行为决策的 NPC 模型的性能直接决定了虚拟里程测试的效果。因此需要通过合理的模型生成方法完成 NPC 模型的构建，使其具备真实性、测试性等性能，从而保证虚拟里程测试系统的测试效果。

能够用于 NPC 模型构建的方法有很多，可以通过规则或效用函数构建模型，也可以采用模仿学习、强化学习等机器学习方法，采用不同方法生成的模型可以根据其行为能力进行分级。基于规则的驾驶员模型以及各类模型的分级方法已经在本书的 3.3.2 节中进行了介绍，在本节中将对机器学习方法中的强化学习和模仿学习进行简单的介绍，并对各类方法的优劣势进行简单分析。

1. 强化学习

强化学习问题可以简述为，通过奖励函数设定目标让智能体在环境中进行策略优化，使得执行策略获得的长期奖励值达到最优。在虚拟里程测试系统的 NPC 模型训练过程中，NPC 模型即为被训练的智能体，其首先对环境进行观测，获得当前观测状态 s_i，然后根据当前策略选定并执行动作 a_i，并计算奖励 r_i 反馈给智能体，最后根据奖励对智能体策略进行更新，使得策略收敛到接近最优，如图 5 - 18 所示。这一过程可以用公式表示为

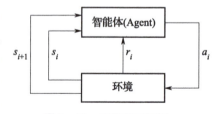

图 5 - 18 强化学习框架

$$\pi^* = \arg\max_\pi \mathbb{E}_\pi \left\{ \sum_{k=1}^N \gamma^{k-1} r_k \mid s_0 = s \right\} \qquad (5-6)$$

式中，k 为训练过程中的迭代步数；γ 为奖励折扣因子；r_k 为第 k 步迭代获得的奖励值。

奖励函数是根据模型的训练目标进行设计的，反映了模型所具有的目标特征。而用于强化学习模型训练的数据来自训练过程自身，因此其对数据的依赖性很低。在用于训练的数据中，模型行为的评价是通过对奖励函数的计算进行的，因此模型的性能与奖励函数的设定紧密相关，具有较强的可解释性。然而由于仅采用奖励函数的设定较难覆盖所有驾驶工况，无法对驾驶行为进行 100% 还原，因此采用强化学习方法生成的驾驶员模型在真实性上的表现相对较差。

根据训练环境和奖励函数的设置不同，强化学习生成的模型又可以分为对抗模型和非对抗模型，二者在模型特征上具备一定的区别。

（1）对抗模型

NPC 模型与 SUT 的交互是关键场景的生成来源，而其中 NPC 模型的对抗性行为可以提升交互过程中关键场景的出现概率。为了提升关键场景的生成效率，通过强化学习训练 NPC 模型时，可以对模型的对抗行为进行训练，获得的模型可以称为对抗模型。

通常通过对训练环境和奖励函数进行对抗性设定以获取对抗模型。在训练对抗模型时，通常将 SUT 接入训练环境中进行训练，使得在训练过程中就存在 NPC 模型和 SUT 的交互行为；在奖励函数上，通过设定与模型对抗相关的奖励函数，对与关键场景生成相关的对抗行为给予正奖励反馈，会使得 NPC 模型有更大的概率选择这部分对抗行为，从而提升虚拟里程测试过程中背景车与 SUT 对抗行为的出现概率，加速关键场景的生成。

根据上述内容可知，由于对抗性设定的存在，对抗模型在测试性上的表现最好；但由于训练时在训练环境和奖励函数的设定具有一定的局限性，因此对抗模型在真实性和演化性的表现上相对较差，部分模型可能只在特定场景下具有较好的测试效果。

对基于强化学习的对抗模型，代表性的研究见表 5-3。

表 5-3　强化学习对抗模型论文

团队	论文名称	主要内容
清华大学	Adversarial Evaluation of Autonomous Vehicles in Lane-Change Scenarios[12]	能够使得训练的 NPC 模型在特定场景下高效生成多模态的危险测试场景
密歇根大学	An Interaction-aware Evaluation Method for Highly Automated Vehicles[13]	能够在匝道汇入场景下高效生成危险测试场景

（续）

团队	论文名称	主要内容
密歇根大学	Intelligent Driving Intelligence Test for Autonomous Vehicles with Naturalistic and Adversarial Environment[14]	训练了具有对抗能力的驾驶员模型，能够用于对决策规划系统智能度的测试评价

（2）非对抗模型

通过强化学习训练 NPC 模型时，如果奖励函数中只包含对模型自身驾驶特性的奖励，且训练环境中不包含 SUT，则在进行仿真时此类模型与 SUT 的对抗特性较弱，可以把这类模型叫作非对抗模型。

此类模型在训练过程中不存在与 SUT 的交互，在模型训练完成后再接入 SUT 进行在环仿真测试，奖励函数也不会对于车辆之间的对抗行为给予正奖励，因此其在决策时只会考虑自车的行驶特征收益。在训练时自车行驶特征通常可以包括跟车、换道行为的真实性，以及自车对于行驶空间的追求程度等信息，所有的奖励都是服务于自车的行驶能力，所以通常模型具有很强的演化性和一定的真实性，能够在多种道路拓扑和不同场景中表现出良好的适应性；而由于没有对抗性的特殊设定，因此其作为背景车时的测试能力通常不够强。

对于非对抗模型，可以对其特性进行差异化设计，获取具有异质特性的模型。由于人类的操纵决定了其驾驶车辆的行驶特征，因此不同驾驶员的驾驶特征存在差异。异质化的驾驶员模型设定可以更好地模拟真实交通环境，并可以通过修改模型占比，提升虚拟里程测试系统的测试效果。

从驾驶风格上，可以将模型分为普通型、保守型、激进型。对于保守型驾驶员模型，通常代表驾驶能力较弱、驾驶经验欠缺的驾驶员，该类驾驶员较少做出换道或急加减速等动作。激进型驾驶员模型通常是造成危险场景的原因，因此受到了较多研究者的关注。该类驾驶员模型通常倾向于做出有一定风险性的驾驶行为，具有较高的平均车速、平均加速度和较短的跟车车头间距；高频的急加/减速和换道动作。

从交互属性上，可以将模型分为中立型、合作型、竞争型。对于中立型驾驶员模型，只关注自车的行驶收益，因此建模目标只包含对自身行驶质量的量化指标。合作型驾驶员模型在关注自身行驶收益的前提下，会考虑可视范围内其他车辆的行驶收益，以体现合作特性。竞争型驾驶员模型在关注自身行驶收益的前提下，会压缩周围其他车辆的行驶收益，以体现竞争特性。

对基于强化学习的非对抗模型，代表性的研究见表 5-4。

表 5-4　强化学习非对抗模型论文

团队	论文名称	主要内容
密歇根大学	Game Theoretic Modeling of Driver and Vehicle Interactions for Verification and Validation of Autonomous Vehicle Control Systems[15]	生成了具备高速公路自动驾驶能力的非对抗 NPC 模型，能够生成测试场景对自动驾驶车辆进行测试验证
同济大学	基于不同风格行驶模型的自动驾驶仿真测试自演绎场景研究[16]	生成了具备不同行驶风格的非对抗 NPC 模型，能够实现关键测试场景的高效生成

2. 模仿学习

模仿学习（Imitation Learning），顾名思义，就是要通过训练让模型学习专家数据的动作，使得模型能够面对环境状态输入做出与人类驾驶员相似的动作，从而达到模仿的目的。在难以设计奖励函数，但具备专家示范数据的训练场景下，采用模仿学习的方法通常可以获得较好的 NPC 模型训练效果。

常见的模仿学习方法主要有两种：行为克隆（Behavior Cloning）和逆强化学习（Inverse Reinforcement Learning，IRL）。行为克隆是一种直接从专家数据中学习策略模型的方法；而逆强化学习从专家数据中学习数据背后隐含的奖励函数（Reward Function），并根据奖励函数来训练最优的驾驶策略，这是两种方法的主要区别。

（1）行为克隆

采用行为克隆方法进行训练时，专家数据通常会被以"状态-动作"对的形式进行输入。其中状态通常为 NPC 模型周围的环境观测信息，作为模型的输入信息。在 NPC 模型根据状态做出决策之后，决策结果会与专家数据中的动作信息共同输入到损失函数中，并通过策略梯度更新策略模型，从而不断逼近损失函数的最小值，实现模型决策对专家数据的"克隆"。

$$\theta^* = \arg \min_{\theta} E_{s, a \sim D} \mathrm{loss}\left[\pi(s \mid \theta), a\right] \tag{5-7}$$

式中，π 为训练的 NPC 模型策略；θ 为策略参数；s 和 a 分别为专家数据中的状态和动作信息；loss 为损失函数。通过对比策略 π 对状态 s 的输出动作和专家数据中的动作 a 之间的差异，对策略不断进行更新，从而使得损失函数达到最小值。

由于训练数据完全来自输入的专家数据，因此行为克隆能够很好地学习到专家数据的行为，生成的模型具备很好的真实性；且由于数据均为训练前处理好的，因此在训练过程中不再需要收集和处理数据的工作，生成效率较高。但这项特征也同时导致了其演化性和测试性差的特点：一旦模型遇到没有经过专家数据训练的状态，将可能会做出不安全的驾驶行为；与关键场景生成相关驾驶行为的专家数据也很难获取，因此训练获取的模型用于测试的效果通常欠佳。

对于行为克隆训练生成 NPC 模型，代表性的研究见表 5-5。

表5-5　行为克隆模型论文

团队	论文名称	主要内容
同济大学	Learning-Based Stochastic Driving Model for Autonomous Vehicle Testing[17]	采用大量自然驾驶数据对 LSTM 网络进行训练，生成的 NPC 模型具有较高真实性，能够构建较为真实的交通仿真环境用于自动驾驶汽车测试
加州大学伯克利	Deep Imitation Learning for Autonomous Driving in Generic Urban Scenarios with Enhanced Safety[18]	通过自然驾驶数据对深度神经网络进行训练，生成了城市驾驶策略模型，可用于生成城市道路场景用于测试

（2）逆强化学习

逆强化学习也是一种典型的模仿学习方法，其学习过程与强化学习利用奖励函数训练策略相反，不需要对奖励函数进行设计，而是通过对专家数据的学习获取一个奖励函数，并可以进而利用奖励函数对 NPC 模型进行训练。

IRL 的基本准则是：通过迭代奖励函数 R 来优化策略，并且使得任何不同于专家数据策略 π_E 的动作决策 $a \in A \setminus a_E$ 都尽可能产生更大损失，从而实现对专家数据的最大化模仿。该准则用公式可以表示为

$$R^* = \arg\max_R \sum_{s \in S} \left[Q^\pi(s, a_E) - \max_{a \in A \setminus a_E} Q^\pi(s, a) \right] \tag{5-8}$$

式中，a_E 为专家数据策略对应的最优动作，$a_E = \pi_E(s)$。

但采用上述方法时，如果需要在学习奖励函数的同时获取 NPC 模型，还需要使用强化学习对模型进行训练优化，这要求迭代优化奖励函数的内循环中解决一个马尔可夫决策过程（Markov Decision Process，MDP）的问题，会带来极大的时间消耗成本。

对抗逆强化学习（Adversarial Inverse Reinforcement Learning，AIRL）算法中引入了对抗生成网络（Generative Adversarial Network，GAN），能够有效提升训练效率。该算法背后的基本概念是同时训练代表驾驶员模型策略的生成器和学

习目标奖励函数的判别器，当输入的状态 – 动作对更有可能来自专家数据演示时，判别器会给予策略模型更高的奖励。AIRL 算法能够在判别器和生成器进行对抗的过程中达到博弈均衡，从而同时完成对两个网络的训练并达到相互统一，在时间效率和训练效果上得到显著提升。

在 AIRL 中，判别器是其中最关键的组成部分，通常可以将判别器表达成

$$D_{\delta}(\tau) = \frac{\exp[f_{\delta}(o, o')]}{\exp[f_{\delta}(o, o')] + \pi(a \mid o)} \tag{5-9}$$

式中，$f_{\delta}(o, o')$ 可以表达为

$$f_{\delta}(o, o') = g_{\delta_1}(o) + \gamma h_{\delta_2}(o') - h_{\delta_2}(o) \tag{5-10}$$

式中，$g_{\delta_1}(o)$ 和 $h_{\delta_2}(o')$ 分别为判别器结构下的奖励函数和值函数。

在此基础上，用于强化学习的奖励函数可以表示为

$$R(o, a, o') = \log D_{\delta}(o, a, o') - \log[1 - D_{\delta}(o, a, o')] \tag{5-11}$$

经过 AIRL 的训练，可以在获得与专家数据相符的奖励函数的同时，获得一个经过充分训练的 NPC 模型，有效提升训练效率。

与行为克隆相同，由于训练数据中存在专家数据，因此 IRL 方法训练的模型能够很好地学习到专家数据的行为，生成的模型具备很好的真实性，且由于对抗生成网络的存在，其真实性通常比行为克隆还略高一些。此外，除了专家数据，IRL 也会利用仿真过程中生成的数据进行训练，因此数据量高于行为克隆，具备较强的演化性。但 IRL 由于其训练过程较复杂，所以模型生成效率在几种方法中是最低的；而且训练过程中没有对抗性设定，测试性也相对较低。

对于 IRL 训练生成 NPC 模型，代表性的研究见表 5 – 6。

表 5－6　逆强化学习模型论文

团队	论文名称	主要内容
南洋理工大学	Driving Behavior Modeling Using Naturalistic Human Driving Data with Inverse Reinforcement Learning[19]	采用最大熵 IRL 算法，生成了具备较高真实性的 NPC 模型
同济大学	Decision Making for Driving Agent in Traffic Simulation via Adversarial Inverse Reinforcement Learning[20]	采用 AIRL 算法，生成了具备高速公路行驶能力的 NPC 模型，模型具有较强的真实性

3. 方法对比

从真实性、测试性、演化性、进化性、生成效率五个维度对常见的 NPC 模型生成方法进行对比分析，分析结果如图 5 – 19 所示。

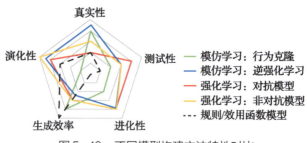

图5-19　不同模型构建方法特性对比

总体来看，强化学习和逆强化学习在各个维度上的表现都相对较为均衡，是比较理想的NPC模型构建方法。强化学习的优势在于具有最强的演化性；逆强化学习的优势在于可以较好地还原出人类驾驶员的驾驶行为，具有最强的真实性。IDM等基于规则或效用函数的模型生成场景的不确定性较低，模拟车辆特征的真实性有限，现在常作为其他方法的对比基准。

4. 模型生成示例

下面以基于强化学习的模型生成为例，展示NPC模型的具体生成方法和流程。

在NPC模型设计阶段，首先根据不同的交互属性，对模型的特征进行定义。对于交互属性，选择前面所述的中立型、合作型、竞争型模型作为设计目标。对于中立型模型，只关注自车的行驶收益，在进行建模时，将自身的行驶收益目标量化为：①无碰撞行驶；②最大化可行驶区域；③最大化行驶速度。对于合作型和竞争型模型，其考虑的周围车辆包括后观测空间内的所有车辆。对于合作型模型，在中立型对自车行驶收益的考虑之外，还要最大化后观测空间所有车辆的平均速度，以此体现模型的合作特性。对于竞争型模型，还要最小化后观测空间所有车辆的平均速度，以此体现模型的竞争特性。NPC模型的设计方案如图5-20所示。

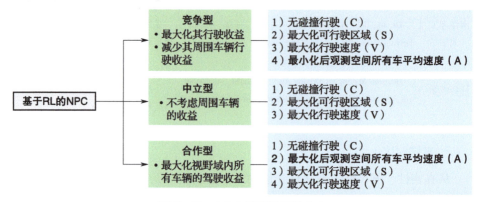

图5-20　NPC模型的设计方案

完成模型设计之后，根据设计目标，需要对模型训练使用的奖励函数进行设计。对于中立型、合作型、竞争型 NPC 模型的设计，奖励函数可以统一设计为

$$R = w_1 C + w_2 S + w_3 V + w_4 A \qquad (5-12)$$

式中，R 为奖励的计算结果；C、S、V 分别对应自车的三项行驶收益反馈；A 对应合作型和竞争型模型对周围车辆收益影响效果的不同奖励反馈。

在完成奖励函数的设计后，采用强化学习的方法完成对 NPC 模型的训练。基于 Actor-Critic 架构的深度强化学习（Deep Reinforcement Learning，DRL）是当前常用的强化学习方法，Actor-Critic 框架中有 Actor 网络和 Critic 网络两个部分，其中 Actor 网络可以对高维、连续动作空间中的动作进行选取，Critic 网络用于对动作的价值进行判断，可以单步更新，更新训练速度更快、学习效率更高。在这种方法中，神经网络作为强大的非线性表达单元被引入强化学习算法中，更适用于驾驶员模型的训练。在本书的示例中，采用了双延迟深度确定性策略梯度（Twin Delayed Deep Deterministic Policy Gradient，TD3）算法进行模型训练，TD3 算法是一种常用的强化学习算法，其算法流程图如图 5-21 所示。

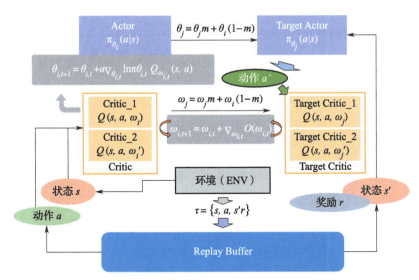

图 5-21　基于 Actor-Critic 架构的 TD3 算法流程图

5.4.3　用于虚拟里程测试的 NPC 模型性能验证

NPC 模型的训练效果直接影响了虚拟里程测试系统的保真度和测试能力。因此在完成模型的训练后，通常需要对模型的特征进行验证。在此以真实性为例，对生成的模型进行验证。

在模型真实性验证上，从微观行为层面对模型的特征进行对比分析。跟车和换道行为是高速公路自动驾驶最常见的两个行驶行为，因此主要从跟车行为真实性、换道行为真实性两个方面进行真实性验证。

为了进行对比，采用基于 DRL 训练生成的 NPC 模型构成交通仿真环境，并从中获取数据。仿真环境中的车辆总数为 25 辆，其中 NPC 模型配置为：合作型模型 10%、中立型模型 50%、竞争型模型 40%，生成 DRL 驾驶数据集的仿真场景数据共 10000 帧。选用德国高速公路自然驾驶数据集（highD）作为基准进行对比验证。具体的配置信息见表 5-7。

表 5-7 真实性验证对比数据

数据类型	数据来源	模型类型	模型比例
对照数据		highD 数据集	
待验证数据	DRL 模型	合作型	10%
		中立型	50%
		竞争型	40%

1. 跟车行为真实性验证

在跟车行为真实性验证时，为了从空间和时间两个维度上进行跟车行为特征的分析，分别选取车头距离（Distance Headway，DHW）以及车头时距（Time Headway，THW）两个指标与车辆行驶速度进行核密度联合分布统计分析。

由于 highD 数据集中车辆不限速，在统计过程中发现车辆跟车时平均行驶速度水平高于 DRL 数据集中车辆的速度水平。为了避免由于车辆的最大速度受限而导致的较大的跟车距离，在验证时限制统计跟车行为的速度区间范围为 20~30m/s，即场景中车辆本可以行驶至较高水平的行驶速度，因周围交通环境受限被迫采取跟车行为。

根据统计，结果分别如图 5-22 和图 5-23 所示。对于 DHW 与速度的核密度联合分布，从图中可以看出，在 DHW 边缘分布上，DRL 数据集与 highD 数据集均在距离区间 25~30m 处达到峰值。DRL 数据集在距离区间 80~100m 处略偏高于 highD 数据分布的原因在于，DRL 场景中仍然存在少量最大允许行驶速度低于 30m/s 的车辆，该部分车辆在进行跟车时，前车速度高于自车速度，因此跟车距离处于较大的水平。在速度边缘分布上，highD 数据以及 DRL 数据均在速度为 24m/s 以及 27m/s 左右处达到分布峰值，且整体分布水平近似，因此在空间上 DRL 数据集中的跟车距离分布较自然驾驶数据集相近。同理，对于 THW 与速度的核密度联合分布上，THW 的取值大部分集中于 0 ~ 2s 的区间范围内，且 DRL 数据集在该指标与速度的联合分布上与 highD 近似。

综上所述，在示例中通过强化学习所生成的模型在跟车行为层面上与自然驾驶数据集相似，因此车辆的跟车行为具备真实性。

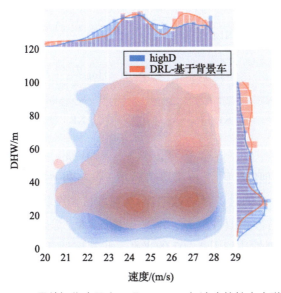

图 5 - 22　不同数据集中跟车工况下 DHW 与速度的核密度联合分布

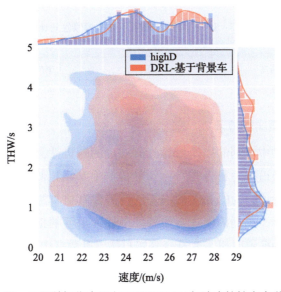

图 5 - 23　不同数据集中跟车工况下 THW 与速度的核密度联合分布

为了更为精确地度量核密度联合分布的相似性，本节引入分布相似性指标 JS 散度对相似性进行量化。JS 散度用于解决 KL 散度在表征分布相似性时的不对称问题。由于 JS 散度使用信息熵进行度量，对于 p、q 两种不同的联合分布，$\mathrm{JS}(p\|q)$ 反映了 q 分布相对于分布 p 的信息不确定性，当两种联合分布完全相同时，即 q 分布在分布 p 的基础上不存在任何分布不确定性，此时 JS 散度 $\mathrm{JS}(p\|q)=0$。

$$\mathrm{KL}(P\|Q) = \sum p(x)\log\frac{p(x)}{q(x)} \qquad (5-13)$$

$$\mathrm{KL}(Q\|P) = \sum q(x)\log\frac{q(x)}{p(x)} \qquad (5-14)$$

$$\mathrm{JS}(Q\|P) = \frac{1}{2}\mathrm{KL}\left[P\left\|\frac{1}{2}(P+Q)\right.\right] + \frac{1}{2}\mathrm{KL}\left[Q\left\|\frac{1}{2}(P+Q)\right.\right] \qquad (5-15)$$

$$S = \left[1-\mathrm{JS}(Q\|P)\right]\times100\% \qquad (5-16)$$

式中，S 为分布相似度，因此 JS 散度值越小，分布相似度越高。

在进行真实性验证时，分别对 THW 与速度核密度联合分布和 DHW 与速度核密度联合分布进行相似性度量，结果见表 5-8。综合对比结果可以看出在 THW 分布上，相似性达到了 0.007 的水平，非常接近真实交通流中车辆的车头时距，同时 DHW 分布上，相似性达到了 0.086，即 DRL 数据集中车辆的跟车行为相较于 highD 数据集相似度超过了 90%。以上证明了 DRL 数据集中跟车行为具备较高的真实性。

表 5-8　不同跟车指标下分布相似性对比

指标	JS (highD ‖ DRL)
DHW 与速度	0.086
THW 与速度	0.007

2. 换道行为真实性验证

由于自然驾驶中车辆的换道行为具有一定的随机性，因此要想在仿真测试场景中让车辆的换道行为具备与自然驾驶数据中车辆相似的行为特征具有较高的挑战性，同时换道行为的真实性也是区分高保真仿真测试场景与低级仿真测试场景的重要指标。车辆的换道行为特征中较为重要的指标为换道时机，仿真测试场景中车辆的换道时机需要符合真实自然驾驶数据中车辆换道时机的分布。

基于车辆当前车道是否存在前车以及碰撞时间（TTC）的数值的大小，将换道真实性验证时车辆的换道行为分为受迫换道以及自愿换道两种行为。其中受迫换道认为当车辆当前所在车道前方存在前车，且前车的速度低于车辆当前速度时车辆所采取的策略换道行为，因此受迫换道的 TTC > 0。自愿换道包含两种驾驶工况：①自车当前车道前方不存在前车时的随机换道行为；②自车当前车道前方存在前车，且 TTC < 0 的策略换道行为。

对于受迫换道，基于 highD 数据集以及 DRL 数据集进行关于 TTC 的分布统计，结果如图 5 – 24 所示。从图中可以看出在 TTC 分布上自然驾驶数据和 DRL 数据集均在 TTC 为 5s 处达到峰值，且在整个范围内的分布上具有较高的相似性。因此 NPC 模型在进行受迫换道时，其换道时机与自然驾驶数据相似度较高。

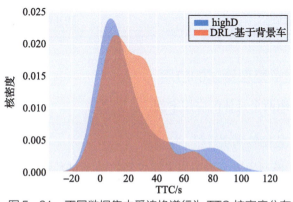

图 5 – 24　不同数据集中受迫换道行为 TTC 核密度分布

对于自愿换道驾驶行为，本节使用与受迫换道相同的数据集对车辆自愿换道时行驶速度核密度分布进行了估计，结果如图 5 – 25 所示。从图中可以看出两个数据集中车辆均在速度为 25m/s 处达到换道次数峰值，在速度为 12m/s 左右达到次峰值，且分布整体走势趋于一致。因此 NPC 模型在进行自愿换道行为时，与自然驾驶数据集中车辆换道行为相似度较高。

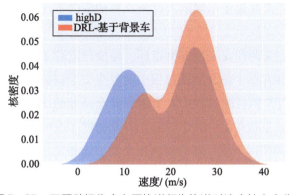

图 5 – 25　不同数据集中自愿换道行为换道时速度核密度分布

综上，本节对以上两种换道行为的 TTC 核密度分布以及速度核密度分布进行了 JS 散度相似性度量，结果见表 5 - 9。可以看出自愿换道的分布相似性为 0.122，受迫换道的分布相似性为 0.139，两种换道行为 DRL 数据集与 highD 数据集相似度均为 90% 左右，因此 DRL 行驶数据集较能服从 highD 数据集中的换道时机特征，NPC 模型在换道行为上具有较强的真实性。

表 5 - 9　不同换道指标下分布相似性对比

换道行为	JS（highD ‖ DRL）
自愿换道	0.122
受迫换道	0.139

5.4.4　虚拟里程测试的应用

接下来将介绍两个具体的应用案例。

1. 应用一：智能性测试评价

在完成 NPC 模型生成后，可以采用模型构建测试环境，对决策规划系统的智能性进行测试评价，服务于本书 2.1.2 节的测试需求。在进行测试时，选用固定的 NPC 模型设置构建测试环境，将不同的 SUT 接入测试环境进行测试，并根据 SUT 在测试系统中的表现对其决策智能性进行评价。

（1）评价指标

对于决策规划系统的智能性，分别从安全性、行驶效率、交互效用三个维度进行评价。三个维度的设计和计算方法分别如下所示。

1）安全性。在对安全性的定义上，自动驾驶系统除了需要避免基本的安全碰撞工况以外，还需要避免车辆陷入可预见性的危险工况以降低发生安全事故的概率。

基于以上，定义两种安全性评价指标：碰撞与危险工况暴露收益，其中碰撞 C 用于统计车辆在整个仿真测试过程中的发生安全碰撞的总次数；危险工况暴露收益用于统计车辆行驶过程中发生潜在安全碰撞的工况所获取的收益，该指标与暴露次数 E 呈负相关。其中对潜在安全碰撞工况的定义为车辆行驶过程中 TTC 达到危险阈值以下或车辆当前减速度大小达到紧急制动减速度范围内时的行驶工况。根据碰撞总次数 C 以及暴露总次数 E 建立自动驾驶车辆决策智能性安全性评价公式如下：

$$\mathbb{I}_s = 0.5 \times \left[1 - \frac{\min(C,\ C_{\max})}{C_{\max}} + e^{-E} \right] \tag{5-17}$$

2）行驶效率。自动驾驶系统在保证车辆安全驾驶的基础上，需要能够提供尽可能高的行驶效率。行驶效率可以从平均行驶速度、平均换道时间以及平均视野域车流密度三个指标进行评价。其中定义换道过程为车辆从做出换道决策起至车辆质心处于其他车道时所历经的时间。记 $\bar{v}$ 为在被测试系统控制下的车辆平均行驶速度，$\bar{\hbar}$ 为平均车流密度，H 为场景中车辆总数，$\bar{T}_\ell$ 为在被测试系统控制下的车辆平均换道时间，建立自动驾驶车辆决策智能性行驶效率评价公式如下：

$$\mathbb{I}_e = 0.5 \times \left(\frac{\sqrt{\hbar}\bar{v}}{Hv_{\max}} + e^{-\frac{\bar{T}_\ell}{3}} \right) \tag{5-18}$$

3）交互效用。自动驾驶系统在与场景中其他车辆进行交互时，需要尽可能地减少其当前驾驶行为对其他车辆行驶收益的影响。在进行交互效用评价时，以车辆发生换道行为时视野域内所有背景车的平均行驶速度波动 $\overline{|v_-|}$、车辆发生换道行为时视野域内所有背景车的平均加减速度波动 $\overline{|a_-|}$ 为基础进行评价，自动驾驶车辆决策智能性交互效用评价公式为

$$\mathbb{I}_i = \frac{1}{3} \times \left(2 - \frac{\mathrm{clip}(\overline{|v_-|},\ 0,\ \Delta v_{\max})}{\Delta v_{\max}} - \frac{\mathrm{clip}(\overline{|a_-|},\ 0,\ \Delta a_{\max})}{\Delta a_{\max}} + e^{-\sqrt{\mathcal{L}}} \right)$$
$$\tag{5-19}$$

式中，$\Delta v_{\max}$ 为单位时间步内最大速度变化；$\Delta a_{\max}$ 为单位时间步内最大加速度变化；$\mathcal{L}$ 为车辆发生换道行为时视野域内所有背景车的平均换道次数，用于表征自车换道时其换道行为对周围环境车辆的影响。

基于以上的评价指标，设计自动驾驶系统决策智能性评价公式为

$$\mathbb{I} = i_s \mathbb{I}_s + i_e \mathbb{I}_e + i_i \mathbb{I}_i \tag{5-20}$$

式中，系数项 i_s、i_e、i_i 分别为安全性系数、效率系数以及交互系数。采用上述决策智能性评价公式即可根据测试结果对决策规划系统的智能性进行评价。

（2）实验设置

在进行实验时，引入了三种基于效用函数或博弈论的模型作为 SUT，包含 Stackelberg、MOBIL、Nilsson，关于模型的详细决策方式已经在 3.3.2 节中进行了介绍；背景车统一设定为由基于 DRL 的 NPC 模型控制。相关模型的决策方式和计算公式见表 5-10。在进行智能性测试评价时，场景中包含 16 辆背景车以及 1 辆 SUT，其中 NPC 模型的配置为中立型模型 40%、合作型模型 30%、竞争型模型 30%，总仿真时长为 3000 步。仿真测试系统的具体参数配置见表 5-11。

表 5 – 10   测试系统验证模型设置

模型角色	模型	决策方式	计算公式
SUT	Stackelberg	向预期前后行驶空间更大的车道换道	$\chi_h^* \in \arg\max\limits_{\chi_h} \min\limits_{\chi_1, \chi_2} \left[U'_{pos} + U'_{neg} \right]$
SUT	MOBIL	向能够获取更大加速度收益的车道换道	$\tilde{a}_c - a_c + p\left[\tilde{a}_n - a_n + \tilde{a}_o - a_o \right] > \Delta a_{th}$
SUT	Nilsson	向平均车速大、时距大、距道路尽头远的车道换道	$U_l = w_1 \dfrac{U_{lv}}{N_{lv}} + w_2 \dfrac{U_{ltg}}{N_{ltg}} + w_3 \dfrac{U_{ld}}{N_{ld}}$
NPC 模型	DRL	通过 DRL 训练生成的中立、竞争、合作驾驶员模型	—

表 5 – 11   仿真测试系统的具体参数配置

参数	仿真测试系统配置
环境中背景车辆总数 H	16
被测决策系统	[Nilsson, Stackelberg, MOBIL]
NPC 模型配置	中立决策：40% 合作决策：30% 竞争决策：30%
仿真时间步	3000
安全性系数 i_s	0.6
效率系数 i_e	0.3
交互系数 i_i	0.1
换道因子 ε	1
最大允许碰撞次数 $C_{\max}$	10
单位时间步内最大速度变化 $\Delta v_{\max}/(\text{m/s})$	1.0
单位时间步内最大加速度变化 $\Delta a_{\max}/(\text{m/s}^2)$	10.0

（3）评价结果

本节分别从安全性、行驶效率与交互效用中挑出了几个具有统计意义的指标对三种决策系统进行决策智能性分析。

首先，对于行驶安全性来说，将危险工况的定义设定为当自车处于紧急制动即 $a_b < -6.0\text{m/s}^2$ 或者处于 TTC $<2\text{s}$ 的驾驶工况。图 5 – 26 所示为不同 SUT 的仿真测试 TTC 分布，展示了不同决策系统在该项指标中仿真测试 TTC 的表现，从图中可以看出，Stackelberg 在所有 SUT 中达到 TTC 危险工况次数最少，且其换道 TTC 主要集中在 20 ~ 30s 的区间内。其主要原因为 Stackelberg 决策作

为博弈性质的决策，能够在前方有车的驾驶工况中提前判断并做出换道行为以摆脱当前危险工况。而 MOBIL 与 Nilsson 往往需要等到与前车距离足够近时才采取换道行为，此外 Stackelberg 决策的 TTC 分布跨度较其他两种决策较大，也体现了 Stackelberg 决策在寻求换道行为层面上的频繁性。

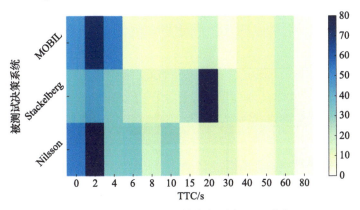

图 5-26　不同 SUT 的仿真测试 TTC 分布

其次，在行驶效率方面，为了表征不同决策算法下车辆的行驶效率，本节对车辆的平均行驶速度进行了统计分析，结果如图 5-27 所示，从图中可以很明显地看出 Stackelberg 算法下的被测试系统平均行驶速度几乎全部集中于 30 ~ 32m/s 的区间内，MOBIL 算法下车辆的平均行驶速度也有较为不错的表现，而 Nilsson 决策下的车辆平均行驶速度最低。

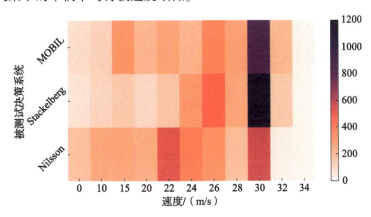

图 5-27　不同 SUT 的仿真测试平均行驶速度分布

最后对于交互效用的评价，本节分别统计了当自车采取换道行为时，其视野域内周围背景车的平均速度波动与平均加速度波动，结果如图 5-28 所示。从图中可以看出三种被测系统对周围背景车平均速度波动影响为正，表明均有利好背景车行驶效率的能力。其中 Stackelberg 决策系统相比其他决策系统，其决策行为能够造成周围更多车辆的速度波动。在对场景中车辆加速度波动的影响指标中，Stackelberg 尽管取得了与其他两者加速度波动中位数相近的水平，但是加速度波动的分布跨距较大，分布较为分散，这是由于 Stackelberg 决策系统的频繁换道。以上可以看出 Stackelberg 在整体交互能力上要稍微逊色于其他决策类型的车辆。

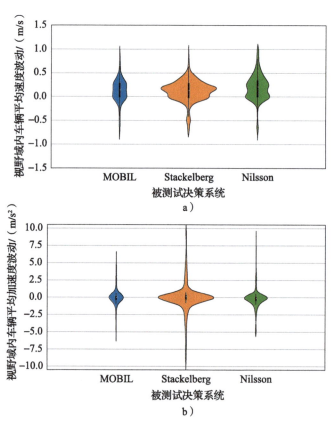

图 5 - 28　不同决策系统下场景车辆平均速度与平均加速度波动分布

对决策智能性公式中所有项目进行统计分析并给出三种 SUT 的最终评分，见表 5 - 12。其中 Stackelberg 决策智能性最高，Nilsson 决策智能性次之，MOBIL 决策智能性最低。其中对于安全性评分来说，Stackelberg 仅发生两次碰撞行为，因此其安全性评分最高，而 Nilsson 与 MOBIL 决策系统发生了近 10 次的碰撞行为；在行驶效率上，Stackelberg 决策系统属于三者中最差，这是由于尽管 Stackelberg 系统平均行驶速度较高，但是 Stackelberg 频繁换道使其变道时间增长，并导致总体行驶效率下降；对于交互效用评分，Stackelberg 决策系统由于换道行为次数过多，其表现稍逊于其他两个决策系统。同时从表 5 – 12 中有关两种基于规则的决策系统的决策智能性对比可以看出，本节的仿真测试场景能够对同一性质的决策系统中保持良好的区分度，从侧面验证了场景的有效性。

表 5 – 12　不同决策系统的决策智能性评分

SUT 设置	安全性评分	行驶效率评分	交互效用评分	决策智能性评价结果
Stackelberg	0. 270	0. 014	0. 100	0. 384
Nilsson	0. 180	0. 015	0. 100	0. 295
MOBIL	0. 150	0. 016	0. 101	0. 267

2. 应用二：安全性测试（未知危险场景生成）

根据本书 2.1.1 节中对国际标准 ISO 21448 的介绍，具有恶劣天气、不良道路条件等触发条件的场景可能会导致自动驾驶汽车出现 SOTIF 问题。在 ISO 21448 中用已知/未知、安全/危险两个维度将场景分为 4 类，其中如何缩小未知危险场景的范围是提升 AV 的 SOTIF 性能时最需要被解决的关键问题。

将经过性能验证的 NPC 模型按照 5.4.1 节的方法组成虚拟里程测试系统，并将 SUT 在环接入，即可开展虚拟里程测试。虚拟里程测试完成后，会产生大量的测试数据，可以通过合理的手段从中获取具有较高测试价值的场景，用于 2.1.1 节中所述的安全性测试与验证。

场景获取可以通过构建场景处理模块完成。场景处理模块包括两部分：场景识别和场景分类。这两部分用于从虚拟里程测试系统生成的测试数据中识别目标场景，然后将其分类为不同的类型。经过分类的场景输出到目标场景库，并可以用于对 SUT 的进一步测试。场景处理的本质是对时空连续场景进行切片，以获得所需的片段场景。场景处理模块的设置决定了生成未知危险场景的测试能力，因此需要与测试需求保持一致。

对于场景识别部分，需要通过设定场景描述规则，以确定需要筛选出的目标场景标准。场景描述规则通常是对目标场景共性特征的描述，通过与自动化测试框架的结合可以完成大批量场景的识别。例如，对于危险场景的识别，可以将场景描述规则设定为"发生碰撞"或"最小 TTC 小于 0.5s"。

对于场景分类标准，需要根据目标场景的区别特征，设定每一类场景的分类标准。例如，对于危险场景，可以根据被测系统不同的失效模式对获得的场景进行分类，将场景分类为：碰撞场景、Near-Crash 场景、违反交规场景、不合理行为场景，如图 5 – 29 所示。

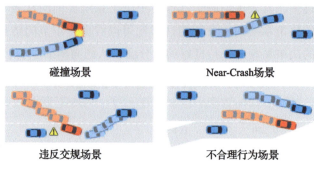

碰撞场景 　　　　　　　Near-Crash场景

违反交规场景 　　　　　　不合理行为场景

图5-29　场景分类标准示例

（1）基于虚拟里程测试的场景生成性能评价方法

对于虚拟里程测试系统，通常需要其生成的测试场景具备有效性、复杂性、高效性、多样性、区分性等性能，因此需要在系统层级对系统的场景生成性能进行测试和验证评价。

有效性评价的是虚拟里程测试系统生成的所有测试数据，是生成场景测试价值的基础。有效性评价分为宏观有效性和微观有效性。

宏观有效性用于验证虚拟里程测试中的交通流密度在自然驾驶环境范围内。在虚拟里程测试中，危险场景大多来源于复杂环境下被测系统和背景车辆的交互。如果在测试过程中 SUT 周围有大量的背景车，可以增加被测系统与背景车辆的交互，提高未知危险场景生成的效率。然而，这可能会使交通流过于密集，使得环境缺乏真实性，因此系统需要具备宏观有效性。

微观有效性是用于验证背景车在场景中的行为是高度可解释的。它可以通过对背景车在生成场景中的行为进行定性分析来评价。

复杂性用于评价每个已确定的关键场景，以量化虚拟里程测试系统生成场景的复杂程度。复杂性可以通过场景描述维度的数量来计算，计算公式如下。

$$C = \frac{1}{c_n} \frac{\sum_{i=1}^{n} c_i}{n} \tag{5-21}$$

式中，c_i为第 i 个场景的复杂度；c_n为归一化系数。

高效性用于评价生成目标场景的效率。它通过每单位时间生成的场景数量进行量化，并通过E_n进行归一化。如果 N/t 大于E_n，则效率结果取1。计算公式如下。

$$E = \begin{cases} \dfrac{N/t}{E_n} & \dfrac{N}{t} \leqslant E_n \\ 1 & \text{其他} \end{cases} \qquad (5-22)$$

式中，N 为目标场景的生成数量；t 为场景生成时间。

多样性用于评价虚拟里程测试系统对不同类型场景的生成能力。对于一个性能良好的虚拟里程测试系统，它应该具有在同一时间段内生成不同类型场景的能力。多样性用于评价 SUT 的分类场景的分布。多样性通过对不同类型场景的分布标准差来量化。标准差越小，多样性越好。计算公式如下。

$$\sigma = \sqrt{\frac{1}{m-1} \sum_{i=1}^{m} (d_i - \bar{d})^2} \qquad (5-23)$$

$$D_1 = 1 - \frac{\sigma}{\sigma_n} \qquad (5-24)$$

式中，d_i 为第 i 类场景的百分比；m 为场景类型的数量；σ 为场景分布的标准差。

区分性用于评价虚拟里程测试系统对不同 SUT 的区分能力。由于 SUT 具有不同的特征，因此不同 SUT 的生成结果应该存在差异。区分性的评价是针对不同 SUT 产生的不同场景类型的分布。它通过场景分布之间的 JS 散度来量化。计算公式如下。

$$\text{KL}(P \| Q) = \sum_{x} p(x) \log \frac{p(x)}{q(x)} \qquad (5-25)$$

$$D_2(P \| Q) = \frac{1}{2}\text{KL}\left(P \| \frac{P+Q}{2}\right) + \frac{1}{2}\text{KL}\left(Q \| \frac{P+Q}{2}\right) \qquad (5-26)$$

式中，P 和 Q 为不同 SUT 生成的场景百分比的分布。

（2）虚拟里程测试系统性能评价实践

本节采用 5.4.2 节中示例生成的 NPC 模型和前面提到的性能评价方法，对虚拟里程测试系统的评价过程进行展示。评价实践中使用到的模型除了 5.4.2 节示例中采用强化学习方法生成的中立型、竞争型、合作型 NPC 模型外，还有 3.3.2 节中介绍的 Stackelberg、Nilsson 和 MOBIL 模型。

1）场景示例。采用 DRL 模型作为 NPC 模型、Stackelberg 作为 SUT 的虚拟里程测试系统生成的场景示例如图 5-30 所示，图中红色曲线表示 SUT，其余曲线均为不同背景车（BV）。

如图 5-30a 所示，SUT 前方有车辆切入，导致 SUT 的行驶空间受到压缩，于是产生了换道意愿；此时 SUT 周围只有与右侧前方车辆的距离较远，于是 SUT 向右侧换道；但右侧车道后方的 BV 以比 SUT 更快的车速向前驶来，最后由于没有合理规避，SUT 与其发生了碰撞。

对于图 5-30b 所示的场景，深红色车辆向左换道到 SUT 前方，压缩了 SUT 的行驶空间，SUT 产生换道意图。此时 SUT 左侧车道前中后三个方向均有 BV 占据车道，因此只能向右侧换道。但位于匝道的 BV 即将行驶到匝道尽头，因此向左换道从匝道汇入主路，正好与 SUT 发生碰撞。根据轨迹点判断，二者做出换道决策的时刻相似，同时由两侧车道向中间车道换道。

对于图 5-30c 所示的场景，位于匝道的棕色车辆已行驶到匝道尽头，做出向左换道汇入主路的决策，切入行驶到 SUT 前方。SUT 被阻挡后，产生换道意图。由于此时 SUT 左侧车道有车辆并行，因此做出了向匝道换道的不合理决策，最终导致驶向道路边界，发生碰撞。

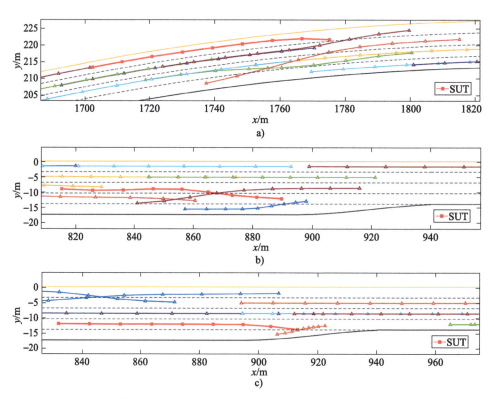

图5-30 采用基于 DRL 背景车生成的场景示例

由于 BV 的行为均可以通过对其周围环境的分析进行合理解释，因此该虚拟里程测试系统具备微观有效性。

对于宏观有效性，将基于 DRL 模型生成的场景和 highD 数据集的统计结果进行了分析。highD 数据集和虚拟里程测试系统中 SUT 周围环境的交通流密度和平均速度如图 5-31 所示。可以看出，当交通流密度相同时，虚拟里程测试系统中 SUT 周围车辆的平均速度低于自然驾驶数据的最大值。因此，虚拟里程测试系统的交通流量低于自然驾驶数据的最大值，该系统具有宏观有效性。

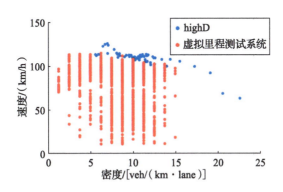

图 5-31　highD 数据集和虚拟里程测试系统中 SUT 周围环境的交通流密度和平均速度

2）量化分析。进行量化分析时，为了对比不同试验设置对于场景生成效果的影响，开展了表 5-13 所示的对比试验。在大多数试验中，SUT 被统一设置为 Stackelberg 模型；在区分性评价时，需要两个 SUT，因此 MOBIL 模型也被作为 SUT 进行试验。

表 5-13　试验设置

评价维度	SUT	背景车设置		
		MOBIL	Nilsson	DRL
复杂性	Stackelberg	√	√	√
高效性		√	√	√
多样性		√	√	√
区分性	Stackelberg	×	√	√
	MOBIL	×	√	√

①复杂性。对典型示例场景的分析表明，危险场景的生成通常需要更多的环境条件约束，从而使 SUT 可以选择的安全行为更少，更容易出现危险场景。因此，环境的复杂性通常很高。根据本节中描述的方法对生成场景的复杂性进

行量化，获得的结果如图 5-32 和表 5-14 所示。

根据统计结果，采用基于 DRL 的背景车，虚拟里程测试系统生成的未知危险场景的最大复杂度和平均复杂度分别为 14 和 5.40。复杂度大于 6 的高度复杂场景的比例达到 32.41%，如图 5-32 所示。采用 DRL 背景车的系统复杂性评价结果为 0.34。

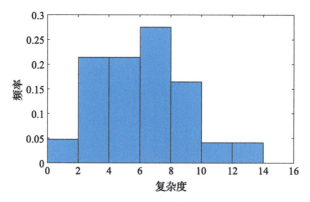

图 5-32　生成的未知危险场景复杂度分布

表 5-14　复杂性对比评价结果

背景车设置	ADOE	MOBIL	Nilsson	DRL
最大值	4	13	12	14
平均值	—	5.15	4.84	5.40
复杂性评价	0.25	0.32	0.30	0.34

相比之下，应用动态试验设计（Adaptive Design of Domain，ADOE）方法生成的场景通常只有 1 或 2 辆背景车。根据复杂性评价方法，最大复杂度为 4。此外，采用 DRL 背景车的虚拟里程测试系统复杂性也略高于采用 MOBIL 和 Nilsson 模型作背景车的情况。因此，所提出的方法可以有效地提高生成场景的复杂性，并且采用基于 DRL 的背景车具有最好的性能。

②高效性。采用 DRL 背景车的虚拟里程测试系统平均每小时产生 16.96 个未知的危险场景，这意味着 1km 测试产生的场景可能需要在自然驾驶环境中行驶超过 10000km。使用 MOBIL 和 Nilsson 作为背景车时，虚拟里程测试系统平均每小时产生 5.01 和 12.79 个未知危险场景。因此，基于 DRL 的背景车设置是最有效的设置。高效性的评价结果见表 5-15。

表 5-15　未知危险场景高效性的评价结果

背景车设置	MOBIL	Nilsson	DRL
每小时生成的场景数量	5.01	12.79	16.96
高效性评价	0.10	0.26	0.34

③多样性。采用不同环境设置的虚拟里程测试系统生成的未知危险场景的分类分布见表 5-16。与采用 MOBIL 和 Nilsson 背景车设置相比,采用 DRL 背景车的虚拟里程测试系统可以产生更多的违反交规场景和不合理行为场景,使结果更加多样化,如图 5-33 所示。采用 DRL 背景车的虚拟里程测试系统的多样性评价结果为 0.67,明显高于其他几种背景车设置的结果。

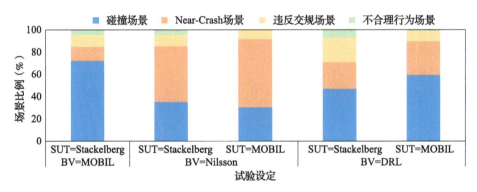

图 5-33　不同类型场景比例分布

根据表 5-16 的评价结果,MOBIL 作背景车时虚拟里程测试系统生成的场景多样性评价结果远低于采用 DRL 背景车时,这是由于 MOBIL 作背景车生成的场景多为碰撞场景,Near-Crash 和违反交规场景的数量均较少;Nilsson 作背景车生成场景的多样性略低于 DRL 模型,其生成的场景有大约一半为 Near-Crash 场景,碰撞场景数量明显较少,这是由于 Nilsson 模型是为了能够安全行驶和换道设计的,其换道行为较为保守,因此生成的场景相对危险性较低。

表 5-16　多样性评价结果

场景类型	背景车设置		
	MOBIL	Nilsson	DRL
碰撞场景	72.34%	34.88%	46.89%
Near-Crash 场景	12.77%	50.39%	24.14%
违反交规场景	10.64%	10.08%	22.07%
不合理场景	4.25%	4.65%	6.90%
多样性评价	0.36	0.57	0.67

④区分性。在区分性评价中，SUT 被分别设置为 Stackelberg 和 MOBIL 用于场景生成。结果见表 5 – 17。对于 DRL 模型作背景车的虚拟里程测试系统，MOBIL 生成的碰撞和 Near-Crash 场景的百分比高于 Stackelberg，Stackelberg 具有更多的违规和不合理场景；此外，MOBIL 几乎没有生成违反交规的场景。不同的场景百分比反映了 SUT 的区别。DRL 作背景车时，区分性评价结果为 0.032，大于 Nilsson 作背景车的设定。

表 5 – 17 区分性评价结果

背景车设置	Nilsson		DRL	
被测系统设置	Stackelberg	MOBIL	Stackelberg	MOBIL
碰撞场景	34.88%	30.53%	46.89%	59.20%
Near-Crash 场景	50.39%	61.05%	24.14%	30.40%
违反交规场景	10.08%	8.24%	22.07%	9.60%
不合理场景	4.65%	0.00%	6.90%	0.80%
区分性	0.019		0.032	

5.4.5 小结

由于决策规划系统在仿真测试中具有较高的保真度，因此可以采用虚拟里程测试的方法对决策规划系统进行测试，进而对其智能度进行评价或对未知危险场景进行生成，极大地提升测试效率。虚拟里程测试通常由 NPC 模型、测试地图、仿真平台构成，其中 NPC 模型通常用作仿真模型中的背景车行为生成，是测试有效性来源的最关键因素，因此需要通过合理的方法生成 NPC 模型，并对其性能进行充分验证。

可以根据不同决策规划系统在虚拟里程测试系统中的行为表现，对其智能度进行测试和评价。可以从安全性、行驶效率和交互效用三个维度对决策规划系统的智能度进行评价，并且经过验证，在采用合适的 NPC 模型时，虚拟里程测试系统能够对同一性质的被测决策系统保持良好的区分度，从侧面验证了测试的有效性。

虚拟里程测试系统生成的大量测试数据可以通过场景识别和场景分类筛选出测试过程中生成的未知危险场景，并可以从有效性、高效性、复杂性、多样性、区分性等角度对虚拟里程测试系统的场景生成性能进行验证和评价，进而不断对系统进行优化，提升未知危险场景的生成性能，更快地实现对自动驾驶决策规划系统的 SOTIF 性能验证和优化。

5.5　其他测试技术

除了上述测试方法之外，自动化测试技术、错误注入测试技术和分布式自动化测试技术也是面向决策规划系统测试的重要手段。自动化测试技术能实现场景自动化生成与仿真，有效提高测试效率。错误注入测试技术能够模拟上游系统（感知、融合、预测系统）的误差或错误，实现对决策规划系统在输入数据不可信情况下的健壮性和安全性进行仿真测试。分布式自动化测试技术能够实现多客户端同步测试，进一步提高测试效率。

下面分别介绍自动化测试技术、错误注入测试技术与分布式自动化测试技术。

5.5.1　自动化测试技术

本节介绍一种面向决策规划系统的自动化测试技术，该技术能够实现场景自动化生成与自动化仿真，具体的设计原理及实现方法如下。

首先，该技术使用了一种普适的场景自动化生成方法，分别对功能场景、逻辑场景和具体场景进行结构化定义，并确定了各层级之间的映射关系。其次，该技术基于各层场景的映射关系，对应具体场景文件格式，利用具体场景编译器实现功能场景至具体场景文件的自动化生成。然后，该技术基于决策规划系统场景测试的需求，利用仿真软件实现自动化仿真。最后，基于自动化测试技术与加速测试方法相结合，构建场景加速测试技术。

1. 结构化场景模型定义

第 3 章提到了基于要素划分的六层场景本体模型和基于抽象层级划分的三层场景模型，为了实现决策规划系统的自动化测试，需要分别对三层场景进行结构化定义，以实现逐层细化的自动化生成方法。功能场景以语义形式描述，为保证功能场景的结构化，基于六层场景本体模型定义面向决策规划系统的功能场景。针对决策规划系统的测试需求，其必需的输入为第一层的道路拓扑结构、第二层的交通环境信号、第三层的临时障碍物和第四层的交通参与者等信息（包括自车在内的静态和动态交通参与者的位置与动作信息）。基于此，在自动化测试技术中，面向决策规划系统测试的功能场景定义为一定道路拓扑结构和交通环境信号条件下的自车与其他障碍物以及交通参与者的不同位置和动作的组合。

逻辑场景将功能场景涉及的要素抽象为多个参数，并定义其取值范围，由此形成参数空间。为保证逻辑场景与功能场景对场景要素定义方面的一致性，对逻辑场景的结构化描述基于六层场景本体模型对各层要素的定义。针对决策规划系统，各层级要素及相关参数见表 5 – 18。

表 5 – 18 面向决策规划系统的场景各层级要素及相关参数

层级	要素	参数
基础道路	拓扑结构	拓扑类型
		车道 ID
		车道起点
		车道宽度
		车道曲率
		车道长度
		车道线类型
交通基础设施	交通信号	交通信号灯状态
		限速标志
		交通信号位置
临时静态障碍物	障碍物	位置
交通参与者	多类交通参与者	初始位置
		初始速度
		动作

对于交通参与者层中的动作参数，由于不同交通参与者动作特征不同，首先对自车和其他交通参与者的动作类别进行划分并给出相应参数，见表 5 – 19。目前，有关车辆动作类别的分析已有较多研究，其中智能汽车所有动作可视为在全局路径规划下基于环境感知和自车状态所做的决策规划结果，统一称为自动驾驶动作，对应参数为全局路径规划所需的目的地坐标。基于 Rigolli 对驾驶员动作的分解[21]，可以将人类驾驶汽车动作分为加速、减速、匀速、左换道、右换道、左转、右转等原子动作。其中，换道和转弯的相关动作模型多基于轨迹和时间[22]，由于轨迹种类较多，可根据仿真软件具体设定，故采用持续时间作为统一的动作参数。其中，匀速动作对应速度参数，加/减速动作离散为多段匀加/减速过程，对应参数为加/减速度和持续时间。此外，由于非车辆的交通参与者（如行人或动物）的行为自由度较高，难以对其动作特征进行建模，故将其动作视为多段直线行驶，划分为匀速和变速动作。

表 5 – 19　交通参与者层级要素及相应参数

交通参与者	动作类别		参数
自动驾驶汽车	自动驾驶		目的地坐标
人类驾驶汽车	纵向动作	匀速	速度
		加速	加速度/加速时长
		减速	减速度/减速时长
	横向动作	左右转弯	转弯时长/目标车道
		左右换道	换道时长
非车辆	匀速		速度
	加速		加速度/加速时长
	减速		减速度/减速时长

　　具体场景即测试用例，是仿真执行的基础，对逻辑场景定义的每个参数，在其设定范围内取定一个值，即构成具体场景。OpenX 系列标准格式为仿真测试具体场景提供了完整的描述方案，其中 OpenDRIVE 标准描述了场景的静态部分（如道路拓扑结构、交通标志标线等）；OpenSCENARIO 标准描述了场景的动态部分，即交通参与者的行为及交通信号灯的相位变化等。目前 OpenDRIVE、OpenSCENARIO 已成为大部分自动驾驶仿真软件支持的静态地图格式和动态场景格式，例如 CARLA、VTD 等。因此采用 OpenDRIVE、OpenSCENARIO 格式作为具体场景的结构化定义。OpenDRIVE 格式的文件结构如图 5 – 34 所示，分为三大类：Header、Roads 和 Junction，其中 Header 定义地图的投影方式，Roads 定义道路的几何形状、车道分组等，Junction 定义交叉口的道路连接情况。OpenSCENARIO 格式的文件结构如图 5 – 35 所示，分为三大类：RoadNetwork、Entities、Storyboard，其中 RoadNetwork 定义动态场景依赖的静态地图即 OpenDRIVE 文件，Entities 定义场景中的各对象，Storyboard 定义各对象的初始状态（包括位置、速度等）及动作序列（包括动作及触发条件）。

　　基于上述各层场景的结构化定义，各级场景之间的映射关系如下：从功能场景转化至逻辑场景，仅需将功能场景涉及的各要素映射为相应的参数类型即可。从逻辑场景转化至具体场景，不仅需对各参数类型进行具体取值，还需将场景转化为机器可读的格式，以被仿真软件执行。因此，本节面向决策规划系统必需的场景输入要素，构建场景自动化生成方法。由于针对特定系统的场景测试中，静态场景相对单一固定，故下面将在 OpenDRIVE 静态场景确定的基础上，实现 OpenSCENARIO 格式的场景文件自动化生成。

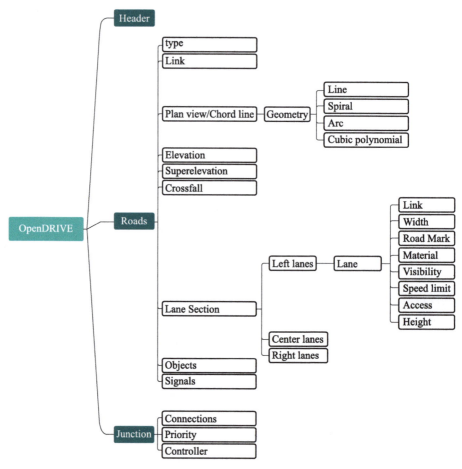

图5-34　OpenDRIVE 格式的文件结构

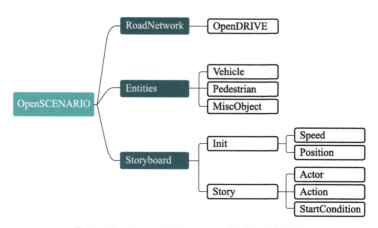

图5-35　OpenSCENARIO 格式的文件结构

2. 自动化测试功能实现

接下来介绍自动化测试功能的具体实现方法，开发过程在仿真软件 VTD 上进行。自动化测试功能实现分为两步：首先需要基于各层场景的映射关系，对应最底层的具体场景文件格式，利用具体场景编译器实现功能场景至具体场景文件的自动化生成；然后，基于决策规划系统场景测试的需求，利用 VTD，基于其提供的仿真控制协议（Simulation Control Protocal，SCP）和实时数据总线（Runtime Data Bus，RDB）实现自动化仿真。控制协议方面，该技术结合相应的 SCP 启动和结束仿真的消息定义，实现场景的自动化运行；实时数据方面，该技术基于 RDB 提供的各类消息，实现测试过程中数据的自动化提取、计算与输出。

（1）场景自动化生成

实现场景的自动化生成是实现自动化测试的第一步。由于基于可扩展标记语言格式的 OpenSCENARIO 格式较为底层，对应的文件描述过于复杂，人工编写 OpenSCENARIO 格式的场景文件耗时长、效率低。因此，该技术基于三级场景模型定义了更高级简易的接口来连接语义级别的功能场景与 OpenSCENARIO 格式的具体场景，使用了基于 OpenSCENARIO 格式的场景编译器，实现自动驾驶仿真场景文件的自动化生成。编译器原理如图 5 - 36 所示，分为人为定义和自动化解析两部分。

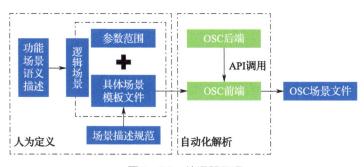

图 5-36　编译器原理

人为定义部分，该自动化测试技术基于三层场景逐级细化的特点，对应 OpenSCENARIO 格式，定义了基于 JSON 格式的场景描述规范。主要的场景描述规范含义及对应 OpenSCENARIO 层级见表 5 - 20，与 OpenSCENARIO 格式中 Init 节点和 Story 节点分开编写不同，该技术定义的场景规范借鉴了面向对象编程的思想。以交通参与者为例，将同一交通参与者的初始化和动作序列作为该交通参与者的属性，归于子层级的键值对中，从而减少场景编写的工作量，同时使得对交通参与者的描述更连续，场景更易被理解。需要注意的是，自动驾驶汽车的初始位置需依据车道位置、初始相对纵向距离结合地图文件确定位置，其他交通参与者也可基于车道位置、初始相对纵向距离进行设定。

表 5 – 20   场景描述规范含义及对应 OpenSCENARIO 层级

JSON 键名	含义	对应 OpenSCENARIO 层级
Roadnetwork	静态地图文件路径	RoadNetwork
Entities	交通参与者	Entities
Speed	初始化速度	Storyboard-Init-LongitudinalAction
Pos	初始化位置	Storyboard-Init-TeleportAction
Action	动作序列	Storyboard-story-Action
Starttrigger	动作触发条件	Storyboard-story-StartTrigger

自动化解析部分，借鉴传统编程语言的架构，分为前端和后端。前端负责处理 JSON 语言定义的场景模板文件，模板文件中仅对关键参数进行设置。对 OpenSCENARIO 中相对固定的参数如车辆尺寸等，在前端处理时进行了默认缺省设置，从而进一步减少场景编写工作量。后端负责根据前端的解析结果，调用相应的应用程序编程接口，构建 OpenSCENARIO 的文档对象模型，进而编译产生最终用于仿真软件运行的 OpenSCENARIO 格式文件。

（2）场景自动化仿真

下面介绍场景的自动化仿真方法，主要包括场景自动化执行/结束及数据自动化传输等。

根据应用侧重不同，现有的自动驾驶仿真软件主要分为三类，即传统车辆仿真软件、机器人仿真软件、专用自动驾驶仿真软件。其中，传统车辆仿真软件侧重于动力学模拟，往往用于控制算法的开发。机器人仿真软件可以提供丰富的数据仿真接口，但对自动驾驶场景模型的支持不足。相较之下，专用自动驾驶仿真软件在场景模型以及仿真接口的适配方面都能提供良好的支持。本节使用 VTD 搭建自动化场景测试仿真平台。

在选定仿真软件的基础上，进一步对 VTD 的上层控制和底层数据的通信接口进行分析。通信接口方面，VTD 共包含私有接口和公共接口两大类。其中私有接口用于 VTD 内部组件的通信，公共接口用于外部与 VTD 各组件的通信。因此该技术基于 VTD 的公共接口，实现场景的自动化仿真。VTD 公共接口架构如

图 5-37 所示，接口间采用的通信协议分为仿真控制协议（SCP）和运行数据总线（RDB）协议，两类消息均可实现与 VTD 内部组件和外部用户之间的消息通信，但具体通信内容不同，分别能够实现上层控制和底层数据的通信。

　　基于 SCP 和 RDB 协议，实现图 5-38 所示的场景自动化仿真流程，分为客户端和仿真软件两部分，具体流程为：以场景文件为输入，首先，客户端基于 SCP，发送启动指令至仿真软件，场景开始运行。然后，运行过程中，客户端基于 RDB 协议，提取仿真软件的实时数据，计算相应指标。最后，客户端基于 SCP，发送结束指令至仿真软件。同时，客户端基于 RDB 协议计算的数据，输出相应测试结果，再启动运行下一个场景。如此循环，实现自动化仿真流程。

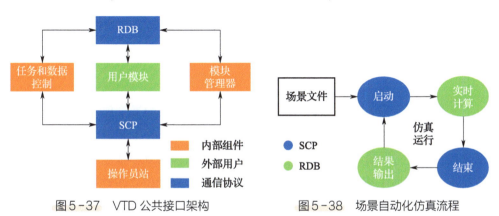

图 5-37　VTD 公共接口架构　　　　图 5-38　场景自动化仿真流程

3. 自动化测试技术应用

　　本节根据上述的场景自动化生成方法和自动化仿真方法，结合 5.2 节中提出的基于场景的自动化测试框架，介绍自动化测试技术在加速测试方法中的应用——自动化加速测试工具。

　　该自动化加速测试工具分为上位机和下位机两部分。其中上位机负责设置、发布测试任务，接收测试结果，实现与用户的交互，下位机负责测试场景的运行及仿真数据的计算。上位机的图形用户界面（GUI）分为配置模块、运行模块和分析模块三部分，如图 5-39 所示。配置模块界面主要负责场景参数和仿真参数的设置，其中场景参数包括场景模板文件选择、泛化参数选择及相应参数范围设置等，仿真参数包括单个仿真场景运行时长设置、场景评价指标选择、仿真数据计算频率设置等。运行模块界面主要负责优化算法的选择与启停、自动化程序的选择与启停、任务进度可视化等。分析模块主要负责加速测试结果数据的统计与分析。

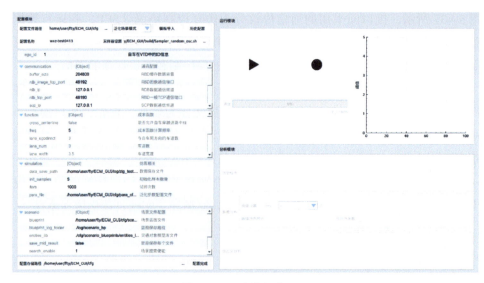

图5-39　上位机的 GUI

工具运行流程如图5-40所示。第一，在上位机的配置管理的 GUI 中设置场景参数和仿真参数。第二，基于场景参数设置，通过任务管理的 GUI 选择并启动优化算法，调用相应的参数采样模块，输出具体场景参数至场景自动化生成模块，生成具体场景文件用于场景仿真。第三，基于仿真参数设置和第二步生成的场景文件，调用场景仿真模块中的客户端，通过与仿真软件的数据通信，实现场景自动化仿真与结果计算。最后，输出测试结果，基于相应的评价标准得到带有安全或危险标签的场景集，用于被测系统的安全性分析。

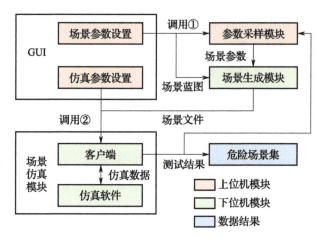

图5-40　工具运行流程

下面是一个利用自动化加速测试工具进行加速测试的例子，如图 5 - 41 所示。首先在配置模块定义了一个切出的逻辑场景，其次对相关参数进行泛化，完成相关参数配置。然后启动运行模块，工具便会自动进行 1000 轮测试并记录测试结果。最后在分析模块可对测试结果进行自动分析。

图5-41 自动化加速测试工具运行实例

5.5.2 错误注入测试技术

错误注入是一种经典的抗扰性测试方法，在芯片、软件、航空航天等领域得到了广泛应用。在错误注入测试中，测试人员通过设计受控实验，人为地在被测系统上模拟错误，观察被测系统在错误扰动下的表现，对被测系统的抗扰性进行评估。针对自动驾驶系统，近年来也有不少研究在仿真测试的基础上引入了错误注入方法。本节介绍一种面向决策规划系统的错误注入技术，该技术能够对自动驾驶决策规划系统的输入数据进行刻意修改，以此模拟上游系统（感知、融合、预测系统）的误差或错误，实现对决策规划系统在输入数据不可信情况下的健壮性和安全性进行仿真测试。

1. 形式化错误模型定义

错误注入的本质是对自动驾驶决策规划系统接口数据进行研究，构建统一的标准模型（数据模型）存储决策规划系统所需要的各个数据，并使用形式化后的错误信息（错误模型）对数据进行刻意修改，以达到注入错误的目的。因此，构建数据模型和错误模型是错误注入的核心工作。

（1）数据模型构建

数据模型存储某一时刻下仿真所需的所有数据的真值信息。为了保证通用性，模型内部的数据结构应是一个统一的标准结构，而不依赖于任何一个特定的仿真软件或被测对象。因此，可以基于自动驾驶六层场景本体模型，结合对决策规划系统工作原理的分析，归纳构建自动驾驶决策规划系统接口数据的数据模型。

第3章提到的六层场景本体可以系统性、结构化地描述一个自动驾驶场景。然而，自动驾驶决策规划系统除了需要来自环境感知的外部场景信息以外，还需要来自内部的自车信息（如自车的运动学状态、控制状态以及车辆内部机械和电子部件的工作状态等）。因此，错误注入技术所构建的数据模型具有和六层场景本体类似的层级架构，并在此基础上添加了表示自车内部信息的自车层。自动驾驶决策规划系统接口数据模型的结构如图5-42所示。

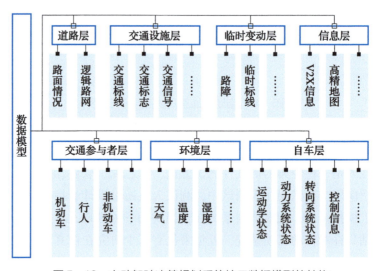

图5-42　自动驾驶决策规划系统接口数据模型的结构

（2）错误模型构建

1）数据错误的形式化。错误模型是待注入错误的集合。为了将自定的错误信息转化为计算机所能识别和执行的统一格式并提高技术的通用性，需要对数据错误进行形式化处理。数据错误可以定义为变量在真值的基础上发生的变更，数据变更的过程可表示为式（5-27）所示的形式：

$$v' = f(v, \delta) \tag{5-27}$$

式中，v为变量真值；δ为错误值；f函数为注入算子；v'为错误注入后的目标变量，可由 f 根据变量真值和错误值计算得到。

出于对自动驾驶系统安全性的考虑，决策规划系统通常被要求工作在较高的实时频率，其接口数据也以较高频率进行刷新，表现为由大量数据帧在时间上组成的连续序列，因此，可将式（5−27）拓展为以下形式：

$$
\begin{aligned}
v' &= \mathcal{F}(v, \delta) \\
&= \{v'_{t_0}, v'_{t_1}, v'_{t_2}, \cdots, v'_{t_n}\} \\
v &= \{v_{t_0}, v_{t_1}, v_{t_2}, \cdots, v_{t_n}\} \\
\delta &= \{\delta_{t_0}, \delta_{t_1}, \delta_{t_2}, \cdots, \delta_{t_n}\} \\
\mathcal{F} &= \{f_{t_0}, f_{t_1}, f_{t_2}, \cdots, f_{t_n}\}
\end{aligned}
\tag{5−28}
$$

式中，v、v'、δ 和 $\mathcal{F}$ 分别为式（5−27）中对应变量的时间序列。式（5−28）表示，在错误注入过程中的每一帧，真值数据都按照需求被注入算子刻意修改为错误数据。

在上述研究的基础之上，可将一个错误 e 形式化为一个五元组，即

$$
e = \{T, v, \delta, \mathcal{F}, g\}
\tag{5−29}
$$

式中，v、δ 和 $\mathcal{F}$ 与式（5−27）对应，分别为真值序列、错误序列和注入算子序列；T 为目标变量的数据类型，例如数值、类别、数组或更加复杂的结构化数据；g 为触发器，规定了触发错误注入的时机。给定一个数据错误的五元组表示，就能唯一且完整地确定一个错误。五元组中最为关键的元素是注入算子 $\mathcal{F}$，它定义了错误注入的具体方式。注入算子 $\mathcal{F}$ 可以归纳为值覆盖和值偏移两种形式。其中，值覆盖为使用错误值覆盖真值；值偏移为将真值和错误值求代数和。

2）错误模式。错误的具体表现形式称为错误模式。错误模式分可为基础错误模式和目标级错误模式两类。上述值覆盖和值偏移两个注入算子可以被看作基础错误模式。基础错误模式可进行组合和扩展，构成更加复杂的错误模式。例如从一个噪声分布中随机采样获得错误值，再通过值偏移模式叠加到数据真值上，便可以得到随机噪声错误模式。从近年来发生的与自动驾驶相关的事故中不难发现，真实世界中影响决策规划系统并最终导致事故的错误往往不会以基础错误模式的形式出现，而是以更高层级的，由基础错误模式组合拓展得到的目标级错误模式出现（如整个目标的长时间漏检或间歇性无法确定被检测目标类型）。基础错误模式是错误的具体实现手段，目标级错误模式是错误的实际表现方式。因此在测试时，对所注入错误的定义应该使用目标级错误模式。

　　为了系统性归纳目标级错误模式的所有表现形式，可从存在不确定性、类别不确定性、时序不确定性和状态不确定性共四个方面对目标级错误模式进行分类，如图5-43所示。其中，存在不确定性错误是指无法确定目标是否存在的错误，具体表现为对存在目标的漏检及对不存在目标的误检。类别不确定性错误是指无法正确对目标进行归类的错误，如将行人分类为自行车、将车辆分类为静态障碍物等。时序不确定性错误是指数据真值在时间序列上发生错序的错误，具体表现为实际值始终延后于真值的时延错误与实际值重复历史值的重发错误。状态不确定性错误是指对场景中各目标的状态信息估计不准确的错误，其中参数偏移是指状态值发生了有规律可循的偏移，如恒定的估计误差，精度下降是指状态值发生了随机偏移，造成对目标状态估计的精度不足，如随机噪声。上述目标级错误模式均为基础错误模式在时间序列上进行排列拓展而来。

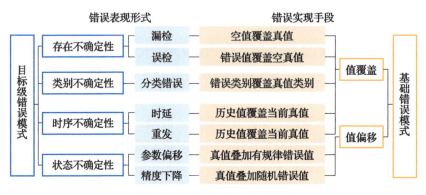

图5-43　目标级错误模式分类

　　图5-44所示为7种目标级错误模式在时间序列上的表现形式。需要注意的是，图5-44所展示的仅仅是相应错误模式的单一表现形式。在实际测试中，各错误参数如时延中的延迟时间、参数偏移中的偏移值等可能随时间发生改变；错误的持续时间及发生次数也可能会发生改变；同一目标物上发生的错误模式类别也可能会发生改变或叠加，如一开始发生了时延错误，之后又发生了参数偏移错误。具体的错误形式需要根据测试目的及真实情况对各目标级错误模式及各错误参数组合设计得到。

　　3）错误模型。上述方法对数据错误建立了通用的形式化方法，但这样描述的错误仅能表示某个特定类型的数据相比其真值发生了错误的变更，无法明确这个数据具体的含义，也无法明确这个错误的含义。完整的错误模型还应该包含错误的语义，需要建立形式化的错误和发生错误的目标数据之间的联系。Nurminen等在对机器学习的训练数据进行错误注入研究时，提出一种错误生

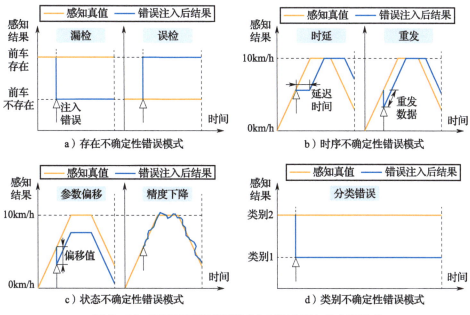

图 5-44　7 种目标级错误模式在时间序列上的表现形式

成树的方法。该方法首先根据训练数据集的结构建立一棵树，接着通过在树的部分叶子节点上添加变换来模拟数据错误。借助这种错误生成树的思想可以建立错误和数据模型之间的联系，以实现完整的错误模型。

数据模型也可被建模为树结构，称为数据生成树。数据生成树的根节点代表整个数据模型，第一层的节点代表图 5-42 所示的场景本体层次，往下的节点代表场景中各个元素的各种信息，复杂的信息由基本的信息构成，一直到底层的叶子节点，成为不可继续分割的原子数据类型。数据生成树中的每个节点都具有自己的数据类型，一个错误可以关联到相同数据类型的树节点上，表示这个错误的目标数据就是这个树节点上的数据。通过这种方法，可以同步推导出一棵错误生成树，它跟数据生成树具有完全相同的结构，但每个节点上的数据不表示真值而表示错误值，合并数据生成树和错误生成树即可得到发生错误的场景。图 5-45 所示为使用树模型连接数据模型和错误模型的示例，图示场景包含三个错误：①交通参与者 A 的类别错误；②交通参与者 A 的位置 y 坐标存在高斯误差；③交通参与者 C 出现漏检错误。

通过使用错误五元组形式化地定义单个错误，并使用树模型将错误与数据模型中对应的目标数据进行关联，可以完整定义任意测试场景下的错误组合，形成决策规划系统接口数据的错误模型。

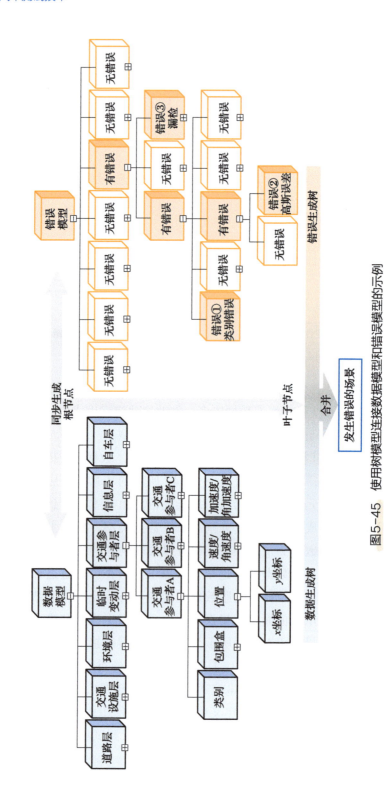

图5-45　使用树模型连接数据模型和错误模型的示例

2. 错误注入测试功能实现

（1）架构设计

基于上述错误注入模型的分析，在设计错误注入工具时，可将其分解为四个功能模块，见表 5－21。

表 5－21　错误注入工具功能模块

功能模块	功能
前端	解析用户输入
后端	实现错误注入功能
自动化测试框架	实现自动化测试
适配器	实现错误注入工具、仿真软件和被测对象间的连接

其中，各个功能模块又可按照特定的功能需求进一步分成若干子模块，具体见表 5－22。

表 5－22　错误注入工具子模块

功能模块	子模块	功能
前端	错误描述语言	对错误进行形式化和结构化的表示
	错误蓝图	用户与错误注入工具交互的接口
	错误蓝图解析器	解析错误蓝图，生成相应的数据模型和错误模型
后端	数据模型	存储所有所需抽象数据的真值信息
	错误模型	存储所有需要注入的错误信息
自动化测试框架	自动化测试客户端	实现本机上的自动化测试功能
	任务中心	为一个或多个自动化测试客户端发布测试任务
适配器	仿真软件适配器	和特定的仿真软件之间进行适配
	被测对象适配器	和特定的被测决策规划系统进行适配

上述功能模块子模块之间的联系如图 5－46 所示。

错误注入工具工作在一个仿真集群上。一次错误注入测试被抽象为一个任务，所有的测试任务都由部署在集群上位机节点上的任务中心进行分发。测试任务的来源被抽象为一个采样器，它通过随机、批量、网格或者智能算法等方式生成新的测试任务给任务中心。测试任务的实际执行者为集群中的多个计算节点，计算节点上部署了仿真软件、被测对象、错误注入器、自动化测试客户端等大部分模块。用户通过错误蓝图和场景蓝图定义一次测试任务的测试用例，错误蓝图解析器解析用户定义的错误进而生成错误模型，错误模型在仿真运行时对数据模型中的数据进行更改以模拟错误。通过各自的适配器，仿真软件和被测对象以数据模型为中介进行信息交换，实现在环仿真。

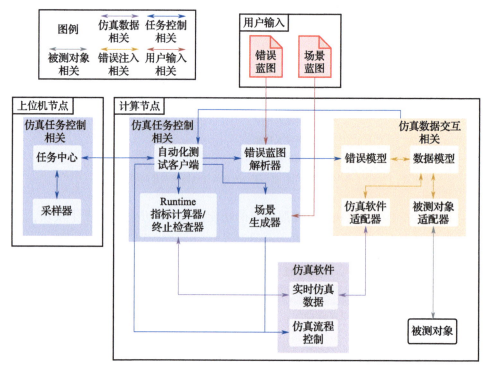

图 5-46 错误注入测试工具架构

（2）错误蓝图

前面介绍了错误注入模型，其中数据模型存储某一时刻下仿真所需的所有数据的真值信息，错误模型对错误进行了形式化处理并定义了具体的错误表现形式。进一步可知，准确地描述一个错误需要以下 5 个信息：①错误注入的目标数据变量，即该错误将要被注入决策规划系统的哪个接口数据上；②目标数据变量的数据类型；③错误注入的触发条件，即该错误什么时候/什么情况下开始发生；④错误值的时间序列；⑤错误的附加模式，即错误值与真值结合的注入算子，如图 5-47 所示。

错误蓝图是用户与错误注入工具交互的接口，基于上述定义的错误描述信息编写。错误蓝图包含需要注入的错误信号的目标、时机和模式。在每次错误注入实验开始之前，错误蓝图解析器读取用户输入的错误蓝图，检验和解析错误蓝图中定义的各项错误，调用错误注入工具后端提供的接口初始化错误模型和数据模型，为实验做好准备。

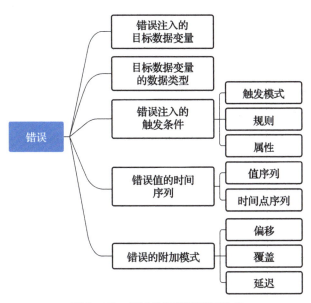

图 5-47　描述数据错误所需信息

（3）与仿真软件和被测对象的适配

前面介绍了错误注入工具的主要功能模块。在投入实际使用之前，还需要将该工具与仿真软件和被测对象连接起来，图 5-48 所示为与仿真软件和被测对象完成适配之后的错误注入工具架构。其中，VTD 是使用的仿真软件的名称，SUT 是实验中使用的被测决策规划系统。

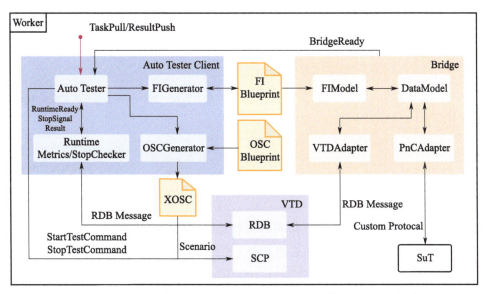

图 5-48　与仿真软件和被测对象完成适配之后的错误注入工具架构

1）与仿真软件的适配。研究中使用的自动驾驶仿真软件为 VTD，它提供了包括场景构建、传感器仿真、交通流仿真、车辆动力学仿真在内的完备的仿真能力，对于包括 OpenDRIVE 地图格式、OpenSCEANRIO 场景格式、OpenCRG 路谱格式在内等多项开源标准有着良好的支持。本节主要使用 VTD 提供道路、交通设施、交通参与者、动力学模型等基本仿真环境，由于研究对象是决策规划系统，因此直接从 VTD 中提取场景的对象级信息，不涉及传感器仿真。

错误注入工具与仿真软件的适配主要涉及两部分内容：数据模型与仿真软件数据接口的连接，以及自动化测试客户端与仿真软件控制接口的连接。

VTD 的实时仿真数据接口通过其 RDB 协议进行连接，使用传输控制协议（TCP）从 VTD 预定义的本地端口提取和发送 RDB 消息就可以实现数据模型和 VTD 实时仿真数据的交互。主要使用的 RDB 消息及其内容与作用见表 5 - 23。

表 5 - 23　主要使用的 RDB 消息及其内容与作用

序号	RDB 消息	内容	作用
1	RDB_OBJECT_STATE_t	对象信息，包含碰撞包围盒、位置、旋转、速度、加速度、角速度、角加速度、对象类别等	用于更新数据模型中的交通参与者层、临时变更层
2	RDB_VEHICLE_SYSTEMS_t	车辆系统信息，包含前轮转向角、油量表、车灯状态等	用于更新数据模型中的自车
3	RDB_VEHICLE_SETUP_t	车辆配置信息，包含质量、轴距等	用于更新数据模型中的自车
4	RDB_ENVIRONMENT_t	自然环境信息，包含温度、能见度、天气等	用于更新数据模型中的环境层
5	RDB_DRIVER_CTRL_t	驾驶控制信息，包含加速踏板、制动踏板、方向盘转角等	用于更新数据模型中的控制层；应用数据模型中控制层的控制指令

VTD 的仿真控制接口通过其 SCP 进行连接，使用 TCP 向 VTD 预定义的端口发送 SCP 指令就可以控制仿真的进程。自动化测试框架主要使用了 SCP 中的两个指令，见表 5 - 24，其中 scenario_file_path 是一个参数，用于指定仿真场景文件的路径。

表 5-24　使用的 SCP 指令

序号	指令	作用
1	< SimCtrl > < LoadScenariofilename = \" scenario_file_path\"/ > < Startmode = \" operation \"/ > </SimCtrl >	启动仿真
2	< SimCtrl > < Stop/ > </SimCtrl >	结束仿真

2) 与被测决策规划系统的适配。错误注入工具和被测决策规划系统适配工作的主要目标是实现它们之间的实时信息交换,如图 5-49 所示。通过数据模型作为中转,从 VTD 中提取自车信息 (CANINFO、NAVINFO)、检测对象信息 (OBJECTLIST)、占据栅格地图 (FUSIONMAP)、车道信息 (LANES)、交通信号灯 (TRAFFICLIGHT) 等信息发送给被测对象;从被测对象接收车辆控制信息 (CANCONTROL) 并应用于 VTD 的车辆模型中,完成闭环仿真。

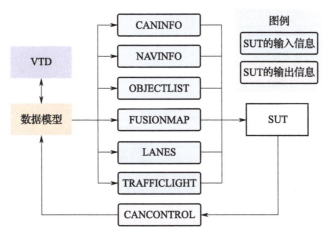

图 5-49　被测对象和 VTD 经过数据模型进行连接

3. 错误注入测试技术应用

前面介绍了错误注入测试的核心模型和功能实现,开发了相应的错误注入测试工具。错误注入工具在自动驾驶领域有着广泛应用,错误注入是对自动驾驶系统的抗扰性进行研究的一种有效方法,基于仿真实现错误模拟是对自动驾驶系统进行错误注入测试的主要途径。智能汽车决策规划系统的计算结果与感知系统的输入数据直接相关,它对上游数据错误的抗扰能力,对整个自动驾驶系统的安全性有重要影响，对其进行测试和验证十分必要。下面以决策规划系统的抗扰性测试为例，介绍错误注入测试工具的具体应用。

下面的测试举例选择了两个被测系统，被测系统①为前面提到的 IDM，被测系统②为 Li 等人提出的系统，该系统基于分层 MPC 进行开发，包含循迹、主动换道、路口通行、静态避障、泊车以及结构化道路超车与避让等功能。实验在一个硬件在环仿真测试平台上进行，如图 5-50 所示。示例使用 VTD 作为仿真平台提供理想的感知真值。两个被测决策规划系统部署在一台 AIR-300 工控机上。错误注入相关程序部署在仿真服务器中，根据所定义的错误将感知真值进行修改后发送给决策规划系统。决策规划系统接受感知信息后输出决策信息发送回仿真服务器中，仿真服务器接受决策信息，生成控制信号，作用于 VTD 中的受控车辆，完成仿真闭环。

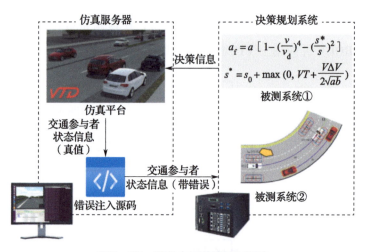

图 5-50　硬件在环仿真测试平台

系统抗扰性测试场景如图 5-51 所示。如前所述，自车（Ego）由被测的决策系统控制，以初速度 $V_{e_0} = 60\text{km/h}$ 行驶；前车（T）于自车同车道前方距离 $S = 33\text{m}$ 处，初始速度为 $V_{t_0} = 60\text{km/h}$，仿真开始后第 1s，前车以 0.5g 的减速度匀减速至静止。正常情况下（无错误注入），两个被测系统均能控制自车采取合适的减速度制动至静止，并与前车保持安全的距离。

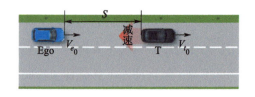

图 5-51　系统抗扰性测试场景

在存在不确定性错误模式下，本实验对漏检错误模式在时序上进行组合，模拟自车间歇性未检测到前车的错误。漏检错误模式的时间轴如图 5-52 所示，漏检与正常检测交替出现，直至场景结束，其中，漏检时长与正常检测时长受两个参数控制：单次漏检时长（Vanish Time）与漏检时长的占空比（Duty Ratio），通过预实验，选取两个错误参数取值范围分别为 0~6s 与 0~1，保证在该范围内两个被测系统均会发生危险。错误的参数空间由这两个参数张成。错误的触发时间规定为仿真开始后的第 1s。

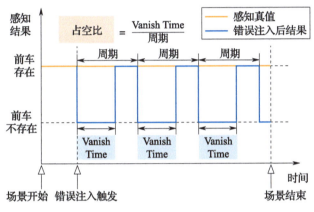

图 5-52　漏检错误模式的时间轴

本实验中自车跟随前车沿道路方向行驶，因此碰撞风险来源于自车纵向，故采用每次测试过程中自车与前车的最小碰撞时间（TTC）作为安全性评价指标。规定最小 TTC 小于 0.5s 的测试用例为关键测试用例，这些用例对应的错误导致了自动驾驶系统在该场景下产生碰撞风险。

两个被测系统的实验结果如图 5-53 所示，它是通过对两个错误参数张成的搜索空间进行网格遍历测试得到的，网格分辨率为 51×51，对于每个网格点都进行了一次仿真测试，每次测试以整个场景过程中最小的 TTC 作为输出结果来表征场景的危险程度。同时，为了能更加直观地观测关键错误参数的分布情况以及得到被测决策规划系统的抗扰性安全边界，将所得结果进行拟合插值，最终得到图示结果。给定最小 TTC 的阈值，即可在真值表中识别出系统在错误参数空间中的抗扰性边界，例如，图中的红色轮廓表示 TTC 阈值为 0.5s 时系统的抗扰性边界，漏检时长和占空比的参数组合不能落在边界划分出的危险区域内，否则将导致系统陷入危险。

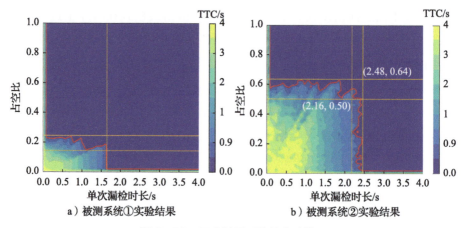

图5-53　两个被测系统的实验结果

　　对实验结果进行分析，从整体趋势上看，随着单次漏检时长的增加及漏检占空比的提升，两个被测系统均无法抵抗错误感知数据造成的干扰，最终进入危险状态。

5.5.3　分布式自动化测试技术

　　前两节分别介绍了自动化测试技术与错误注入测试技术，为了使这两种技术能够实现多客户端同步测试，并保证一个测试任务一定被有效地分发给一个空闲客户端，同时任何空闲客户端都能及时领取到测试任务，本节将介绍一种分布式自动化测试技术。该技术使用了一套标准的测试流程控制协议，在该协议的基础上构建了自动化测试任务客户端和自动化测试任务中心，实现分布式自动化测试功能。

　　分布式自动化测试技术的架构如图5-54所示，包含一个自动化测试任务中心，部署在仿真集群的一个节点上，该节点称为上位机节点；一个或多个自动化测试客户端，部署在仿真集群的各个计算节点上。任务中心和客户端之间通过测试流程控制协议的测试任务消息组进行通信；客户端和计算节点的相关本地模块之间通过测试流程控制协议的实验控制消息组进行通信。

　　下面，对测试流程控制协议、自动化测试客户端和自动化测试任务中心分别进行介绍。

　　（1）测试流程控制协议

　　测试流程控制协议对测试流程管理相关的消息进行了统一定义，包含两组消息：其一是测试任务客户端和测试任务中心之间进行通信的消息，用于支持测试任务发布和领取、测试结果提交等功能；其二是测试任务客户端和本地各仿真组件之间进行通信的消息，用于支持仿真实验启动和终止、结果指标计算和提交等功能。接下来对具体的消息定义进行介绍。测试任务消息组包含的消息体及其含义和功能见表 5 – 25。

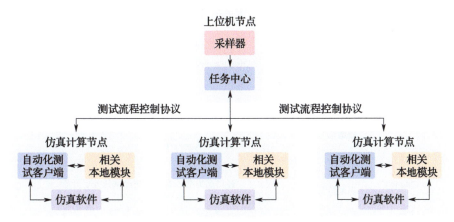

图 5-54　分布式自动化测试技术的架构

表 5 – 25　测试任务消息组包含的消息体及其含义和功能

编号	名称	含义	功能
1	Scenario	测试场景的控制参数	描述一个测试场景
2	FI	错误注入的控制参数	描述一个待注入的错误
3	Task	测试任务	描述一个测试任务，包含该测试任务的唯一 ID，以及 Scenario 和 FI 字段
4	Result	测试任务的执行结果	描述一个测试任务的执行结果，包含该测试任务的唯一 ID，以及具体结果
5	PullTask	任务拉取请求	空闲的自动化测试客户端向任务中心拉取测试任务的请求，包含客户端的唯一 ID
6	PushTask	任务发布消息	任务中心向自动化测试客户端发布任务的消息，包含目标客户端的唯一 ID 和 Task 字段
7	PushTaskResp	任务发布消息响应	自动化测试客户端收到任务中心下发的测试任务后，向任务中心回复的响应，包含该客户端的唯一 ID
8	PushResult	结果提交消息	自动化测试客户端向任务中心提交测试任务执行结果的消息，包含该客户端的唯一 ID 以及 Result 字段
9	PushResultResp	结果提交消息响应	任务中心收到自动化测试客户端提交的测试任务执行结果之后，向该自动化测试客户端回复的响应，包含目标客户端的唯一 ID

仿真控制消息组包含的消息体及其含义和功能见表5-26。

表5-26 仿真控制消息组包含的消息体及其含义和功能

编号	名称	含义	功能
1	StartNotice	即将开始测试任务的提醒信号	自动化测试客户端提醒各本地模块新的测试任务即将开始,请求本地模块做好准备
2	RuntimeReady	本地模块 Runtime 已就绪信号	本地模块 Runtime 向客户端报告已经完成准备工作,Runtime 模块包含指标计算器、仿真结束条件检查器等实时组件
3	BridgeReady	本地模块 Bridge 已就绪信号	本地模块 Bridge 向客户端报告已完成准备工作,Bridge 模块是支持被测对象和仿真环境之间进行消息交换的桥接器组件
4	Started	测试任务已开始的提醒信号	客户端提醒各本地模块测试任务已开始
5	ShouldStop	结束测试任务的请求信号	Runtime 模块检查到已满足仿真实验终止条件,向客户端请求结束测试任务
6	StopNotice	将要结束测试任务的提醒信号	客户端提醒各本地模块测试任务将要结束
7	Stopped	测试任务已结束的提醒信号	客户端提醒各本地模块测试任务已结束
8	ReportResult	测试结果报告消息	Runtime 模块向客户端报告测试任务的执行结果
9	ReportResultResp	测试结果报告消息的响应	客户端确认已收到本地模块报告的测试结果,向本地模块回复的响应

(2) 自动化测试客户端

自动化测试客户端部署在仿真集群的每一个计算节点上,与节点中的仿真软件、被测对象和其他本地模块共同构成一个基本仿真单元,如图5-55所示。客户端负责从任务中心拉取测试任务,控制仿真实验的开始和结束以执行测试任务,并返回任务结果。拉取测试任务与返回任务结果涉及和远程任务中心的通信,使用测试流程控制协议中的测试任务消息组;控制仿真实验的开始和结束涉及和本地模块的通信,使用测试流程控制协议中的实验控制消息组。

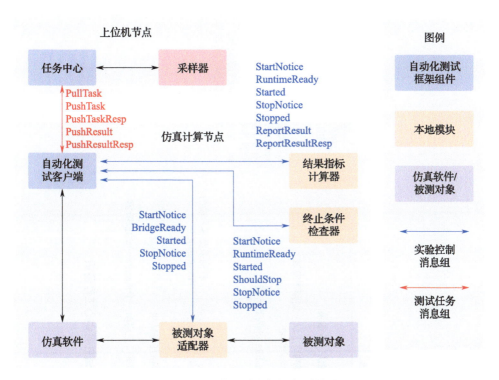

图5-55　自动化测试客户端通信架构图

（3）自动化测试任务中心

任务中心部署在上位机节点上，用于分发任务给自动化测试客户端。单自动化测试客户端的任务中心无须考虑任务重复调度的问题，其逻辑较为简单，如图5-56所示。

与客户端相同，任务中心也工作在一个永续的循环中，不断地监听客户端的任务拉取请求，分发新的任务并监听任务执行结果。

在单机自动化的基础上，该研究实现了可扩展的分布式自动化测试，即支持多个自动化测试客户端的任务中心，它包含测试任务分发和任务结果收集两个工作线程、一张客户端状态缓存表、一个待分发测试任务队列以及一个执行中测试任务队列。

通过上述设计，解决了多客户端任务重复调度的问题，保证一个测试任务一定被有效地分发给一个空闲客户端，同时任何空闲客户端都能及时领取测试任务，实现了仿真集群下的分布式自动化测试。

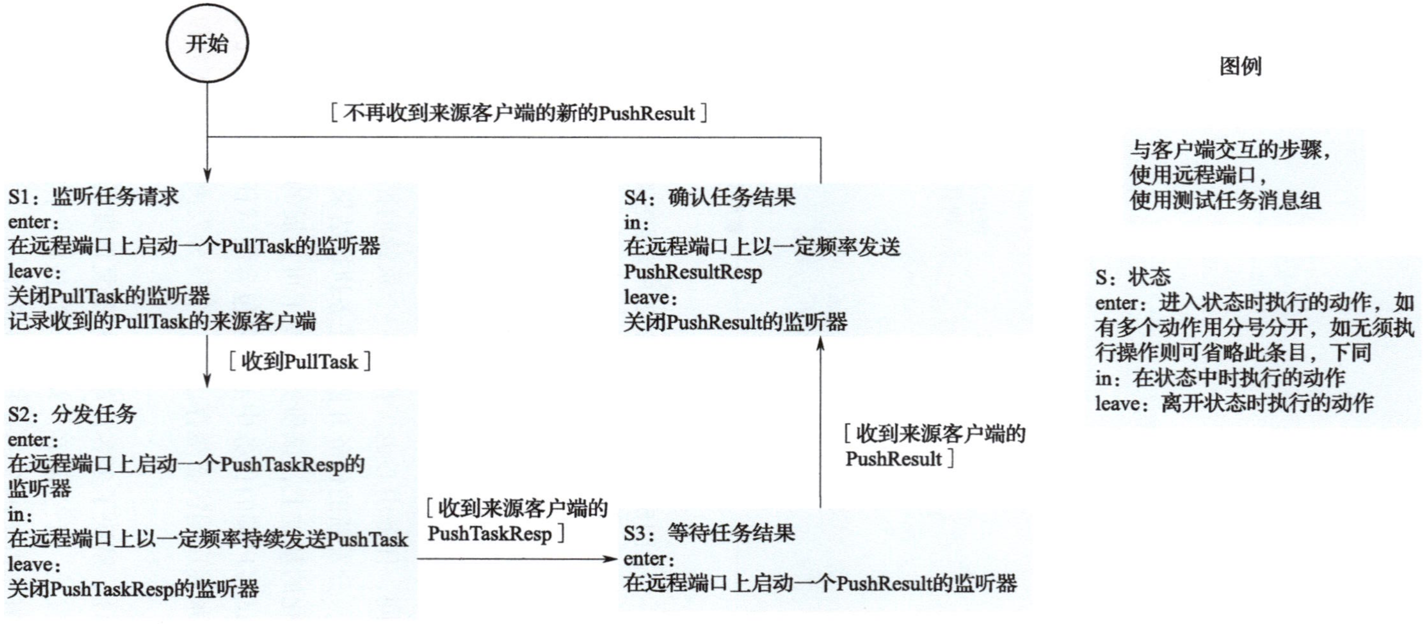

图例

与客户端交互的步骤，使用远程端口，使用测试任务消息组

S: 状态
enter: 进入状态时执行的动作，如有多个动作用分号分开，如无须执行操作则可省略此条目，下同
in: 在状态中时执行的动作
leave: 离开状态时执行的动作

开始

S1: 监听任务请求
enter:
在远程端口上启动一个PullTask的监听器
leave:
关闭PullTask的监听器
记录收到的PullTask的来源客户端

[收到PullTask]

S2: 分发任务
enter:
在远程端口上启动一个PushTaskResp的监听器
in:
在远程端口上以一定频率持续发送PushTask
leave:
关闭PushTaskResp的监听器

[收到来源客户端的PushTaskResp]

S3: 等待任务结果
enter:
在远程端口上启动一个PushResult的监听器

[收到来源客户端的PushResult]

S4: 确认任务结果
in:
在远程端口上以一定频率发送PushResultResp
leave:
关闭PushResult的监听器

[收到来源客户端的新的PushResult]

[不再收到来源客户端的PushResult]

图5-56 单机自动化测试任务中心工作逻辑

5.6　本章小结

　　智能汽车决策规划系统测试在系统级测试过程中占有重要地位，在开发和验证过程中需要针对其进行大量的测试以确保安全性。本章从智能汽车决策规划系统的测试需求出发，分别介绍了现有针对决策规划系统的测试技术的特点和面临的挑战。其中，基于场景的测试技术是测试决策规划系统的主要手段，可分为静态试验设计测试技术和动态试验设计测试技术。静态试验设计测试技术容易实现，但效率很低。动态试验设计测试技术通过优化算法进行采样，能够取得更高的测试效率，是当前的研究热点。基于里程的测试技术在真实交通环境中进行，理论上是进行决策规划系统测试的最佳方式。然而基于里程的测试技术需要里程量极高，导致实现的难度和成本很大。因此，构建具有时空连续场景的连续仿真交通环境，并在其中进行决策规划系统测试的虚拟里程的测试技术具有很好的应用前景。虚拟里程测试技术大多基于机器学习算法展开，能够在高维场景下实现高效且高保真的测试效果。另外，本章还详细介绍了几种实用的测试技术，包括自动化加速测试技术、错误注入技术和分布式自动化测试技术，这些测试技术能够有效提高测试效率。

参考文献

[1] NOBILE M S, CAZZANIGA P, BESOZZI D, et al. Fuzzy self-tuning PSO: A settings-free algorithm for global optimization[J]. Swarm and Evolutionary Computation, 2018, 39:70 – 85.

[2] STORN R, PRICE K. Differential evolution-a simple and efficient heuristic for global optimization over continuous spaces[J]. Journal of Global Optimization, 1997, 11:341 – 359.

[3] HOLLAND J H. Adaptation in natural and artificial systems: An introductory analysis with applications to biology, control, and artificial intelligence[M]. Cambridge: MIT Press, 1992.

[4] PELIKAN M, GOLDBERG D E, CANTÚ P E. BOA: The bayesian optimization algorithm[C]// Proceedings of the Genetic and Evolutionary Computation Conference. [s. n.], 1999.

[5] ERIKSSON D, PEARCE M, GARDNER J, et al. Scalable global optimization via local bayesian optimization[J]. Advances in Neural Information Processing Systems, 2019, 32:8 – 14.

[6] WANG L, FONSECA R, TIAN Y. Learning search space partition for black-box optimization using monte carlo tree search[J]. Advances in Neural Information Processing Systems, 2020, 33:19511 – 19522.

[7] SOBOL I M. On the distribution of points in a cube and the approximate evaluation of integrals[J]. USSR Computational Mathematics and Mathematical Physics, 1967, 7(4):86 – 112.

[8] FENG T, LIU L, XING X, et al. Multi modal critical-scenarios search method for test of autonomous vehicles[J]. Journal of Intelligent and Connected Vehicles, 2022, 5(3):167 – 176.

[9] LIU L, FENG T, XING X, et al. LAMBDA: Covering the solution set of black-box inequality by search space quantization[J]. arxiv preprint arxiv:2203.13708, 2022.

[10] KOOPMAN P, WAGNER M. Challenges in autonomous vehicle testing and validation [J]. SAE International Journal of Transportation Safety, 2016, 4(1): 15-24. DOI:10.4271/2016-01-0128.

[11] ZIEGLER J, BENDER P, SCHREIBER M, et al. Making bertha drive: An autonomous journey on a historic route[J]. IEEE Intelligent Transportation Systems Magazine, 2014, 6(2): 8-20. DOI:10.1109/MITS.2014.2306552

[12] CHEN B, CHEN X, WU Q, et al. Adversarial evaluation of autonomous vehicles in lane-change scenarios[J]. IEEE Transactions on Intelligent Transportation Systems, 2021, 23(8): 10333-10342.

[13] WANG X, PENG H, ZHANG S, et al. An interaction-aware evaluation method for highly automated vehicles[C]//2021 IEEE International Intelligent Transportation Systems Conference (ITSC). New York:IEEE, 2021:394-401.

[14] FENG S, YAN X, SUN H, et al. Intelligent driving intelligence test for autonomous vehicles with naturalistic and adversarial environment[J]. Nature Communications, 2021, 12(1). DOI:10.1038/s41467-021-21007-8.

[15] LI N, OYLER D W, ZHANG M, et al. Game theoretic modeling of driver and vehicle interactions for verification and validation of autonomous vehicle control systems[J]. IEEE Transactions on Control Systems Technology, 2017, 26(5):1782-1797.

[16] 马依宁, 姜为, 吴靖宇, 等. 基于不同风格行驶模型的自动驾驶仿真测试自演绎场景研究[J]. 中国公路学报, 2023, 36(2):216-228.

[17] LIU L, FENG S, FENG Y, et al. Learning-based stochastic driving model for autonomous vehicle testing[J]. Transportation Research Record, 2022, 2676(1):54-64.

[18] CHEN J, YUAN B, TOMIZUKA M. Deep imitation learning for autonomous driving in generic urban scenarios with enhanced safety[C]//2019 IEEE/RSJ International Conference on Intelligent Robots and Systems(IROS). New York:IEEE, 2019:2884-2890.

[19] HUANG Z, WU J, LV C. Driving behavior modeling using naturalistic human driving data with inverse reinforcement learning[J]. IEEE Transactions on Intelligent Transportation Systems, 2021, 23(8):10239-10251.

[20] ZHONG N, CHEN J, MA Y, et al. Decision making for driving agent in traffic simulation via adversarial inverse reinforcement learning[C]//2023 IEEE 26th International Conference on Intelligent Transportation Systems(ITSC). New York:IEEE, 2023:2295-2301.

[21] RIGOLLI M, BRADY M. Towards a behavioural traffic monitoring system[C]//Proceedings of the Fourth International Joint Conference on Autonomous Agents and Multiagent Systems. New York:ACM, 2005:449-454.

[22] 李玮, 高德芝, 段建民, 等. 智能车辆自由换道模型研究 [J]. 公路交通科技, 2010 (2):119-123.

[23] LI Z, XIONG L, LENG B. A unified trajectory planning and tracking control framework for autonomous overtaking based on hierarchical MPC [C]//2022 IEEE 25th International Conference on Intelligent Transportation Systems (ITSC). New York: IEEE, 2022: 937-944.

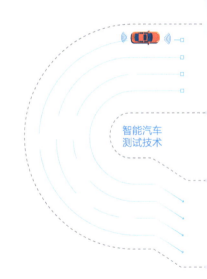

第6章
整车测试技术与方法

智能汽车
测试技术

整车测试是智能驾驶汽车测试验证和评估的最终环节，是确认车辆安全性和产品品质不可或缺的部分。由环境感知、决策规划、控制执行集成的智能驾驶车辆，需要经过封闭场地或开放道路测试，以便考察车辆实际表现是否达到预期目标。整车测试是一项复杂、高成本、有一定危险性的工作，除车辆本身，还涉及封闭测试场地、支持测试的软硬件系统、数据采集设备等多个方面。本章以整车测评需求为引导，首先介绍封闭测试场地平台，然后介绍开放道路测试系统。

6.1 整车测评需求分析

基于智能汽车的开发流程，在完成前序环境感知系统、决策规划系统等模块和系统级测试后，还需开展整车集成测试，以便对车辆整体功能、性能进行验证和确认，对安全性、智能性等关键维度进行评估。整车集成测试在自动驾驶汽车的研发过程中具有至关重要的地位。这一测试环节的主要目的是确保自动驾驶系统与车辆的其他部件能够正常协同工作，实现整体的性能优化。具体来说，整车集成测试的主要目的包括：

（1）系统协同性验证

自动驾驶系统需要与车辆紧密配合，以实现安全、稳定的驾驶。整车集成测试能够全面检验这些系统之间的协同工作情况，确保它们在各种驾驶场景下都能正常工作。

（2）功能完整性检验

自动驾驶汽车需要具备多种功能，如车道保持、自适应巡航控制、交通信号识别等。整车集成测试能够对这些功能进行全面的检验，确保它们在实际驾驶中能够按照设计要求正常运行。

（3）安全性与可靠性评估

自动驾驶汽车的安全性是至关重要的。整车集成测试能够通过模拟各种交通场景和突发状况，测试系统的应急反应能力，如避让障碍物、紧急制动等，从而确保系统在危险情况下能够保障乘客和其他道路使用者的安全。同时，测试还可以在不同天气条件和道路状况下对系统进行长时间的测试，观察系统的稳定性和可靠性，发现并解决潜在故障。

（4）优化与改进依据

通过整车集成测试，可以发现自动驾驶系统在实际应用中存在的问题和不足，为后续的优化和改进提供重要依据。

整车集成测试的开展需要依赖专用测试场地和测试设备等，尽可能对车辆进行全方位测试，并采集相关数据用于分析评估。首先，需要选择合适的测试环境，这包括封闭场地和开放道路。封闭场地可用于初步的功能验证和安全测试，而开放道路则更接近实际使用场景。此外，测试环境应尽可能模拟各种实际驾驶条件，如不同的天气、路况和交通流量。其次，应制定合理的测试方案，明确测试的目的、方法、步骤和预期结果。在执行测试时，应严格按照方案进行，并记录所有重要的数据和现象。如果测试过程中出现任何异常或不符合预期的情况，应立即停止测试并进行分析。测试过程中产生的大量数据是分析和改进自动驾驶系统的关键。因此，需要确保数据的完整性和准确性，并使用合适的方法进行分析。这有助于发现系统中的潜在问题，并为后续的优化提供方向。最后，安全是整车集成测试中最重要的问题之一。在测试过程中，应采取各种安全措施，如设置安全员、使用防护设备等，以确保测试人员和公众的安全。

总之，对自动驾驶进行整车集成测试是确保自动驾驶汽车安全、可靠、高效运行的关键环节。通过这一测试，可以全面检验自动驾驶系统的性能和功能，为自动驾驶技术的进一步发展和应用提供有力支持。

6.2 封闭测试场地平台

6.2.1 封闭测试场

封闭测试场地的构建，不仅为智能汽车的测试提供了有力的支撑，同时也为智能汽车的技术研发和产品开发提供了重要的平台。在测试场地中，可以对车辆的感知系统、决策系统、控制系统等进行全面测试，发现潜在的问题并进行优化。此外，测试场地还可以用于新技术的验证和评估，为智能汽车的持续发展提供源源不断的动力。

然而，封闭测试场地的构建并非易事，需要综合考虑多个因素，并进行大量的前期工作。例如，在道路环境设计方面，需要充分了解当地的地貌环境和气象特征，确保测试道路能够真实反映实际道路条件；在气象条件模拟方面，需要采用先进的设备和技术，确保模拟出的气象环境能够真实反映实际天气情况；在 V2X 路侧系统方面，需要选择合适的通信技术和设备，确保车辆与道路、车辆与车辆之间的信息交互能够顺畅进行。

在道路环境设计方面，测试场地需要综合考虑智能汽车的基础功能测试需求、路面材质、当地的地貌环境和气象特征等因素。通过构建基础测试道路和特殊测试道路，实现对不同道路条件下的车辆性能、安全性等方面的全面测试。基础测试道路主要包括直线测试道路、弯道测试道路、坡道测试道路等，用于测试车辆的基本行驶性能；特殊测试道路则包括隧道测试道路、S 形路线测试道路等，用于模拟特殊道路条件下的行驶环境，测试车辆在各种极端条件下的性能表现。

气象条件模拟是封闭测试场地的重要设施。不同的气象条件对车辆行驶过程的影响是各不相同的，因此，在测试场地中模拟出各种气象环境，对于评价车辆在不同气象条件下的性能表现具有重要意义。主要的气象条件包括雨雾天气、降雪天气和结冰天气等。通过构建这些气象环境，可以测试车辆在恶劣天气条件下的感知能力、决策能力和控制能力，为车辆在实际道路上的安全行驶提供有力保障。

此外，V2X 路侧系统也是封闭测试场地中不可或缺的一部分。智能汽车的测试是面向人－车－路耦合系统的测试，而 V2X 路侧系统正是实现这一测试目标的必备条件。通过 V2X 路侧系统，可以实现车辆与道路、车辆与车辆之间的信息交互，提高车辆的感知能力和决策能力。在测试场地中，可以部署各种 V2X 通信设备，模拟出真实的通信环境，测试车辆在不同通信条件下的性能表现。

除上述关键内容外，封闭场地也应考虑场景柔性构建需求。综合考虑测试场景构建成本、实际道路交通场景覆盖性及测试安全性等因素，封闭测试场地能够支持的测试需求是有限的。通过采用虚拟与现实相结合的方法，建立交通参与者系统，使待测车辆能够与虚拟系统中的其他交通参与者进行交互，从而模拟出各种复杂的交通场景。这种方法的优点在于，可以在保证测试安全性的前提下，提高测试场景的多样性和覆盖性，降低测试成本。

总之，封闭测试场地的构建是智能汽车测试与评价工作的重要组成部分，对于确保智能汽车的安全性和可靠性具有重要意义。未来，随着智能汽车技术的不断发展，封闭测试场地也将不断完善和优化，为智能汽车的商业化应用提供更加坚实的支撑。

6.2.2　动态模拟目标物系统

封闭场地测试中，需搭建与测试项目相应的测试场景。测试场景由测试道路和动态交通参与者组成。动态交通参与者主要包括各种类型车辆、行人及非机动车辆。为保证测试过程的安全，动态交通参与者应该采用一个模拟真实传感器反射特征的柔性目标物。

（1）低速移动平台

低速移动平台是用于搭载假人及仿真非机动车的专用测试仪器。当前，该领域广泛应用的设备是 LaunchPad。LaunchPad 是一款用于搭载道路弱势使用者目标物模型的紧凑型动力平台，适用于驾驶辅助及高级自动驾驶功能的测试。该平台具备完整的路径跟随能力，最高速度可达 50km/h。适用于行人、自行车和两轮摩托车等目标物模型，兼容 ABD 同步系统和 ABD 同步模式。可实现与测试车辆或其他自动驾驶功能测试目标的同步测试。

（2）高速移动平台

与低速移动平台不同，高速移动平台主要搭载测试用假车，用于模拟测试场景中的高速运动车辆，GST 是目前广泛应用的高速移动平台。与其他型号的移动平台相比，具有加速快、续驶里程长、抗误操作能力强等优点，可以承受重型货车的碰撞与碾压。GST 由遥控底盘、数据传输模块、远程控制器组成，用于搭载汽车目标物模型。

GST 内置电池使电机驱使底盘的移动，其控制系统能够以预定速度准确地沿着预编程路线引导车辆。动力电池组能够满足典型测试的续驶里程需求，并具备快速充电能力。控制器通过高精度 GPS 校正的惯性导航系统提供的位置，实现精确的路径跟踪控制。GPS 时间信号用于确保毫秒级同步，能够满足重复测试和近距离测试需求。

（3）假人目标物

假人目标物由两个关节腿、两个静态手臂、躯干和一个从下侧或从上侧的接口管组成。假人目标物穿着黑色长袖和蓝色牛仔裤，由防裂和防水材料组成，皮肤表面由不反光的彩色纹理布料覆盖，衣服和皮肤在 850～910nm 波长范围内的红外反射率在 40%～60% 之间，头发在 850～910nm 波长范围内的红外反射率在 20%～60% 之间，能够表示车辆传感器检测到的相关人类属性。假人目标物没有任何坚硬的冲击点，能够防止测试车辆的损坏，其能承受的最大碰撞速度为 60km/h，成人目标物重量为 7kg，儿童目标物重量为 4kg。

（4）汽车目标物

汽车目标物（VT）代表一辆普通的中型乘用车，能够反映与真实车辆接近的所有车辆属性。VT 的尺寸和形状与中型乘用车尺寸相同，它由目标结构和可选的目标载体组成，能够满足各类传感器特性信号模拟，并为天线提供安全的安装位置，确保 VT 的雷达反射结构不会干扰平台的 GPS 卫星接收。

VT 的雷达反射率特性等同于相同尺寸的实际乘用车。最大 VT 重量约110kg，最大速度为 120km/h。在反复碰撞后，VT 能够继续满足测试规范要求。

6.2.3　定位与数据采集系统

为了记录测试过程中待测车辆的速度、加速度、姿态、轨迹等运动数据，封闭测试场地还应配备定位和数据采集系统。该系统分为车载单元和路侧单元。

其中，车载单元集成惯性导航和全球导航卫星系统（GNSS）模块，实现基于 RTK 的高精度定位，支持全球定位系统（GPS）、GLONASS 和北斗定位方案；车载单元搭载基于 Wi-Fi 的数据传输模块，能够满足直线距离不小于 200m 的低延时数据传输。

系统可实现对测试车辆位置、速度、加速度和运动方向的精确测量。在100Hz 刷新频率下，需满足对距离 0.03m、速度 0.1km/h 及加速度 $0.1m/s^2$ 的最低测量精度要求，同时误差方均根值分别不超过 0.02m、0.02m/s 和 $0.01m/s^2$。

路侧单元主要是高精度定位基站，基于 GPS 实现测试场地范围内的目标定位。目前的卫星导航定位系统已经由单一星座的 GPS 导航系统向多星座的GNSS 发展。GNSS 包含美国的 GPS、俄罗斯的 GLONASS、我国的北斗及欧盟的Galileo 四大系统；区域星座及相关的星基增强系统（SBAS）包括美国的WAAS、欧洲的 EGNOS、俄罗斯的 SDCM、日本的 QZSS 和 MSAS、印度的

IRNSS 和 GAGAN、尼日利亚的 Nicomsat-1 等，这样 GNSS 可用的卫星数目有 100 颗以上。

北斗卫星导航系统是我国正在实施的自主发展、独立运行的全球导航卫星系统。目前来讲，北斗卫星导航系统与 GPS、GLONASS 等系统兼容共用，将使用户享受到更优质的卫星导航服务和更好的体验。

与 GPS 相比，北斗卫星导航系统除了设计 27 颗全球卫星，同时在我国上空设计了 5 颗地球同步卫星，3 颗以地球作为参照物的卫星，这样使北斗卫星导航系统在亚太地区的应用效果远远好于 GPS 卫星，特别是在高遮挡地区或遮挡环境。经过多次对比测试表明，三星设备在抗干扰环境下解算能力明显；在短基线和长基线的解算精度都明显优于双星和单星；甚至能达到 100km 距离 1min 左右固定。

在场地测试中，定位系统可以根据测试需求进行选择和组合，以提供满足测试要求的定位精度和稳定性。同时，随着技术的不断发展，新的定位系统和技术也在不断涌现，为场地测试提供更高效、更准确的定位解决方案。

6.3 开放道路测试系统

根据测试目的不同，开放道路测试可以分为满足企业功能研发需求的开放道路测试和面向产品准入环节的开放道路测试。

国内各地正在开展的道路测试属于企业为了满足其功能研发需求而自发开展的开放道路测试。现阶段，开放道路测试仍缺少统一规范，导致安全评估标准不统一、功能测试评价难以互相对比等问题，不管是对测试的管理还是技术的发展，都造成了一定阻碍。

开放道路测试将作为智能汽车产品准入环节的重要测试项目之一，联合国 WP.29 已开展了智能汽车测试评价体系研究，初步提出了以仿真与体系审核、场地测试、实际道路测试三个方面为主的自动驾驶测试评价方法，各方面涉及的测试和评价方法如何具体开展尚处于研究阶段。国际上对于实际道路测试评价方法及标准的讨论主要围绕测试项目选择、测试路线典型性判定，以及自动驾驶系统性能的主观、客观评价合理性等几个方面展开。

此外，在道路开放测试过程中对引发系统危险行为或非主动请求接管等情况的关键场景进行采集和记录，以便支持功能迭代改进，也是测试过程中的重要诉求。目前，行业普遍采用数据采集和数据闭环方案支持研发和功能优化。

6.3.1 测试方案制定

开放道路测试的最重要特征是完全真实的交通环境。由于环境和周围交通参与者的不可控性，很难提前制定测试场景，更多是"遭遇"特定场景，因此，开放道路测试方案的制定，主要考虑被测车辆的功能及其 ODD 范围、测试目标、资源投入等维度，选择测试道路或区域，并制定相应测试计划开展测试。

测试道路和区域选取方面，应尽可能覆盖功能 ODD 范围的各类要素，包括道路类型、各类典型交通设施、交通标志和信号灯、各类交通参与者、各种交通流量情况、天气状况、光照条件变化等多个方面。此外，还应根据测试道路的环境复杂程度，尽可能覆盖多样化的交通场景。但是一般而言，测试道路的选择，也受测试资源和测试时间的限制，不可能完全覆盖真实交通环境中的所有情况。

制定测试计划时，应根据选定的测试道路范围和测试周期要求，确定在不同时间段、气候环境等条件的测试比重，尽可能还原车辆实际使用情况，开展道路测试。

6.3.2 数据采集与数据闭环系统

开放道路测试的数据采集系统是用于采集车辆自身和周围环境信息等数据的车载数据系统。它不仅用于收集和分析数据，还用于监控和评估车辆在各种道路条件下的性能。

首先，最为核心的是多传感器融合系统。该传感器融合系统不同于智能驾驶系统的环境感知系统，它是额外安装并采集周围环境信息，并将其作为感知真值输入，以便验证智能驾驶感知系统性能。这一系统在技术实现上与智能驾驶感知系统相同，集成了多种类型的传感器，如激光雷达、毫米波雷达、高清摄像头和超声波传感器等，但相比智能驾驶感知系统，传感器硬件性能更强，传感器数量更多。这些传感器能够捕捉车辆周围的环境信息，包括道路标线、交通信号、障碍物以及其他车辆和行人等。多传感器融合系统通过高效的数据处理算法，将这些来自不同传感器的信息融合起来，形成对车辆周围环境的全面、准确的感知；而为了进一步保证感知数据的精确性，一般还需要人工后处理，对感知结果偏差进行修正后，才能将其作为感知真值使用。

其次，测试车辆还需配备数据采集和存储设备。这些设备用于记录传感器收集到的原始数据以及车辆在运行过程中的各种参数，如速度、加速度、转向角等。利用车载通信模块，通过无线网络将筛选后的数据回传至云端服务器。数据回传过程中需要考虑数据压缩、加密和传输效率，以确保数据的安全性和完整性。通过对这些数据的分析，研究人员可以了解车辆在实际道路测试中的表现，从而发现潜在的问题并进行优化。

在开放道路进行测试和数据采集，必须考虑合规性要求。数据的传输需要保证安全性和隐私性，确保在回传过程中不会有数据泄露或被未授权访问的风险。同时，必须遵守相关的法律法规，对数据进行适当的加密和脱敏处理。

采集到的数据需要做进一步处理，包括数据清洗、格式转换等，将其转化为可利用的有效数据。对于需要进行深度学习训练的数据，需要进行人工或半自动化的标注工作，以提供准确的训练标签。

这些经处理的数据，一方面，可以用于深度学习模型的训练，以提升算法性能，模型训练过程中需要不断调整和优化模型参数，以提高模型的准确性和泛化能力。另一方面，也可以作为构建测试场景库的数据输入，以便对功能进行测试验证。通过与实际驾驶数据的对比，评估模型的性能，并进行必要的调整。

经过验证的模型通过 OTA 技术部署到车辆上，实现远程软件更新。随着车辆在实际道路条件下的运行，新的数据不断产生并回流至云端。通过持续的数据分析和模型训练，自动驾驶系统能够不断学习和进化，以适应更复杂多变的驾驶环境。数据闭环是一个持续的过程，需要不断地收集新的数据，评估模型的表现，并根据反馈进行迭代优化。

总体而言，实现数据闭环的挑战包括确保数据的合规性、处理大规模数据的难度、保证数据标注的一致性和准确性、提升模型训练的效率等。为了克服这些挑战，自动驾驶公司需要投入大量的资源进行技术研发，并与法规制定者、硬件供应商、云服务提供商等多方合作，共同推动自动驾驶技术的进步。

6.4 本章小结

整车测试是智能驾驶汽车测试验证和评估的最终环节，涉及封闭测试场地、支持测试的软硬件系统、数据采集设备等多个方面。本章主要介绍了整车测试技术与方法，包括封闭测试场地测试和开放道路测试。

在完成前序环境感知系统、决策规划系统等模块和系统级测试后，需要开展整车集成测试，以便对车辆整体功能、性能进行验证和确认，整车测试需要验证系统协同性，检验功能完整性，并评估安全性、可靠性、智能性等综合表现。整车测试主要通过封闭场地和开放道路进行。

封闭场地测试为整车测试提供了环境可控、风险可控的测试条件，通过封闭场地测试也是车辆进入开放道路测试的前提条件。在建设的专用封闭测试场内容，通过各类动态模拟目标物系统，包括移动平台和模拟目标物等，构建多样化的测试场景，并借助定位与数据采集系统，记录测试车辆的速度、加速度、姿态、轨迹等运动数据，开展测试。

开放道路为车辆测试提供了最真实的测试环境，但也存在更大风险，因此测试单位必须满足测试要求。根据测试目的的不同，开放道路测试可以分为满足企业功能研发需求的开放道路测试和面向产品准入环节的开放道路测试。由于环境和周围交通参与者的不可控性，很难提前制定测试场景，更多是"遭遇"特定场景，在开展测试前，应制定合理的测试计划，安排测试时间和测试路线或区域，并为测试车辆安装数据采集和存储设备，以便记录测试数据和异常问题，经过不断测试和迭代，优化系统性能，实现数据闭环。

总的来说，整车测试是智能驾驶汽车开发过程中不可或缺的一环，通过整车测试，可以确保自动驾驶汽车的安全、可靠、高效运行。随着智能驾驶技术的不断发展，整车测试的方法和工具也会不断优化和改进，为智能驾驶汽车的商业化应用提供更加坚实的支撑。

智能汽车测试技术

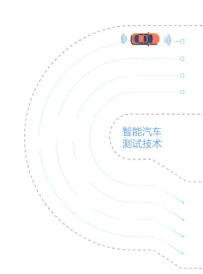

第7章
智能汽车安全性评估

基于场景的仿真测试凭借高效率、低成本、高灵活性等优势，已成为智能汽车的主流测试手段。ISO 34502 标准[1]基于三层抽象场景为智能汽车安全评价提出了目标，即基于具体场景的测试结果评价被测系统在逻辑场景中的整体安全性能。如图 7-1 所示，首先借助系统分析方法将被测系统的设计运行域划分为有限的逻辑场景；然后在逻辑场景参数空间中，利用黑箱测试方法测试系统在逻辑场景中的安全性能；在所有测试结束后，通过评估解空间的方式得到逻辑场景层级的测评结果，再将所有逻辑场景层级的测评结果整合便可得到被测系统在设计运行域内的测评结果，进而实现对被测系统安全性的评价。

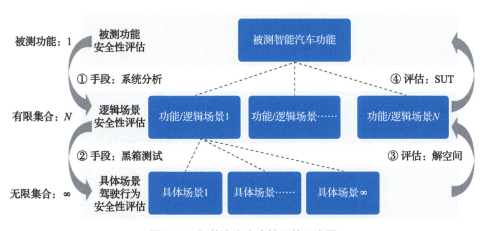

图 7-1　智能汽车安全性评估示意图

7.1　基于具体场景的安全性评估

基于具体场景的安全性评估关键在于如何在具体场景中量化评估被测系统驾驶行为的风险水平。对于每个单独的测试场景，采用不同的场景瞬时风险评估方法以确认被测系统是否符合预定义的行为标准。依照测试概念，在特定情况下，这些预定义的标准是：

1）保持合适的安全距离。

2）不发生碰撞。

3）若可能，减轻碰撞。

进行基于具体场景的安全性评估时，需要评估被测系统是否符合其中每一项标准的要求。根据每个标准的评估结果判断单次测试是否通过该测试场景。此外，基于具体场景的安全性评估还论述了将单个测试场景的结果外推至相应的半具体/逻辑场景以及整体 ODD 所需的必要输入信息，以获得更多有价值的评估结果。

7.1.1 场景瞬时风险评估方法

现有的场景瞬时风险评估方法主要通过对主车及其他交通参与者进行运动学或动力学建模并引入一定程度的假设以预测车辆的轨迹、覆盖区域等信息，基于此计算主车和其他交通参与者碰撞的可能性并作为风险评估的依据。如图 7-2 所示，可以将现有的风险评估方法分为 3 类，包括面向单一目标物的评估方法、基于势场论的评估方法与基于可达集的评估方法。其中，面向单一目标物的评估方法又可分为确定性评估方法和概率性评估方法。面向单一目标物的评估方法和基于可达集的评估方法的共同点是都需要通过检测冲突或碰撞来评估风险，不同的是面向单一目标物的方法主要从轨迹出发进行碰撞检测，

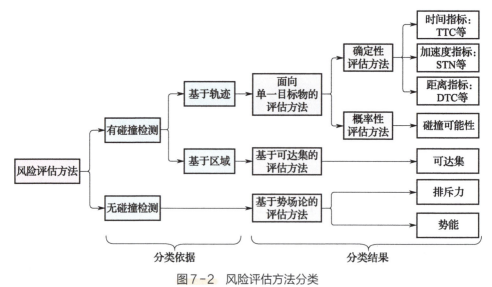

图 7-2　风险评估方法分类

进而评估风险；而基于可达集的方法是从区域的角度出发进行碰撞检测，并通过非碰撞区域的大小来表征风险。与前两类评估方法不同，基于势场论的评估方法不需要检测碰撞，该类方法在结合专家知识和事故数据分析得到风险因素（例如，车辆、障碍物等）的基础上，基于物理学中场的概念对风险关系进行建模，实现风险评估。

1. 面向单一目标物的评估方法

面向单一目标物的评估方法是指通过计算主车与单一目标物或场景元素发生碰撞的可能性来评估风险，例如计算与前车发生碰撞的可能性。这类风险评估方法在进行风险评估时需要考虑主车和某个目标物的未来轨迹在时空上的接近程度；根据评估模型是否考虑目标物的运动不确定性，将面向单一目标物的评估方法分为确定性评估方法和概率性评估方法。

（1）确定性评估方法

确定性评估方法是一种忽略交通参与者运动不确定性的风险评估方法，在这种方法中，一般利用简化物理模型来描述交通参与者的运动并选取某种指标来表征风险，当指标计算结果超过某一阈值时便认为存在风险。

常用的简化物理模型是定常模型，即假设车辆的运动参数（如加速度、速度和航向角等）在短时间内是恒定的；在简化物理模型的基础上通过计算特定指标来评估风险，本节将这些指标划分为3类：时间指标、加速度指标和距离指标。其中，时间指标最为常用，例如碰撞时间（TTC）[2]和车头时距（Time Headway，THW）[3]；加速度指标包括避撞减速率（Deceleration Rateto Avoida Crash，DRAC）[4]、制动威胁系数（Brake-Threat-Number，BTN）[5]和转向威胁系数（Steer-Threat-Number，STN）[6]等；距离指标包括最小安全距离（Minimum Safety Distance，MSD）[7-8]、碰撞距离（Distance to Collision，DTC）[9]等。

常见的时间指标与其对应的主要应用场景、假设和计算公式对比见表7-1。

表7-1　时间指标对比

指标	说明	主要应用场景	假设	计算公式
TTC	T_{TTC}表示主车在不采取避撞措施的情况下，与前车发生碰撞的时间	直道跟车场景	前车匀速行驶、主车匀速行驶	$T_{TTC} = \dfrac{x_f(t) - x_r(t) - l_f}{v_r(t) - v_f(t)}$ 式中，$x(t)$和$v(t)$分别为车辆在t时刻的位置和速度；下标f为前车；r为主车；l_f为前车的长度

（续）

指标	说明	主要应用场景	假设	计算公式
MTTC	T_{MTTC} 表示主车与前车以固定加速度行驶时，发生碰撞的时间	直道跟车场景	前车、主车均以恒定加速度行驶	$T_{\text{MTTC}}=\dfrac{-\Delta V \pm \sqrt{V^2+2\Delta a D}}{\Delta a}$ 式中，ΔV 和 Δa 分别为主车和前车的相对速度和相对加速度；D 为主车和前车的相对距离；V 为主车的速度
THW	T_{THW} 表示主车以当前速度到达前车当前位置所需的时间	直道跟车场景	主车匀速行驶	$T_{\text{THW}}=\dfrac{p_{\text{HW}}}{v_0^{\text{host}}}$ 式中，p_{HW} 为主车与前方障碍物的距离；v_0^{host} 为主车的速度

加速度指标一般由车辆的极限加减速性能以及所在场景中车辆为避免碰撞所需的加减速性能确定。其中，评估指标 STN、BTN 示意图如图 7-3 所示。加速度指标与其对应的主要应用场景、假设和计算公式对比见表 7-2。

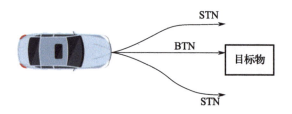

图 7-3　评估指标 STN、BTN 示意图

表 7-2　加速度指标对比

指标	说明	主要应用场景	假设	计算公式
STN	$\text{RATIO}_{\text{STN}}$ 表示当前状态下车辆为避免碰撞所需的横向减速性能和主车的极限横向减速性能之比	直道跟车场景	主车以恒定加速度行驶	$\text{RATIO}_{\text{STN}}=\dfrac{\ddot{y}'_{\text{h,req}}}{\ddot{y}'_{\text{h,max}}}=\dfrac{\ddot{y}'_{\text{h}}+\ddot{y}+\dfrac{2}{t_{\text{tc}}^2}\left(y\pm\dfrac{\omega_{\text{h}}+\omega_{\text{o}}}{2}+\dot{y}t_{\text{tc}}\right)}{\pm a_{y,\text{max}}}$ 式中，ω_{h} 为主车的宽度；ω_{o} 为前车的宽度；$\ddot{y}'_{\text{h,req}}$、$\ddot{y}'_{\text{h}}$ 和 $\ddot{y}$ 分别为主车避免碰撞所需的横向加速度、主车横向加速度及主车和前车的相对横向加速度；y 和 $\dot{y}$ 分别为主车和前车的相对横向距离和相对横向速度；$\ddot{y}'_{\text{h,max}}$ 和 $a_{y,\text{max}}$（>0）为主车可实现的最大侧向加速度；t_{tc} 为前面提到的 TTC

（续）

指标	说明	主要应用场景	假设	计算公式
BTN	$RATIO_{BTN}$ 表示当前状态下车辆为避免碰撞所需的纵向减速性能和主车的极限纵向减速性能之比	直道跟车场景	主车以恒定加速度行驶	$$RATIO_{BTN} = \frac{\ddot{x}'_{h,req}}{\ddot{x}'_{h,max}} = \frac{\ddot{x}'_h + \ddot{x} - \dfrac{\dot{x}^2}{2x}}{-a_{x,max}}$$ 式中，$\ddot{x}'_{h,req}$ 为主车需要的纵向减速度；$\ddot{x}'_{h,max}$ 和 $-a_{x,max}$（<0）是主车可实现的最大纵向减速度；$\ddot{x}'_h$ 和 $\ddot{x}$ 分别为主车纵向减速度以及主车和前车的纵向相对减速度；x 和 $\dot{x}$ 分别为主车和前车的相对纵向距离和相对纵向速度
DRAC	A_{DRAC} 表示车辆在当前状态下所需的避撞减速度	直道跟车场景	前车匀速行驶、主车匀速行驶	$$A_{DRAC} = \frac{(V_i - V_{i-1})^2}{2[(X_{i-1} - X_i) - L_{i-1}]}$$ 式中，i 为主车；$i-1$ 为前车；L 为车的长度；V 为速度；X 为位置

距离指标通过主车到碰撞点的距离来表征风险，用于风险评估的距离指标本质上类似于时间度量。

确定性评估方法的优点是可以快速评估当前情况的风险。由于使用了简化模型，提高了运算效率，所以这些方法可以快速评估风险。但是由于忽略了车辆运动的不确定性和车外场景的不确定性，该类评估方法的应用场景受限。

（2）概率性评估方法

概率性评估方法在评估过程中考虑到车辆在运动过程中存在的不确定性，利用概率模型来描述其运动，进而评估风险。具体而言，概率性评估方法首先预测周围车辆的轨迹，再结合主车未来轨迹进行碰撞检测，最后根据碰撞检测结果得出主车的碰撞可能性；但预测车辆的运动轨迹并不是一项确定性的任务。一方面是因为运动的不确定性，即从驾驶员的驾驶行为到输入车辆的控制指令再到车辆的实际轨迹，都有复杂的交互作用，包括人车交互、车路交互以及人与交通环境的交互，交互的复杂性导致了驾驶员的驾驶行为、输入车辆的运动控制参数不确定性；另一方面是因为观测的不确定性，即许多参数在现有技术水平下难以精确测量，例如轮胎在道路上的摩擦系数就很难测量，从而导致输入风险评估的参数本身存在不确定性。

综上所述，在预测周围车辆轨迹时，必须考虑车辆在运动过程中的不确定性。基于运动过程中的不确定性，将概率性评估方法分为两类，一类是基于驾驶行为不确定性的评估方法，另一类是基于运动控制参数不确定性的评估方法。

其中，驾驶行为不确定性是指因无法直接确定驾驶行为而产生的不确定性，例如，车辆行驶时无法直接确定周围车辆是否会变道；运动控制参数不确定性是指因无法直接确定输入车辆的运动控制参数，例如横纵向加速度，而产生的不确定性。至于观测不确定性，由于很多研究者进行风险评估时均假设输入参数可以准确获得，因此不对其重点讨论。

1）基于驾驶行为不确定性的评估方法。在考虑驾驶行为不确定性进行风险评估时，首先需要预测驾驶行为，常用的驾驶行为预测模型包括交互多重模型（Interacting Multiple Model，IMM）[10]、隐马尔可夫模型[11]、动态贝叶斯网络[12]等。图7-4展示了使用IMM预测周围车辆的变道概率并利用三次多项式生成周围车辆运动轨迹对车辆变道行为和变道轨迹的预测情况，最后根据车辆出现在同一位置的可能性来计算碰撞概率。

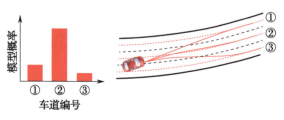

图7-4　车辆变道行为预测[10]

一般的驾驶行为预测模型在正常情况下可以较为准确地预测驾驶员行为，但实际交通环境中也会出现一些异常驾驶行为，这些异常驾驶行为往往较难预测，且对行驶安全有较大影响。因此，异常驾驶行为检测也是风险评估需要考虑的问题，有研究利用高斯过程和卷积神经网络进行异常驾驶行为检测，实验表明该方法能够较为准确地检测到异常驾驶行为[13]。

2）基于运动控制参数不确定性的评估方法。在考虑车辆运动控制参数不确定性时，首先要得到运动控制参数（例如，加速度、转向角等）的概率分布情况，再基于运动控制参数的概率分布情况得到车辆控制输入，并将其输入车辆运动模型得出运动轨迹，最后基于轨迹进行风险评估。在对运动控制参数分布进行建模时，最简单的方式是利用均匀分布进行建模，例如，Joerer[14]根据车辆的最大减速度和加速度得到车辆运动轨迹界限，假设车辆的加速度分布是均匀概率分布，并计算选择特定轨迹的碰撞可能性，最后通过汇总在轨迹边界中的每个轨迹的碰撞可能性来计算当前场景下的碰撞可能性。很明显，这种均匀分布的假设与实际情况差距较大。为提高风险评估的准确性，可以选用高斯混合模型来建立建模运动控制参数的分布情况模型。例如，Zhou[15]通过对驾驶员避撞行为进行建模，利用自然驾驶数据构建车辆避撞时横纵向加速度分布的高斯混合模型，并结合马尔可夫蒙特卡洛抽样算法得到车辆未来横纵向加速度。另外，也可以利用深度神经网络来预测运动控制参数在高斯混合模型下分布的均值和协方差矩阵，用这种学习得到的高斯混合模型来描述运动控制参数的不确定性[16]。

由运动控制参数分布生成运动控制参数时，一般利用采样的方法进行生成，但采样的方法一直存在如何平衡采样频率和可靠性之间的问题。即想要得到可靠的结果，需要提高采样频率，但过高的采样频率又会使算法计算实时性受到影响。

与确定性评估方法相比，概率性评估方法的计算成本更高，但是由于考虑了车辆在运动过程中的不确定性，因此场景中动态元素之间风险评估的量化更加合理。此外，由于考虑了更多的影响因素，例如车间交互，因此概率评估方法具有更长的预测时域，可以更早地检测到车辆行驶过程中的碰撞风险。

2. 基于可达集的评估方法

可达集是指车辆从初始状态集开始随着时间推移能够达到的状态的集合。基于可达集的评估方法在每一个时间步下计算车辆在一定约束条件下可以达到的状态集合，利用得到的可达集大小来表征风险。Wu 等[17]利用运动学模型预测主车和周围车辆的轨迹并基于碰撞检测计算主车的可行驶区域，结合存在周围车辆时主车实际可行域的大小和无周围车辆时主车理想可行域的大小之比，构建归一化可行域（Discretized Normalized Drivable Area，DNDA），以此来评估风险，图 7-5 所示为 DNDA 构建过程示意图。

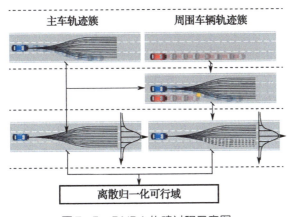

图 7-5　DNDA 构建过程示意图

在车辆实际行驶过程中，障碍物的位置和大小会显著影响车辆的可达集大小，图7-6展示了不同障碍物大小和空间布置下车辆可达集的变化，随着障碍物在道路中占据的空间越来越大，车辆的可达集变得越来越小。此外也可将可达集与概率结合起来，用概率可达集来表征风险，通过计算车辆在每一个时间步下可到达区域内与其他目标物的碰撞概率来得出车辆在未来一段时间内的风险水平。

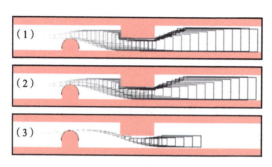

图7-6　可达集随障碍物大小变化而变化[18]

基于可达集的评估方法的优点是能够在考虑多种场景元素的情况下计算车辆所有可能到达的状态，全面地评估风险；但是这也导致其计算过程复杂，计算实时性差，同时由于非线性系统的可达集求解非常困难，现有的方法常用简化模型来进行可达集求解，这一定程度上影响了评估结果的准确性。

3. 基于势场论的评估方法

基于势场论的评估方法借鉴了物理学中的势场理论，利用斥力场来描述碰撞风险。该类方法最初被用于解决机器人领域运动规划问题[19]，后被引入智能汽车领域。Sattel 等[20]结合势场论开发了智能汽车的运动规划算法。在风险评估中，基于势场论的方法假设场景中的元素均会产生场强，这些场强作用于车辆上面会产生排斥力，排斥力按距离积分之后就会得到势能。在场强计算上，不同场景元素产生的场强大小不同，基本的场景元素包括车辆、道路和车道边界、障碍物、弱势交通参与者等。Wang 等[21]在考虑车路的基础上，进一步还考虑了驾驶员驾驶风格来计算场强，驾驶行为越激进的车辆产生的场强越大。具体在构建场强计算公式时，一般涉及的核心参数包括车辆和目标物之间的相对距离和相对速度。为使计算得到的场强能更多地反映未来的风险，在相对距离和相对速度的基础上可以引入加速度参数来计算场强。当得到车辆所在位置的场强之后，将场强和车辆虚拟质量相乘便可得到排斥力。在计算虚拟质量时，通常会综合考虑车辆实际质量和行驶速度，这是因为车辆自身的速度也会影响行驶时的风险，例如，车辆高速行驶时的风险会高于低速行驶时的风险。在量化风险时，可以直接用排斥力来量化风险水平，即作用在车上的排斥力越大，车辆行驶过程中的风险越大；也可以尝试用势能来量化风险水平。图 7-7 所示为势能场示意图。

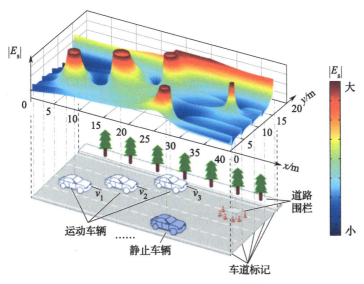

图 7-7　势能场示意图[22]

基于势场论的评估方法的优点是可同时考虑多个场景元素进行风险评估，评估结果能更全面地表征主车的风险；但该评估方法中有很多难以直接确定的系数，从而影响该方法的应用。

4. 评估方法对比

在前面分析的基础上，下面基于 5 个评估维度对分类的三大类、四小类风险评估方法进行对比讨论。

（1）对比维度

当智能汽车上路运行时，要求其能实时、快速评估风险，且输出的评估结果能反映未来一段时间的风险水平以保证决策的安全性；同时由于风险评估方法最终需要应用于实车，因此需要考虑其在实车上应用的可行性；此外，由于实际环境中能给智能汽车造成风险的因素是多种多样的，车辆遇到的场景也是多种多样的，因此需要对风险评估方法是否可以考虑不同的风险因素，以及其是否适用于不同场景中风险评估进行分析。

综上所述，下面提出计算实时性、结果时效性、应用可行性、内容充分性和场景泛用性5个维度对风险评估方法进行评价，具体含义如下。

1）计算实时性。用于表征风险评估方法计算速度的快慢，计算实时性好的风险评估方法能快速计算并得出风险评估结果，给智能汽车留出足够的时间进行决策。

2）结果时效性。用于表征风险评估结果有效时间的长短，结果时效性好的风险评估方法能预测未来更长一段时间内的风险，输出的评估结果能在更长一段时间内有效。

3）应用可行性。用于表征风险评估方法在实车上应用的难易程度，应用可行性好的风险评估方法一般需要的输入参数较少或需要的输入参数在实车上容易获取。

4）内容充分性。用于表征风险评估方法的评估内容对场景中各种风险来源的覆盖程度，内容充分性好的风险评估方法能尽可能全面地考虑场景中不同的场景元素带来的风险，包括车辆、行人等带来的风险。

5）场景泛用性。用于表征风险评估方法在不同场景下的适用程度，场景泛用性好的风险评估方法应适用于智能汽车在行驶过程中可能遇到的所有场景。

（2）对比结果

根据前面提出的评估维度对上述提到的风险评估方法进行对比，结果如图7-8所示。

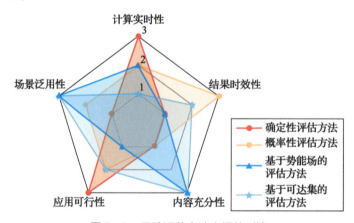

图7-8 风险评估方法之间的对比

因为确定性评估方法一般具有显示的计算公式，在输入数据之后能快速得出结果，所以确定性评估方法的优点具有很好的计算实时性；同时由于确定性评估方法需要的输入参数较少且较容易获取，所以其应用可行性也很好；但是由于确定所需信息时选择了特定的一种或几种场景和其中的特定目标物参数作为模型输入信息，确定性评估方法的内容充分性和场景泛用性并不好。例如，TTC 主要是为跟车场景设计的，无法有效评估相邻车道的车对主车造成的风险；除此之外，当场景变复杂时 TTC 也会失效；由于忽略了运动不确定性，因此风险评估的结果时效性也很差。

概率性评估方法能考虑目标物的运动不确定性，且由于引入更符合实际的预测模型，因此该方法的评估结果具有很好的结果时效性。但是由于该类方法只能通过计算主车与特定类型目标物未来轨迹的冲突概率来评估风险，如果需要评估其他类型目标物造成的风险，则需对该类目标物重新建立预测模型，因此其内容充分性不足。

基于势场论和基于可达集的评估方法的评估内容可以包含多个场景元素，且能适用于复杂的场景，而不限于跟车、变道等特定场景，因此这两类方法具有很好的内容充分性和场景泛用性。但是，在构建评估方法时，基于势场论的评估方法中有很多系数难以直接确定，因此该类方法的应用可行性较差。基于可达集的评估方法在求解车辆可达集的过程中会涉及隐函数求解，求解难度较大，因此该类方法的计算实时性较差。

综上所述，确定性评估方法的计算实时性和应用可行性很好，能快速评估风险，适用于紧急情况下的决策；概率性评估方法的结果时效性很好，能较早预测潜在碰撞进而及时调整车辆位置，防止紧急情况的出现，适用于非紧急情况下的决策中；基于势场论的评估方法具有很好的内容充分性和场景泛用性，其充分考虑了场景中的多种风险因素，可以评估出风险最小的路径，因此适用于运动规划；基于可达集的评估方法具有很好的内容充分性和场景泛用性，因此也适用于运动规划；此外，基于可达集的评估方法，还具有较好的应用可行性，可以在不同类型的场景中输出归一化的结果，所以尤其适用于测试评价。表 7-3 展示了风险评估方法的适用情况。

表 7-3 风险评估方法的适用情况

风险评估方法		决策规划			测试评价
		决策		运动规划	
		紧急情况	非紧急情况		
面向单一目标物的	确定性	★★★	★☆☆	★☆☆	★★☆
	概率性	★☆☆	★★★	★★☆	★☆☆
基于势场论的		★☆☆	★★☆	★★★	★☆☆
基于可达集的		★★☆	★★☆	★★★	★★★

7.1.2 多阶段安全评估

基于具体场景的安全性评估的第一部分侧重于对单个测试场景的评估。因此，假设不同来源［如碰撞分析、自动化风险、现场操作测试（Field Operation Test，FOT）］数据和仿真的测试场景是以统一的格式提供的。图7-9所示为测试场景的多阶段基于具体场景的安全性评估。第一阶段评估自动驾驶系统（Advanced Driving System，ADS）是否符合安全指标（如TTC）所要求的安全距离。其中，正方形代表决策，椭圆形代表结果。

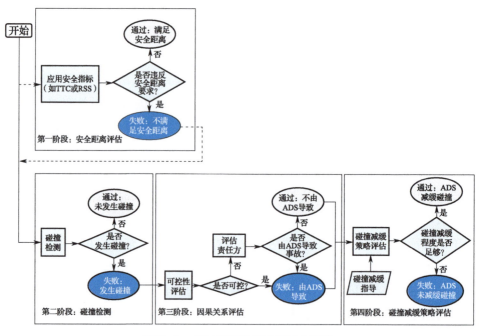

图7-9　测试场景的多阶段安全评估

若不满足安全距离，则第一阶段不通过，若满足则通过。此时无法辨别条件的不满足是由ADS引起还是由其他交通参与者引起。第一阶段是否采用，取决于测试如何定义，故图中以虚线表示。

第二阶段进行碰撞检测，第三阶段进行因果关系评估。第三阶段是非常重要的，因为到目前为止，还不能确定是ADS还是其他因素导致了第一阶段或第二阶段的不通过。因此，首先要评估ADS对这一情况是否可控。在提出的方法中，这种可控性评估仅限于评估避免碰撞的驾驶物理极限。如果ADS在驾驶极限下都不能避免碰撞情况的发生，就需要进行额外的检查。

虽然第三阶段很重要，但仍很难自动化地评估发生碰撞的场景的影响因素是否为 ADS。虽然可以在一定的不确定下评估驾驶极限，但需要事先推导出适用于所有场景的通用规则，确定导致事故的主体仍旧是一个挑战。然而，因果关系模型已经存在于已有的模型中，它涵盖了大量的情况，并能够期待未来在这个领域会有更多的进展。在那之前，可以使用专家组的决策。

最后，第四阶段判断 ADS 是否适当地减轻了碰撞（如通过施加适当的制动力）。所以，ADS 是否造成了碰撞与此无关。这是因为如果在物理上可实现，ADS 被假设在任何情况下都应该试图减轻碰撞。

在对所有阶段进行评估后，就能够决定测试场景是否通过。基于四个阶段的测试场景总体评级如图 7 - 10 所示。在图中，0 和 1 分别表示一个阶段不通过和通过。案例 1 显示全未通过，是因为 ADS 没有保持安全距离，造成了碰撞并且没有适当地减轻碰撞。案例 2 展示了 ADS 不满足安全距离但是并未碰撞这一情况。在这种情况下，整体结果有可能是通过（但仍存在一定风险，因为即使未发生碰撞，ADS 的行为也是危险的）。案例 3 的结果根据是否由 ADS 造成碰撞（是为 0，否为 1）而有所不同，这阐明了因果关系阶段的重要性。

测试案例标号	安全距离评估（第一阶段）	碰撞检测（第二阶段）	因果关系评估（第三阶段）	碰撞减缓策略评估（第四阶段）	评估结果
1	0	0	0	0	失败
2	0	1	—	—	通过-
3	0	1	1/0	1	通过/失败
4	1				通过

图 7-10　基于四个阶段的测试场景总体评级

7.1.3　单个测试场景结果外推

基于具体场景的安全性评估的一个核心问题是，从图 7 - 10 的单个测试结果中可以得出哪些结论。最基本的结论是，一个测试场景是否通过，若不通过，是什么原因造成的。由此提出不同的解决方案，例如减少 ODD、更改软件/系统或由于功能安全中的极低暴露率论证而忽略该场景。该结果也可用于比较两个 ADS 版本，前提是在基于具体场景的安全性评估时使用同样的任意选择的测试场景。

如果有关于测试场景的额外信息，可以得出更充分的结论，见表 7-4。

表7-4 单个测试场景外推至其逻辑场景和年平均行驶距离示例

安全评估输入	结果
年平均驾驶距离中关键场景（e_s）的占比	测试失败情况的频率（$\frac{e_s}{km}$）
年平均驾驶距离中危险交通情况的占比。由被测试的半具体/逻辑场景表示	ADS解决年平均驾驶距离中危险情况的比率（%）
测试场景在被测半具体/逻辑场景中的重要性 π_i^R（单位为%），其中 $\sum_{i=0}^{N_R} \pi_i^R = 1$。$N_R$ 为代表该场景的测试场景总数	通过的被测场景比率（%）
单个测试场景四个阶段的结果	测试场景总体结果（图7-10）

注：最后一行是基本结果，其他几行是为推导出更充分的结果所需的额外输入。

　　一种可能性是通过对逻辑场景的参数空间进行等距抽样来选出测试场景。这种情况下，各测试场景的重要性 π_i^R 取决于所选测试场景的总数 N_R，定义为 $\pi_i^R = 1/N_R$。其结果是被测试的逻辑场景得以通过的比率。此外，表7-4展示了在年平均行驶距离中得出关于ADS行为结论的可能性。然而，虽然根据单个测试方案的结果进行推断在理论上可行，但额外所需输入的参数可能只有在真实世界进行广泛的测试后才能获得。

7.2　基于逻辑场景的安全性评估

　　基于逻辑场景的安全性评估的关键在于如何基于逻辑场景下所有具体场景的测评结果整合得到逻辑场景层级的测评结果。其本质是将连续的参数空间中离散的"点"的评价外推至"体"的评价，即对逻辑场景中各具体危险场景所处子空间（以下统称为危险域）的评价。

7.2.1　评估要求

　　基于逻辑场景的安全性评估需要满足全面性、准确性和可见性的要求。全面性和准确性是指准确且全面地评价被测系统在整个逻辑场景参数空间中的安全性能；可见性是能够直观地给出被测系统在逻辑场景参数空间中危险域的具体参数范围，这样有助于研发人员找到被测系统问题的所在。基于此，将逻辑场景的评价指标概括为危险域模态、空间分布和占比三项指标。其中，危险域模态数量即危险域所处的不同参数子空间数量，以发现不同的危险场景类别，表征评价的全面性；危险域空间分布即危险域所处的不同参数子空间范围，表征被测系统所处危险场景的参数范围，以便于反馈至研发进行针对性改进，即评价的可见性；危险域占比大小即危险域参数范围与逻辑场景整体参数范围的比值，表征被测系统在逻辑场景层级整体安全水平的准确估计，即评价的准确性。因此，为保证评价的全面性和准确性，需基于测试结果评价发现所有的危险域模态，同时精细刻画输出其空间范围，并准确评估其占比大小。

7.2.2　面向逻辑场景评价的危险域识别方法

现有的危险与识别方法可以分为两类，一类是基于决策树的方法，另一类是基于聚类的方法。基于决策树的方法，利用决策树将参数空间中的危险域从参数空间中逐步划分出来。基于聚类的方法，利用聚类算法将参数空间中位置相近的危险样本点自动识别成一类，并输出每一类的危险域边界。

1. 基于决策树的危险域识别方法

面向逻辑场景评价提出全面性、准确性、可见性的评价目标。基于危险域模态、空间分布和占比的识别目标，进行逻辑场景危险域识别。首先，为保证逻辑场景模态的全面性，基于 Mean Shift 算法实现对危险域的自动聚类分区，以发现不同场景类别。其次，为精细刻画各个危险模态对应的空间边界，采用基于特征选择记忆化的决策树算法（Decision Tree by Memorization Feature Selection, DT-MFS）进行空间划分，以保证危险场景所属最小危险域的完全划分和显式输出；最后，在准确刻画边界的基础上，基于对决策路径的解析自动化计算危险域占比，实现对逻辑场景层级的安全水平准确评估。危险域识别方法总体流程图如图 7-11 所示。

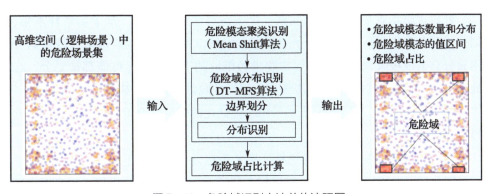

图 7-11　危险域识别方法总体流程图

（1）危险域模态识别

为保证评价的全面性，采用 Mean Shift 算法，以自动识别高维空间中所有的危险域模态，避免危险域识别时漏掉某个模态。Mean Shift 算法能够自适应地确定类簇数量，适应非均匀、非平坦形状的类簇。能够将空间距离相近的样本划为同一区间并输出各样本对应类簇，符合预期的危险域需求。

（2）危险域分布识别

基于上述分区，为识别对应的危险域分布，需选取合适空间划分方法来划分出危险域。为保证高维空间决策边界的识别，选择 C4.5 决策树算法。该算法的决策边界平行于坐标轴，能够构成显式的超长方体决策区域，满足评价的可见性要求。

但现有的决策树算法存在特征划分不充分的问题，可能导致危险域识别不准确，从而影响逻辑场景整体评价的准确度。

特征划分不充分是指，在基于决策树算法的空间划分过程中，每次划分都会基于信息增益率或信息增益等指标，在特征集合中找到指标最小值对应的特征及数值，作为最优二值切分点。因此，可能存在某些特征未被划分，就已经实现完全的二分类，完成决策树的构建。

特征划分不充分示例如图 7-12 所示。该危险域的边界应为 $x = [-8, -6]$，$y = [7, 10]$。而用原始的决策树进行危险域划分时，$y = 7$ 这一边界（红色虚线）未被划分到，即特征划分不充分。因此，若在更高维度的空间中基于这一类特征划分原理进行危险域识别，会造成几何级的误差。

因此，需要改进决策树算法最优划分特征的选择策略，采用动态的候选集合，实现全维度的空间划分，得到危险场景所属的最小子空间，以准确识别危险域。

针对逻辑场景危险域识别问题，决策树算法的目标为：基于场景样本集，划分得到危险场景所属的最小子空间即危险域。由于计算危险域时，特征划分不充分会造成极大误差，因此算法要求各维度的上下边界尽可能都被划分。在此基础上，对各子空间再进一步细分，提高危险域识别的准确度。

基于上述目标，DT-MFS 算法采用了记忆化的候选集合策略，其最优特征选择策略如下：

1）决策树构建前，设定候选特征集 A 为包含各特征上下边界的集合，用于子树划分过程中的特征记忆化。对应每个特征，分别采用上标 l 和 u 对应下边界和上边界。对于包含 n 个特征的样本集，$A = \{a_1^l, a_1^u, a_2^l, a_2^u, \cdots, a_n^l, a_n^u\}$。

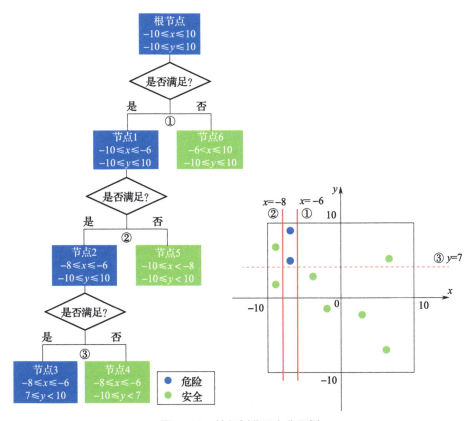

图7-12　特征划分不充分示例

2）最优划分特征选择时，对特征集 A 进行记忆化更新。每次从特征集中选择最优划分特征 a_i 后，删除对应子节点的最优划分特征，避免子节点后续选择最优划分特征时仍选择该特征。具体来说，①若相应子节点的判断条件是对特征 a_i 下边界的划分，则更新子节点对应的候选特征集 $A = A - a_i^l$；②若相应子节点的判断条件是对特征 a_i 上边界的划分，则更新 $A = A - a_i^u$。基于此，保证每一维度都能被划分到新的上边界和下边界，除非达到提前停止条件即代码段 1 中的 3 类递归返回情况。

3）节点对应的候选特征集 A 为空集时，表明该节点对应的决策区域全部维度的上下边界都已得到划分，即完成全维度划分，得到各类样本所属的最小子空间。

4）若子节点已完成全维度划分，后续划分策略为初始化特征集为 A，并取消特征记忆化选择。即按照决策树算法的原始策略，采用固定候选集合进行最优特征划分，实现对参数空间的进一步细分。

记忆化的最优特征选择策略示意图如图 7 - 13 所示。

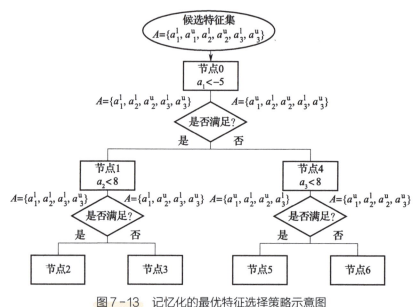

图 7 - 13　记忆化的最优特征选择策略示意图

1）决策树构建前，设定候选特征集为 $\{a_1^l, a_1^u, a_2^l, a_2^u, a_3^l, a_3^u\}$。

2）最优划分特征选择时，如节点 0 ~ 4 判断条件为 $a_1 > -5$，即对特征 a_1 的下边界进行划分，因此更新结点 4 对应的候选特征集 $A = A - a_1^l = \{a_1^u, a_2^l, a_2^u, a_3^l, a_3^u\}$。如图 7 - 13 中的节点 0 至节点 1 判断条件为 $a_1 < -5$，即对特征 a_1 的上边界进行划分，则更新节点 1 对应的候选特征集 $A = \{a_1^l, a_2^l, a_2^u, a_3^l, a_3^u\}$。

至此，完成对危险域的完全划分，实现基于 DT-MFS 算法的决策树构建过程。

针对决策树算法存在的过拟合即子节点过多的问题，需进一步将范围相近的危险子节点进行合并，以减少危险子节点数量，便于危险域的整合输出。具体的，两两比较决策树输出的所有危险子节点对应的空间，若两个子空间相近，满足合并条件，则将其合并为一个危险域，从而减少了危险域数量，提高评价结果的可见性，使各危险域分布更简洁明晰地反馈至研发，能够针对相应危险域进行功能迭代。

另外，由 DT-MFS 算法原理可知，在特征划分过程中存在提前递归返回的情况。对于这类情况，可能仍存在特征划分不充分问题。因此，为防止提前递归或误划分导致的叶子节点对应子空间的某个维度边界范围过大，在决策树构建完成后采用空间范围限定的策略，通过设定范围阈值和判断边界是否仍为原始边界，筛除原有危险子空间中边界范围过大的空间。

为识别危险域分布，需基于上述 DT-MFS 算法，解析决策树得到由决策边界表示的决策区域。根据决策树根节点到叶子节点的决策路径，将各节点对应的判断条件作交集，得到决策边界表达式见式（7-1）。其中判断条件如 $a_1 > v_1$，则表示被超平面 $a_1 = v_1$ 分割开的两个区域中的一个。决策树算法中每个叶子节点对应的决策路径形成的区域交集即叶子节点对应类 Y_m 的决策区域，其决策边界与坐标轴平行。

$$\text{If } a_1 > v_1 \cap a_2 > v_2 \cdots a_n > v_n \text{ Then } Y_m \tag{7-1}$$

对应危险域分布识别问题，决策树的判断条件即参数上边界或下边界的划分，各节点具有相应的关键/非关键的类别标签。因此，通过解析各关键叶子节点对应的决策区域，即实现超长方体危险域分布的识别，实现评价结果的可见性。

（3）危险域占比计算

基于上述高维超长方体的危险域分布，提出了一种危险域占比计算方法。为避免由于各维度空间分布识别不准确导致的各维误差乘积几何级增长，该指标将识别得到的各维度长度进行扁平化计算。设原始空间维度数为 d，各维度边长为 L_i，经上述方法识别得到 N 个关键子空间，单个子空间的单维度边长为 l_i^n，其中 n 表示第 n 个关键子空间，i 表示第 i 个维度。关键子空间占比指标为 F，表示为

$$F = \frac{\sum\limits_{n=1}^{N} \sum\limits_{i=1}^{d} \dfrac{l_i^n}{L_i}}{Nd} \tag{7-2}$$

由式（7-2）可知，关键子空间占比 F 最大值为 1，即原始空间全部为关键子空间；最小值为 0，即整个空间无任何关键子空间。F 指标可实现关键子空间占比的归一化评价，且数值随着关键子空间的增大而增大，满足评价结果的准确性。

2. 基于高斯混合模型的危险域识别方法

基于高斯混合模型的危险域识别方法利用多维高斯混合模型拟合搜索得到的危险样本点，并基于 3σ 原则输出危险域。另外，在输出危险域时会出现两个危险域边界重合的情况，须对可合并危险域进行合并后，再输出最终的危险域。其主要步骤包括危险参数预处理和危险参数聚类，如图 7-14 所示。

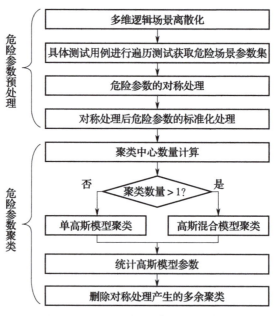

图 7-14　多维逻辑场景危险参数聚类流程

（1）危险参数预处理

由于给定多维度逻辑场景边界的限制，危险样本点集可能不会是一个完整的高斯分布范围。因此需要将危险样本点集在给定参数空间的危险边界按照不同的参数维度坐标轴进行对称。这样既可以将危险样本点集构建成一个完整的高斯分布，还可以保证后续标准化处理后的数据均值落在最危险参数点位置。

由于多维度逻辑场景参数类型不同，参数数值范围差异较大，因此需要对参数进行标准化处理。具体见式（7-3）。

$$x_f = \frac{\boldsymbol{b}_f - b_{f\_\mathrm{mean}}}{s_f}, f = 1, 2, \cdots, d \qquad (7-3)$$

式中，$\boldsymbol{x}_f$ 为危险参数集 $\boldsymbol{X}$ 的第 f 维危险参数列向量；$\boldsymbol{b}_f$ 为对称处理后的第 f 维危险参数列向量；b_{f_mean} 为对称处理后第 f 维危险参数的均值；s_f 为对称处理后第 f 维危险参数的标准差；下角标 f 代表多维度逻辑场景的第 f 个维度；d 为多维度逻辑场景的变量维度总数。

由此，可得预处理之后的多维度逻辑场景危险参数集 $\boldsymbol{X}$，见式（7-4）。$\boldsymbol{X}$ 中的每一行向量 $\boldsymbol{x}_j(j=1, 2, \cdots, m)$ 为每个危险测试用例所对应的参数向量。

$$\boldsymbol{X} = \begin{bmatrix} \boldsymbol{x}_1, \boldsymbol{x}_2, \cdots, \boldsymbol{x}_m \end{bmatrix} \qquad (7-4)$$

（2）危险参数聚类

参数聚类首先需要确定聚类中心数量，本节中采用组内残差平方和计算危险参数聚类中心数量。组内残差平方和是指所有聚类中每个类内的要素距离其聚类中心的误差平方的总和，见式（7-5）。

$$Y = \sum_{j=1}^{m} (\boldsymbol{x}_j - \boldsymbol{x}_j')^2 \qquad (7-5)$$

式中，m 为所有危险点的数量；$\boldsymbol{x}_j'$ 为使用初步聚类得到的 $\boldsymbol{x}_j$ 对应的聚类中心。

当组内残差平方和变化速率变慢时，即认为增大聚类数目也不能对聚类结果进行有效的提高，该速率变化的拐点数即聚类中心数目。

当聚类中心为 1 时，可直接对危险参数进行单高斯模型聚类，见式（7-6）。

$$P(\boldsymbol{x} \mid \boldsymbol{\theta}_s) = \frac{1}{(2\pi)^{\frac{d}{2}} |\boldsymbol{\Sigma}|^{\frac{1}{2}}} \exp\left[-\frac{1}{2}(\boldsymbol{x} - \boldsymbol{\mu})^{\mathrm{T}} \boldsymbol{\Sigma}^{-1} (\boldsymbol{x} - \boldsymbol{\mu}) \right] \qquad (7-6)$$

式中，$P(\boldsymbol{x} \mid \boldsymbol{\theta}_s)$ 为单一高斯模型概率密度函数；$\boldsymbol{\theta}_s$ 为高斯模型的参数，包括均值和标准差；$\boldsymbol{\Sigma}$ 为用来描述各维变量相关度的协方差矩阵；$\boldsymbol{\mu}$ 为危险参数向量的均值。由于危险数据集经过对称和标准化处理，因此该分布的均值为 0，标准差为 1。

当聚类中心大于 1 时，应用最大期望值（EM）算法对危险参数进行高斯混合模型聚类，即将危险参数分解为多个高斯概率密度函数组成的模型，见式（7-7）。

$$G(\boldsymbol{x} \mid \boldsymbol{\theta}) = \sum_{k=1}^{K} \alpha_k \varphi(\boldsymbol{x} - \boldsymbol{\theta}_k) \qquad (7-7)$$

式中，$G(\boldsymbol{x} \mid \boldsymbol{\theta})$ 为高斯混合模型概率密度函数；$\boldsymbol{\theta}$ 为高斯混合模型的参数，包括第 k 个单高斯模型的权重 α_k 和模型参数 $\boldsymbol{\theta}_k$；$\boldsymbol{\theta}_k$ 包括均值 $\boldsymbol{\mu}_k$ 和标准差 $\boldsymbol{\sigma}_k$；K 为单个高斯模型的个数。通过极大似然法可对 θ 进行估计，见式（7-8）和式（7-9）。

$$\boldsymbol{\theta}^* = \arg \max L(\boldsymbol{\theta}) \qquad (7-8)$$

$$L(\boldsymbol{\theta}) = \log G(\boldsymbol{x} \mid \boldsymbol{\theta}) = \sum_{j=1}^{m} \left[\log\left(\sum_{k=1}^{K} \alpha_k \varphi(\boldsymbol{x}_j \mid \boldsymbol{\theta}_k) \right) \right] \qquad (7-9)$$

应用 EM 迭代算法对式（7-9）进行求解。见式（7-10），EM 算法的 E-step 为计算 Q 函数，Q 函数代表给定第 p 轮迭代的参数 $\boldsymbol{\theta}^p$ 之后高斯混合模型 $G(\boldsymbol{x} \mid \boldsymbol{\theta}^p)$ 与给定数据之间的相似程度。

$$Q(\boldsymbol{\theta}, \boldsymbol{\theta}^p) = \sum_{k=1}^{K} \left\{ \sum_{j=1}^{m} (\hat{\gamma}_{jk}) \log \alpha_k + \right.$$

$$\left. \sum_{j=1}^{m} (\hat{\gamma}_{jk}) \left[\log\left(\frac{1}{\sqrt{2\pi}}\right) - \log \boldsymbol{\sigma}_k - \left(\frac{1}{2\boldsymbol{\sigma}_k^2}\right)(\boldsymbol{x}_j - \boldsymbol{\mu}_k)^2 \right] \right\} \qquad (7-10)$$

式中，$\hat{\gamma}_{jk}$ 为后概率事件，即表示第 j 个观测数据来自第 k 个高斯密度函数的概率，见式（7-11）。

$$-\hat{\gamma}_{jk} = \frac{\alpha_k \varphi(\boldsymbol{x} \mid \boldsymbol{\theta}_k)}{\sum_{k=1}^{K} \alpha_k \varphi(\boldsymbol{x} \mid \boldsymbol{\theta}_k)} \tag{7-11}$$

EM 算法中的 M-step 为最大化 Q 函数。当计算第 $(p+1)$ 步的参数 $\boldsymbol{\theta}^{p+1}$ 时，只需要对第 p 步的 α_k、$\boldsymbol{\mu}_k$、$\boldsymbol{\sigma}_k$ 求偏导并使其等于 0，就可以使得 Q 函数极大化。

重复进行 EM 算法的 E-step 和 M-step 直至模型收敛即可得到高斯混合模型 $G(\boldsymbol{x} \mid \boldsymbol{\theta})$。

通过上述单高斯模型或高斯混合模型，可以得到模型参数，即均值和标准差。利用这些聚类参数建立智能汽车安全性评价指标。

同时，由于危险参数预处理时进行的对称处理会导致数据扩大，因此需要对这部分多余的数据进行删除。坐标轴处数据分布在对称处理之后不会增加高斯分布的数量，但是会造成区域扩大；其他位置的分布在对称处理之后会导致高斯分布数量增加。因此在整个聚类完成之后需要删除该类多余的分布（多余分布的特点为均值存在对称性，标准差等同），并对坐标轴处因对称造成的区域扩大进行修正。对于那些删除数量少于(2^d-1)的高斯分布类型，即位于坐标轴处的高斯分布，其标准差的修正过程见式（7-12）和式（7-13）。

$$\boldsymbol{\sigma}_k = \frac{\boldsymbol{\sigma}_{\mathrm{b}}}{\sqrt{q}}, \quad t < 2^d - 1 \tag{7-12}$$

$$q = d - \log_2(t+1) \tag{7-13}$$

式中，q 为因对称产生多余高斯分布的对称轴的数量；t 为该类高斯分布的删除数量；$\boldsymbol{\sigma}_{\mathrm{b}}$ 为修正前的高斯分布标准差；$\boldsymbol{\sigma}_k$ 为修正后的高斯分布标准差。

最后利用 3σ 原则输出危险域边界。

3. 方法验证

（1）危险域分布识别准确度验证指标设计

为验证危险域分布识别方法的准确度，提出空间相似度指标，以量化两个空间的分布近似程度。空间相似度计算原理如下：假定存在基准空间 A 为 $\{[a_1, b_1], [a_2, b_2], \cdots, [a_n, b_n]\}$，空间 B 为 $\{[p_1, q_1], [p_2, q_2], \cdots, [p_n, q_n]\}$，其中 n 为维度数，两个空间的相似度为 S，该相似度表征两个空间各维度上下边界的平均相近程度，计算公式见式（7-14）。可知相似度最小为 0，最大为 1。当 $S=1$ 时，即两个空间完全重合，S 越接近 0，即空间差异越大。

$$S = \frac{1}{n} \sum_{i=1}^{n} \frac{|b_i - a_i|}{|p_i - a_i| + |q_i - b_i| + |b_i - a_i|} \tag{7-14}$$

（2）危险域识别方法验证结果

选取基于信赖域的贝叶斯优化算法在 Holder-Table 测试函数上开展加速测试，得到样本点，识别危险域，输出相应模态、分布和占比。进一步的，将基于决策树的危险域识别方法与基于聚类的危险域识别方法进行对比，分别计算两类方法的模态识别准确度、空间相似度以及危险域占比准确度，结果见表 7-5。

表 7-5　两类方法的识别结果对比

方法	模态识别准确度（%）	危险域占比准确度（%）	空间相似度（%）
基于决策树的方法	100	96.0	96.5
基于聚类的方法	100	91.5	88.3

危险域占比准确度计算公式见式（7-15）。

$$A_d = \frac{G}{|T - G| + G} \tag{7-15}$$

式中，A_d 为危险域占比准确度；G 为危险域占比真值；T 为方法识别的危险域占比结果。图 7-15 展示了危险域占比真值为 0.1 时，危险域占比准确度随识别的危险域占比结果变化情况。可以看出，识别的占比和真值相同，均为 0.1 时，准确度为 1；当识别的占比不为 0.1 时，占比值与真值 0.1 差距越大，准确度越小。因此，该指标可以准确反映识别的危险域占比的准确程度。

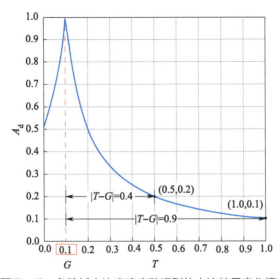

图 7-15　危险域占比准确度随识别的占比结果变化情况

实验结果分析如下：

1）危险域模态识别方面，在 Holder-Table 测试函数上两种方法均能识别危险域的所有模态。

2）危险域占比计算方面，基于决策树的方法的危险域占比准确度更高。由表 7 – 5 可知，其占比准确度为 96.0%，比基于聚类的方法的结果（91.5%）高 4.5%。

3）危险域分布识别方面，基于决策树的危险域识别结果的空间相似度比基于聚类的方法更高。由表 7 – 5 可知，其空间相似度为 96.5%，比基于聚类的方法的结果（88.3%）高 8.2%。

7.3 针对被测功能的安全性评估

针对被测功能的安全性评估就是对被测系统某个功能的整体安全性的评估。将上述得到的单逻辑场景中的被测智能汽车安全性评价结果与逻辑场景权重相结合，即可得到被测智能汽车在多个逻辑场景中的综合评价：

$$S_{\text{all}} = \sum w_i S_i \qquad (7 - 16)$$

式中，S_{all} 为被测智能汽车在多个逻辑场景中的综合评价结果；w_i 为第 i 个逻辑场景的相对权重；S_i 为被测智能汽车在单个逻辑场景中的评价结果，S_i 可通过前面提及的任意一种方式在识别出危险域后获取，即识别出危险域后，通过计算危险域占比来得到。关于相对权重 w_i，可以通过逻辑场景自身的属性包括暴露率、危害度等确定。其中，暴露率是指该类逻辑场景在自然驾驶状况下出现的概率。危害度为该场景对被测智能汽车造成损害的严重性。

7.4 本章小结

本章基于三层抽象场景架构，分三部分介绍了智能汽车安全性评估方法。第一部分介绍了基于具体场景的安全性评估方法，主要内容为场景瞬时风险评估方法，包括面向单一目标物的、基于可达集的和基于势场论的评估方法；另外还介绍了基于多阶段安全评估和单个测试场景结果外推的具体场景安全性评估方法。第二部分介绍了逻辑场景的安全性评估方法，以基于决策树的危险域识别方法和基于高斯混合模型的危险域识别方法为例进行了详细介绍和验证；第三部分介绍了针对被测功能的安全性评估方法。

参考文献

[1] International Organization for Standardization. Road vehicles-Test scenarios for automated driving systems-scenario based safety evaluation framework：ISO 34502：2022[S]. Geneva：ISO，2022.

[2] KILICARSLAN M，ZHENG J Y. Predict vehicle collision by TTC from motion using a single video camera[J]. IEEE Transactions on Intelligent Transportation Systems，2018，20(2)：522 − 533.

[3] JANSSON J. Collision avoidance theory：With application to automotive collision mitigation [D]. Linköping：Linköping University Electronic Press，2005.

[4] LI Y，LU J，XU K. Crash risk prediction model of lane-change behavior on approaching intersections [J]. Discrete Dynamics in Nature and Society，2017. DOI：10. 1155/2017/7328562.

[5] NILSSON J，ÖDBLOM A C E，FREDRIKSSON J. Worst-case analysis of automotive collision avoidance systems[J]. IEEE Transactions on Vehicular Technology，2015，65(4)：1899 − 1911.

[6] TYAGI I. Threat assessment for avoiding collisions with perpendicular vehicles at intersections[C]// 2021 IEEE International Conference on Electro Information Technology(EIT). New York：IEEE，2021：184 − 187.

[7] HOSSEINI S M，MURGOVSKI N，DECAMPOS GR，et al. Adaptive forward collision warning algorithm for automotive applications[C]//2016 American Control Conference(ACC). New York：IEEE，2016：5982 − 5987.

[8] WINKLER S，WERNEKE J，VOLLRATH M. Timing of early warning stages in a multi stage collision warning system：Drivers'evaluation depending on situational influences [J]. Transportation Research PartF：Traffic psychology and behaviour，2016，36：57 − 68.

[9] WANG W，ZHANG W，GUO H，et al. A safety-based approaching behavioural model with various driving characteristics[J]. Transportation Research PartC：Emerging Technologies，2011，19(6)：1202 − 1214.

[10] KIM J，KUM D. Collision risk assessment algorithm via lane-based probabilistic motion prediction of surrounding vehicles[J]. IEEE Transactions on Intelligent Transportation Systems，2017，19(9)：2965 − 2976.

[11] YANG C，RENZAGLIA A，PAIGWAR A，et al. Driving behavior assessment and anomaly detection for intelligent vehicles[C]//2019 IEEE International Conference on Cybernetics and Intelligent Systems (CIS) and IEEE Conference on Robotics，Automation and Mechatronics(RAM). New York：IEEE，2019：524 − 529.

[12] KATRAKAZAS C，QUDDUS M，CHEN W H. A new integrated collision risk assessment methodology for autonomous vehicles[J]. Accident Analysis&Prevention，2019，127：61 − 79.

[13] RYAN C，MURPHY F，MULLINS M. End-to-end autonomous driving risk analysis：A behavioural anomaly detection approach[J]. IEEE Transactions on Intelligent Transportation Systems，2020，22 (3)：1650 − 1662.

[14] JOERER S，SEGATA M，BLOESSL B，et al. A vehicular networking perspective on estimating vehicle collision probability at intersections[J]. IEEE Transactions on Vehicular Technology，2013，63(4)：1802 − 1812.

[15] ZHOU H，QIN X，WANG X，et al. Driver behavior modeling in critical situations for threat assessment of intelligent vehicles[C]//2019 4th International Conference on Intelligent Transportation Engineering(ICITE). New York：IEEE，2019：164 − 168.

［16］JASOUR A, HUANG X, WANG A, et al. Fast nonlinear risk assessment for autonomous vehicles using learned conditional probabilistic models of agent futures［J］. Autonomous Robots, 2022, 46(1): 269 –282.

［17］WU X, XING X, CHEN J, et al. Risk assessment method for driving scenarios of autonomous vehicles based on drivable area［C］//2022 IEEE 25th International Conference on Intelligent Transportation Systems(ITSC). New York: IEEE, 2022: 2206 –2213.

［18］SÖNTGES S, ALTHOFF M. Computing the drivable area of autonomous road vehicles in dynamic road scenes［J］. IEEE Transactions on Intelligent Transportation Systems, 2017, 19(6): 1855 –1866.

［19］KHATIB O. Real-time obstacle avoidance system for manipulators and mobile robots［J］. The International Journal of Robotics Research, 1986, 5(1): 90 –98.

［20］SATTEL T, BRANDT T. From robotics to automotive: Lane-keeping and collision avoidance based on elastic bands［J］. Vehicle System Dynamics, 2008, 46(7): 597 –619.

［21］WANG J, WU J, LI Y. The driving safety field based on driver – vehicle – road interactions［J］. IEEE Transactions on Intelligent Transportation Systems, 2015, 16(4): 2203 –2214.

［22］WANG J, WU J, ZHENG X, et al. Driving safety field theory modeling and its application in pre-collision warning system［J］. Transportation Research Part C: Emerging Technologies, 2016, 72: 306 –324.

第8章
智能汽车综合行驶性能评估

  智能汽车是人工智能技术在交通领域的重要应用，有望在未来产生巨大的社会效益，如提高交通效率、减少交通事故、减少环境污染等。随着自动驾驶技术的不断发展，智能汽车的市场渗透率将不断增大，但是距离智能汽车占据市场主导地位还有数十年的时间。在大规模自动驾驶阶段到来之前，道路交通将在很长一段时间处于人机混合阶段，即道路交通中将同时存在人工驾驶汽车和智能汽车。因此，未来智能汽车与人工驾驶汽车在道路交通中共享道路资源并进行驾驶合作将成为常态。当道路交通处于人机混合状态时，智能汽车不仅需要遵守交通规则与保证自身安全，还需要考虑与人工驾驶汽车进行合作，这对智能汽车的综合行驶性能提出了更高的要求。

8.1 测评需求与研究现状

8.1.1 测评需求

  智能汽车的综合行驶性能体现在完成行驶任务的过程中，在满足交通规则约束和不发生碰撞的前提下，能够使得自车行驶收益和周围交通收益总体最大化。综合行驶性能不达标将导致智能汽车难以融入自然交通系统，无法经由人机混合交通阶段的过渡，实现大规模自动驾驶交通。尤其在智能汽车与人工驾驶汽车存在冲突的行驶场景中，例如前方车道数减少、匝道汇入、匝道汇出等。在上述场景中，若智能汽车表现出不合理的行为，如过于保守，将会极大影响人类驾驶员对智能汽车的信任和容忍度，故需要对智能汽车的综合行驶能力开展测试与评价。

8.1.2 研究现状

  智能汽车的正向开发过程可划分为单功能设计、组合功能设计和系统级设计三个阶段，对应的测评方法可分为基于场景、基于交互和基于交通流三类。本章后续将重点介绍基于交互的测评方法在智能汽车综合行驶能力方面的应用。

图 8-1 所示的三个阶段测试过程中，基于场景的方法侧重于评估智能汽车在微观场景中的表现，通过预定义冲突场景测试其单功能表现，例如紧急制动、切入切出等。基于场景的测评方法已形成部分评估标准，如 ISO 34502 安全评估框架，该标准通过功能、逻辑和具体场景三层抽象提出了安全评估目标。基于交通流的方法重点考察智能汽车对整体交通流的影响，通过构建人类驾驶员模型模拟交通流，测试其自由决策的宏观性能。基于交互的方法作为二者间的过渡，聚焦中观维度的交互过程，通过结构化场景设计和真实人类驾驶员模型构建，测试智能汽车在特定任务导向下的组合功能表现。

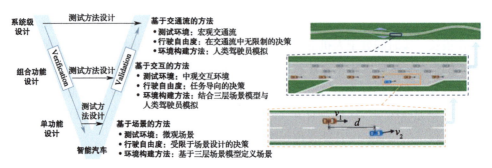

图 8-1　三个阶段的测试过程对比

三个阶段的评价过程对比见表 8-1。基于场景的方法仅关注微观场景中的智能汽车表现，既忽略人工驾驶汽车的受影响程度，也无法评估交通流影响；基于交通流的方法重点评估智能汽车对交通流量、稳定性的宏观影响，但忽视人工驾驶汽车视角的表现，另外也难以进行微观行为分析；基于交互的方法作为过渡方案，从智能汽车自身表现、人工驾驶汽车受影响程度及交通流稳定性三个维度设计评价指标，全面量化交互过程中智能汽车的影响效应，实现对智能汽车的精准评估。

表 8-1　三个阶段的评价过程对比

方法	评价目标	关注范围	性能指标		
			智能汽车	人工驾驶汽车	交通流
基于场景	特定功能	微观场景	安全性、时间效率、舒适性等	—	—

（续）

方法	评价目标	关注范围	性能指标		
			智能汽车	人工驾驶汽车	交通流
基于交互	组合功能	中观交互	安全性、时间效率、舒适性等	安全性、时间效率、舒适性等	影响范围
基于交通流	整体性能	宏观交通流	安全性	—	交通流量、交通流稳定性、能耗性等

本章后续内容将以高速公路具有加速车道的匝道汇入场景为例，介绍基于交互的方法在智能汽车综合行驶性能评估方面的具体应用。

8.2　测评基本流程

使用基于交互的方法对智能汽车综合行驶性能进行测评时，其流程主要包括测试场景设计、测试和评价三个步骤，如图 8 - 2 所示。在测试场景设计阶段，需要设置测试场景，并定义测试工况参数和关键位置，结合参数和位置构建测试工况；在测试阶段，需要根据测试条件搭建测试平台，执行测试（采用实车测试或仿真测试），获取测试数据；在评价阶段，需要根据测试数据计算评价指标，基于评价体系输出被测车辆（Vehicle under Test，VUT）评价结果。

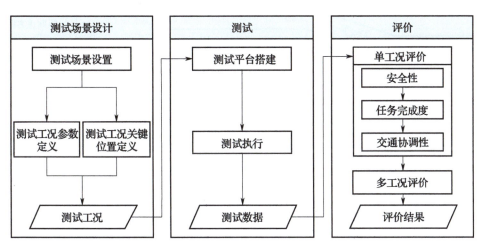

图 8 - 2　智能汽车综合行驶性能的测试与评价流程

8.3 典型测试场景矩阵

在使用基于交互的方法对智能汽车进行综合行驶性能测试时，需要设计可重复且真实度高的测试场景以便公平地对不同的智能汽车进行测试，即 5.2.1 节介绍的静态试验设计方法。然而可重复性和真实程度往往难以平衡，在可重复的测试场景下背景车辆（Background Vehicle，BV）的行为会在一定程度上受到限制，进而导致测试场景的真实度下降。为了兼顾可重复性和真实性，一般基于自然驾驶数据聚类分析创建典型测试场景进行测试。下面以一条带有加速车道的高速公路匝道场景为例，设计智能汽车在匝道汇入过程中的典型测试场景。

场景设计通常基于 3.2.2 节所述的三层场景架构逐层进行。匝道汇入功能场景示意图如图 8-3 所示，主路最右侧车道存在若干车辆组成车队行驶，智能汽车需要由匝道进入加速车道，然后汇入主路中的车队。与加速车道长度对应的主路最右侧车道的左侧车道线为长实线，车辆不可向左变道。测试初始位置位于加速车道起点所处的道路横断面；为保证智能汽车完全汇入主车道，测试结束位置位于加速车道后 10m 所处的道路横断面。

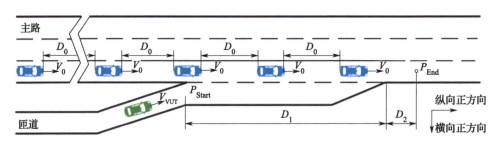

图 8-3 匝道汇入功能场景示意图

测试场景的初始参数包括：VUT 到达测试初始位置 P_{Start} 的速度 V_{VUT}、BV 初始速度 V_0、BV 的车间距 D_0 和加速车道长度 D_1。基于自然驾驶数据聚类分析[1]可以得到真实世界中高频出现的测试场景。采集了上海 G50 高速一段匝道上的自然驾驶数据，并基于 K-means 聚类方法分析得到匝道汇入典型工况，并进一步确定测试场景初始参数 V_{VUT}、V_0、D_0。另外加速车道的长度 D_1 根据 JTG D20—2017《公路路线设计规范》[2]确定，测试场景参数定义见表 8-2。根据得到的测试场景参数，经过排列组合共得到 48 个测试场景对 VUT 进行全面测试。

表 8-2　测试场景参数定义

参数	单位	取值	场景总数
V_{VUT}	km/h	40, 60, 80	
V_0	km/h	60, 80, 100, 120	48
D_0	m	40, 60, 80, 100	
D_1	m	200	

8.4　测试方法与流程

下面根据测试条件搭建测试平台，获取测试数据。

8.4.1　测试方案

按照附录 A 测试工况参数设置完成所有测试，测试开始于 VUT 到达测试初始位置 P_{Start} 时，结束于 VUT 发生碰撞或减速至 0 或变道结束时刻位于 VUT 后的第 5 辆跟驰车辆驶过测试结束位置 P_{End} 后。

8.4.2　背景车跟驰模型

背景车模型是将评价方法落实到测评工作过程中的重要测试工具，为了满足匝道汇入场景下智能汽车综合行驶性能的测试要求，需要设计一种具有可重复性、横纵向交互性和决策类人性的背景车模型，使得背景车能够在匝道汇入场景下对被测车辆的驾驶行为做出类人响应，保证测试的可信性。对背景车模型的功能要求见表 8-3。

表 8-3　对背景车模型的功能要求

要求	内容	功能
测试场景	初始速度	可设置
	初始间距	可设置
限制条件	横向探测范围	可设置
	速度范围	可设置
	加速度范围	可设置
稳定跟车	初始速度	可保持
	初始间距	可保持

（续）

要求	内容	功能
动态响应	对邻车道前车变道意图做出响应	加速、减速、紧急制动
	对同车道前车速度变化做出响应	加速、减速、紧急制动
模型输出	期望加速度	输出

如 5.4 节所述，基于 IDM[3] 控制的背景车易于实现，并且具备在高速公路上安全行驶的能力，具有较好的跟车稳定性和类人性，然而 IDM 的局限性在于只能与同车道前车进行交互。基于机器学习的跟车模型能够通过类人决策实现多种驾驶风格或行为动机，但其具有很大的不确定性，不适合在重复实验中使用。

在 3.3.2 节介绍了基于驾驶员模型的场景生成方法，本节使用一种 2 级驾驶员模型生成场景。该模型为基于 IDM 改进的交互式跟车模型（Interactive Car-Following Model，ICFM）[4]。该模型提出了等效距离的概念，以将前车的横向汇入意图转换到纵向等效距离中。ICFM 根据交互对象（背景车辆或被测车辆）、反应距离和等效距离选择跟车模式，不同的跟车模式具有不同的预期速度的计算方法。然后根据预期速度计算预期加速度，并在不同跟车模式下设计相应的加速度极限值和参考值。通过对各种跟车模式的设计和组合以及模型参数的定制，ICFM 可以调整前方或侧面前导车的识别范围，并调整对前车变道意图的响应。ICFM 控制加速度流程如图 8-4 所示，可分为前导车确定、期望速度计算与期望加速度计算 3 部分。

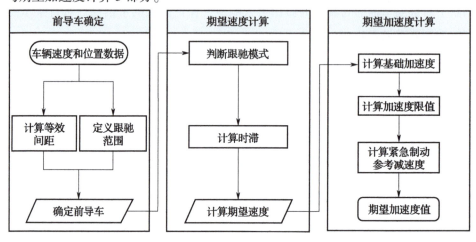

图 8-4　ICFM 控制加速度流程

前导车基于等效间距和跟驰范围确定。在被控车行驶方向，存在图 8-5 所示的沿车道中心线的纵向长度 120m，横向宽度左侧 0.5 倍车道宽（W_1），右侧 0.7 倍车道宽的有效跟随行驶范围；任何 BV 或 VUT 的任意车身轮廓位于该有效跟随行驶范围内时（其中，车身轮廓仅位于右侧 0.5 ~ 0.7 倍车道宽范围内的车辆纵向速度须大于 6m/s），视为有效车辆；所有有效车辆中，等效间距最小的即前导车。

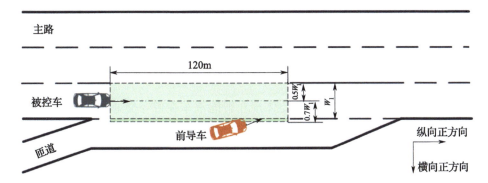

图 8-5　跟驰模型有效跟随行驶范围及前导车示意图

等效间距的计算公式如下：

$$g(t) = \begin{cases} \sqrt{D^2 + 6.25\dfrac{D_1{}^2 W^2}{W_1^2}} & W > 0 \\ D & W \leqslant 0 \end{cases} \qquad (8-1)$$

式中，D 为被控车与前导车的间距在被控车所在车道中心线上的投影长度；D_1 为加速车道长度；W 为前导车车身左轮廓距被控车所在车道右侧车道线的最小距离，前导车车身左轮廓位于被控车所在车道的右侧车道线右侧时 W 为正；W_1 为车道宽度。

8.4.3　测试数据输出

在测试过程中需要采集的数据见表 8-4，包括时间戳以及 TTC、距离、速度和加速度。

表 8-4　需要采集的数据

输出测试数据	单位	含义
t_i	s	数据时间戳
TTC_{VUT_i}	s	VUT 与前方临近 BV 的 TTC

（续）

输出测试数据	单位	含义
d_{VUT_t}	m	VUT 与前方临近 BV 的纵向距离
a_{VUT_t}	m/s^2	VUT 的纵向加速度
V_{VUT_t}	m/s	VUT 的纵向速度
TTC_{0_t}	s	交互车辆与 VUT 的 TTC
d_{0_t}	m	交互车辆与 VUT 的纵向距离
V_{0_t}	m/s	BV 的纵向速度

8.5 评价方法与流程

　　智能汽车的综合行驶性能主要体现在智能汽车在遵守交通规则与保证自身安全的前提下，通过预测他车行为执行行驶策略，在一定交通范围内达到的最大行驶收益。行驶收益通常可以基于安全性、时间效率、能耗和舒适性等维度进行计算。

8.5.1 评价体系

　　对于本章所提到的基于交互的评估方法需要评估更大的空间、时间范围内的行驶收益。其中不仅需要评估 VUT 的"利己性"，还需要评估 VUT 的"利他性"。在所有 BV 中与自车直接交互的 BV 受到自车的影响最大，需要单独评估其行驶收益。此外，还需要从 VUT 所在的微观交通流视角进行整体行驶收益评估。综合行驶性能评价体系包含安全性、任务完成度、交通协调性三方面，评价指标体系架构见表 8 - 5。

表 8 - 5　评价指标体系架构

评价准则	评价视角	评价维度	评价指标	符号
安全性	—	安全性	碰撞计数	$\mathrm{CC}_{\mathrm{VUT}}$
任务完成度	—	任务完成度	变道计数	$\mathrm{LC}_{\mathrm{VUT}}$
交通协调性	被测车辆	认知舒适性	最小纵向间距	d_{VUT}
			最小纵向时距	$\mathrm{TTC}_{\mathrm{VUT}}$
		舒适性	峰值加速度	a_{accel}
		运动舒适性	峰值减速度	a_{decel}
			峰值加速度变化率	J_{max}

（续）

评价准则	评价视角	评价维度		评价指标	符号
交通协调性	被测车辆	高效性		完成时间	T_{VUT}
		能耗性		动能变化	ΔE_{VUT}
	直接交互车辆	舒适性	认知舒适性	最小纵向间距	d_{BV}
				最小纵向时距	TTC_{BV}
		高效性		完成时间	T_{BV}
		能耗性		动能变化	ΔE_{BV}
	交通流	影响范围		制动 BV 计数	n

1. 安全性

智能汽车的行驶安全性用安全性指标 S_{safety} 进行评价，计算公式如下：

$$S_{\text{safety}} = \begin{cases} 1 & \text{CC}_{\text{VUT}} = 0 \\ 0 & \text{CC}_{\text{VUT}} \geq 1 \end{cases} \quad (8-2)$$

式中，CC_{VUT} 为测试过程中 VUT 与背景车发生碰撞的次数。

2. 任务完成度

智能汽车完成行驶任务的能力用任务完成度指标 $S_{\text{completion}}$ 行评价，计算公式如下：

$$S_{\text{completion}} = \begin{cases} 1 & \text{LC}_{\text{VUT}} = 1 \\ -1 & \text{LC}_{\text{VUT}} \neq 1 \end{cases} \quad (8-3)$$

式中，LC_{VUT} 为测试过程中 VUT 完成变道并汇入主路中车队的能力。

3. 交通协调性

智能汽车在完成行驶任务的过程中获得最大行驶收益的能力用交通协调性指标 S_{harmony} 进行评价，计算公式如下：

$$S_{\text{harmony}} = \frac{\sum_{i=1}^{k} \text{Score}_{\text{Index}_i}}{k} \quad (8-4)$$

式中，k 为交通协调性评价指标个数，共 12 个；$\text{Score}_{\text{Index}_i}$ 为第 i 个交通协调性评价指标归一化结果。

从自车（被测车辆）和他车（交互车辆）的视角进行评价时，由舒适性、高效性和能耗性三方面展开。

（1）舒适性

舒适性评价分为认知舒适性评价和运动舒适性评价。认知舒适性指由车辆与障碍物相对关系引起的视觉信息导致的不舒适问题，用 VUT 与前方邻近 BV 的最小纵向间距 d 以及最小纵向时距 TTC 进行评价。运动舒适性指由车辆加减速引起的平衡觉、压觉等信息导致的不舒适问题，用峰值加速度 a_{accel}、峰值减速度 a_{decel} 以及峰值加速度变化率 J_{max} 评价。

（2）高效性

高效性评价用行驶任务完成时间 T 进行评价。

（3）能耗性

能耗性用动能变化 ΔE 进行评价，衡量车辆在测试过程中的能耗情况。ΔE 用两部分动能之和表征，分别为考虑过程状态的动能增量和考虑始末状态的动能增量，计算公式如下：

$$\Delta E = E_{inc} + E_{dif} \qquad (8-5)$$

式中，E_{inc} 为考虑过程状态的动能增量，即车辆在测试过程中累计动能增量，$E_{inc} = \sum \Delta V^2$，$\Delta V^2$ 即车辆速度增加过程中的动能增量；E_{dif} 为考虑始末状态的动能增量，即车辆在测试结束位置 P_{End} 的动能与车辆初始动能差值，计算公式如下：

$$E_{dif} = \begin{cases} V_0^2 - V_{End}^2 & V_{End} \leqslant V_0 \\ 0 & V_{End} > V_0 \end{cases} \qquad (8-6)$$

式中，V_{End} 为车辆在测试结束位置 P_{End} 的速度；V_0 为汇入初始时车辆速度。

从全局的视角进行评价时，主要关注 VUT 的影响范围，即以做出制动的 BV 总数作为评价指标。计数时只考虑 VUT 汇入时的交互车辆及其后方 4 辆 BV，且只考虑做出制动动作且车速与初始速度相比降低超过 5% 的车辆。

完成所有交通协调性指标计算后，需要进一步对指标进行归一化计算，具体归一化方法见附录 C。

8.5.2 评价流程

1. 单工况综合评价

智能汽车的综合行驶性能单工况综合评价结果 S_{Single} 由安全性、任务完成度和交通协调性评价结果构成，计算公式如下：

$$S_{\text{Single}} = S_{\text{safety}} \times S_{\text{completion}} \times S_{\text{harmony}} \tag{8-7}$$

2. 多工况评价

多工况评价能够衡量智能汽车在功能场景下综合行驶性能的平均水平和稳定性。

多工况平均性能 S_{multi} 计算方式如下：

$$S_{\text{multi}} = \begin{cases} \dfrac{1}{n} \sum_{i=1}^{n} S_{\text{Single}_i} & n \geq 1 \\ 0 & n = 0 \end{cases} \tag{8-8}$$

式中，n 为正分单工况综合评价结果数量。

多工况稳定性 $S_{\text{deviation}}$ 评价 VUT 在各测试场景下的综合行驶性能波动程度，计算方式如下。

$$S_{\text{deviation}} = \begin{cases} \sqrt{\dfrac{\sum_{i=1}^{n} (S_{\text{Single}_i} - S_{\text{multi}})^2}{n}} & n \geq 1 \\ 0 & n = 0 \end{cases} \tag{8-9}$$

3. 等级评价

前面定义了单工况综合评价方法和多工况评价方法。基于单工况综合评价得分可将 VUT 在匝道汇入场景中的表现分为三类：负分对应未完成行驶任务的工况、零分对应发生碰撞的工况、正分对应完成行驶任务且未发生碰撞的工况。以上三类单工况综合评价结果对应 VUT 不同层级的综合行驶性能，因此下面基于单工况综合评价结果进行分层等级评价。

对于存在单工况综合评价结果为零的 VUT，认为其不具备综合行驶性能的安全性前提，认定其不具备交通的综合行驶性能。

对于单工况综合评价结果均大于零的 VUT，根据 VUT 多工况评价的多工况平均性能 S_{multi}、多工况稳定性 $S_{\text{deviation}}$ 以及负分单工况综合评价结果数量 m，将智能网联汽车与自然综合行驶性能等级共分为 5 级，其中第 5 级代表最优，第 1 级代表最差。依据表 8-6 的初始等级评估矩阵和表 8-7 的等级修正矩阵，依次确定 VUT 与自然综合行驶性能的初始等级和最终等级。该矩阵的评估结果将作为等级修正矩阵的输入。以某智能汽车多工况平均性能评价结果位于 [0.90, 1.00]，多工况稳定性评价结果位于 [0, 0.05) 为例，则该 VUT 与综合行驶性能的初始等级属于第 4 级。

表 8-6 初始等级评估矩阵

多工况平均性能 S_{multi}	多工况稳定性 $S_{deviation}$				
	$[0, 0.05)$	$[0.05, 0.15)$	$[0.15, 0.25)$	$[0.25, 0.35)$	$[0.35, 0.50]$
$[0.90, 1.00]$	4	4	3	2	1
$[0.70, 0.90)$	4	3	2	1	1
$[0.50, 0.70)$	3	2	1	1	1
$[0.30, 0.50)$	2	1	1	1	1
$[0, 0.30)$	1	1	1	1	1

初级等级评估矩阵没有考虑单工况综合评价结果为负的工况，即被测车辆没有完成行驶任务。因此应对齐进行修正，作为智能汽车综合行驶性能的最终等级评价结果。以某智能汽车综合行驶性能初始等级是第 4 级为例，若存在 0~3 个负分单工况综合评价结果，则该 VUT 综合行驶性能最终等级属于第 5 级。

表 8-7 等级修正矩阵

初始等级评估矩阵结果	负分单工况综合评价结果数量 m			
	$[0, 3]$	$[4, 7]$	$[8, 16]$	$[17, 48]$
4	5	4	3	1
3	4	3	2	1
2	2	2	1	1
1	1	1	1	1

8.6 测评示例

下面提供了以某驾驶自动化系统为 VUT 的综合行驶性能评价示例。48 个测试工况下的评价结果见表 8-8。

表 8-8 各测试工况评价结果

测试工况序号	安全性评价结果	任务完成度评价结果	交通协调性评价结果	单工况综合评价结果
1	1.000	1.000	0.624	0.670
2	1.000	1.000	0.773	0.634
3	1.000	1.000	0.707	0.661

（续）

测试工况序号	安全性评价结果	任务完成度评价结果	交通协调性评价结果	单工况综合评价结果
4	1.000	1.000	0.710	0.661
5	1.000	1.000	0.731	0.660
6	1.000	1.000	0.800	0.809
7	1.000	1.000	0.805	0.912
8	1.000	1.000	0.808	0.935
9	1.000	1.000	0.581	0.584
10	1.000	1.000	0.857	0.800
11	1.000	1.000	0.868	0.916
12	1.000	1.000	0.880	0.959
13	1.000	1.000	0.627	0.655
14	1.000	- 1.000	1.000	- 1.000
15	1.000	- 1.000	1.000	- 1.000
16	1.000	- 1.000	1.000	- 1.000
17	1.000	1.000	0.614	0.651
18	1.000	1.000	0.765	0.708
19	1.000	1.000	0.766	0.711
20	1.000	1.000	0.773	0.715
21	1.000	1.000	0.629	0.570
22	1.000	1.000	0.651	0.633
23	1.000	1.000	0.625	0.715
24	1.000	1.000	0.622	0.764
25	1.000	1.000	0.718	0.607
26	1.000	1.000	0.846	0.767
27	1.000	1.000	0.855	0.883
28	1.000	1.000	0.856	0.917
29	1.000	1.000	0.600	0.542
30	1.000	- 1.000	1.000	- 1.000
31	1.000	1.000	0.860	0.797

(续)

测试工况序号	安全性评价结果	任务完成度评价结果	交通协调性评价结果	单工况综合评价结果
32	1.000	1.000	0.851	0.862
33	1.000	1.000	0.705	0.769
34	1.000	1.000	0.879	0.889
35	1.000	1.000	0.882	0.889
36	1.000	1.000	0.886	0.889
37	1.000	−1.000	1.000	−1.000
38	1.000	−1.000	1.000	−1.000
39	1.000	1.000	0.847	0.727
40	1.000	1.000	0.784	0.684
41	1.000	1.000	0.507	0.602
42	1.000	1.000	0.632	0.750
43	1.000	1.000	0.717	0.726
44	1.000	1.000	0.757	0.707
45	1.000	1.000	0.535	0.546
46	1.000	1.000	0.625	0.816
47	1.000	1.000	0.768	0.841
48	1.000	1.000	0.827	0.850

由表 8-7 可知 $l=0$，$m=6$，$n=42$，故多工况平均性能评价结果为

$$S_{\text{multi}} = \frac{1}{42} \sum_{i=1}^{42} S_{\text{Single}_i} = 0.753 \qquad (8-10)$$

多工况稳定性评价结果为

$$S_{\text{deviation}} = \sqrt{\frac{\sum\limits_{i=1}^{42} (S_{\text{Single}_i} - S_{\text{average}})^2}{42}} = 0.100 \qquad (8-11)$$

由多工况平均性能评价结果和多工况稳定性评价结果查询初始等级评估矩阵可知，多工况平均性能评价结果位于 [0.70，0.90) 分级，多工况稳定性评价结果位于 [0.05，0.15) 分级；故该 VUT 综合行驶性能的初始等级属于第 3 级。进一步由 $m=6$ 查询等级修正矩阵可知，负分单工况综合评价结果数量位于 [4，7] 分级；故该 VUT 综合行驶性能的最终等级属于第 3 级，等级评价结

果示例见表 8 – 9。

表 8 – 9　等级评价结果示例

基本信息			
被测车辆	xxx	测试日期	xxxx. xx. xx
评价结果			
单工况评价结果	零分单工况数量 l　0	负分单工况数量 m　6	正分单工况数量 n　42
多工况评价结果	多工况平均性能评价结果　0.753	多工况稳定性评价结果	0.100
等级评价结果	初始等级　第 3 级	最终等级	第 3 级
评价结论			
智能汽车综合行驶性能是否达标	是☑	智能汽车综合行驶性能等级：第 3 级	
	否☐	智能汽车综合行驶性能不达标	

8.7　本章小结

本章针对高速公路匝道汇入场景，提出了一种使用基于交互的智能汽车综合行驶性能测试评价方法。该方法在测试阶段基于自然驾驶数据聚类分析设计了 48 个典型的匝道行驶测试场景，并使用了基于 IDM 改进的 ICFM 作为测试场景中的背景车驾驶员模型对智能汽车进行综合行驶性能测试。在评价阶段，分别从自车、他车与全局 3 个视角进行评价。在进行单工况评价时，从安全性、任务完成度和协调性三个方面进行了分析，最后进行综合行驶性能评价；在进行多工况评价时，从不同工况下综合行驶性能的总体水平和稳定性水平两方面进行了评价。最终得到了智能汽车的综合行驶性能等级。

参考文献

[1] MENG H, CHEN J, CHEN L, et al. Clustering analysis of typical ramp scenarios based on naturalistic driving data[J]. Journal of Tongji University(Natural Science), 2021, S1(49): 123 – 131.

[2] 中华人民共和国交通运输部. 公路路线设计规范: JTG D20—2017[S]. 北京: 人民交通出版社, 2017.

[3] TREIBER M, ANSGAR H, DIRK H. Congested traffic states in empirical observations and microscopic simulations. [J] Physical Review, 2000. DOI: 10. 1103/PhysRevE. 62. 1805.

[4] MENG H, CHEN J, FENG T, et al. An interactive car-following model (ICFM) for the harmony-with-traffic evaluation of autonomous vehicles [J]. SAE Technical Paper, 2023. DOI: 10. 4271/2023 – 01 – 0822.

附　录

附录 A　测试工况参数设置

本附录规定了各测试工况的参数设置。

不同测试工况参数设置见表 A.1。测试过程中，VUT 到达测试初始位置 P_{Start} 时，主路最右车道应存在一辆 BV 与 VUT 同时经过该处道路横断面。

在 VUT 和 BV 达到测试场景所规定的稳定运动状态时，应满足以下数据精度要求：

1）V_{VUT} 和 V_0 控制精度为 ±1.0km/h。

2）D_0 控制精度为 ±1.0m。

表 A.1　不同测试工况参数设置

测试工况序号	V_{VUT}/(km/h)	V_0/(km/h)	D_0/m
1	40	60	40
2	40	60	60
3	40	60	80
4	40	60	100
5	40	80	40
6	40	80	60
7	40	80	80
8	40	80	100
9	40	100	40
10	40	100	60
11	40	100	80
12	40	100	100
13	40	120	40
14	40	120	60
15	40	120	80
16	40	120	100
17	60	60	40
18	60	60	60

（续）

测试工况序号	$V_{VUT}/(km/h)$	$V_0/(km/h)$	D_0/m
19	60	60	80
20	60	60	100
21	60	80	40
22	60	80	60
23	60	80	80
24	60	80	100
25	60	100	40
26	60	100	60
27	60	100	80
28	60	100	100
29	60	120	40
30	60	120	60
31	60	120	80
32	60	120	100
33	80	60	40
34	80	60	60
35	80	60	80
36	80	60	100
37	80	80	40
38	80	80	60
39	80	80	80
40	80	80	100
41	80	100	40
42	80	100	60
43	80	100	80
44	80	100	100
45	80	120	40
46	80	120	60
47	80	120	80
48	80	120	100

附录 B　背景车跟驰模型

在背景车跟驰模型中，定义有被控车和前导车。其中，被控车指跟驰模型中处于跟随行驶状态的后车，该车的纵向运动状态由跟驰模型决定；前导车指跟驰模型中的前车，具体方法已在 8.3.2 节中说明。

在设定的速度范围 0 ~ 40m/s 内，跟驰模型将根据被控车的速度、被控车与前导车的等效间距、前导车的速度，计算被控车的期望速度和期望加速度，并据此实时调整速度。

上述各参数计算公式如下：

$$\dot{v} = \max\left(\dot{v}_{eb}, \ \min\left(\dot{v}_{max}, \ \left|0.5b\left[1-\left(\frac{v}{v(t)}\right)^4\right]\right|\right)\right) \frac{1-\left(\frac{v}{v(t)}\right)^4}{\left|1-\left(\frac{v}{v(t)}\right)^4\right|}$$

(B-1)

$$\dot{v}_{max} = \begin{cases} \begin{cases} \min\left[\dot{v}_g, \ b\left(\frac{v_1(t)\tau}{g(t)}\right)^{1.2}\left(\frac{v-v(t)}{v}\right)^{0.1}\right] & g(t) > v_1(t)\tau \\ \min(\dot{v}_g, \ 2b) & g(t) \leq v_1(t)\tau \end{cases} & v > v(t) \\ 0.5b & v \leq v(t) \end{cases}$$

(B-2)

$$\dot{v}_g = \begin{cases} \begin{cases} 10 & \frac{g(t)}{v-v_1(t)} \leq 1.5 \\ 3+7\left[2.5-\frac{g(t)}{v-v_1(t)}\right]^3 & 1.5 < \frac{g(t)}{v-v_1(t)} < 2.5 \quad v > v_1(t) \\ 3 & 2.5 \leq \frac{g(t)}{v-v_1(t)} \end{cases} \\ 3 & v \leq v_1(t) \end{cases}$$

(B-3)

$$\dot{v}_{eb} = \begin{cases} \begin{cases} 10 & \dfrac{D}{v-v_1(t)} \leqslant 1 \\[3mm] 15-5\dfrac{D}{v-v_1(t)} & 1 < \dfrac{D}{v-v_1(t)} < 3 \\[3mm] 0 & 3 \leqslant \dfrac{D}{v-v_1(t)} \end{cases} & W \leqslant 0.1 \\[10mm] 0 & W > 0.1 \end{cases} \tag{B-4}$$

$$v(t) = \begin{cases} \begin{cases} \begin{cases} \dfrac{v_f+v_{fd}}{2} & m=0 \\[3mm] \dfrac{3v_f+v_{fd}}{4} & m=1 \end{cases} & g(t) > v_1(t)\tau \\[8mm] \min\left[40,\ v_1(t)+\dfrac{g(t)-v_1(t)\tau}{\dfrac{\bar{v}}{b}+\tau}\right] & g(t) \leqslant v_1(t)\tau \end{cases} & g(t) \leqslant 120 \\[16mm] \dfrac{v_f+V_0}{2} & g(t) > 120 \end{cases}$$

$$\tag{B-5}$$

式中，$\dot{v}$ 为被控车期望纵向加速度，单位为 m/s²；$\dot{v}_{max}$ 为被控车期望纵向加速度最大值，单位为 m/s²；$\dot{v}_g$ 为被控车跟随行驶制动纵向加速度最大值，单位为 m/s²；$\dot{v}_{eb}$ 为被控车紧急制动纵向加速度参考值，单位为 m/s²；b 为被控车基准纵向加速度，设定为 5m/s²；v 为被控车实时纵向速度，单位为 m/s；$v(t)$ 为被控车期望纵向速度，单位为 m/s；$v_1(t)$ 为前导车实时纵向速度，单位为 m/s；$g(t)$ 为被控车与前导车的等效间距，单位为 m；τ 为驾驶员反应时间，设定为 1.2s；D 为被控车与前导车的间距在被控车所在车道中心线上的投影长度，单位为 m；W 为前导车车身左轮廓距被控车所在车道右侧车道线的最小距离，单位为 m，前导车车身左轮廓位于被控车所在车道右侧车道线右侧为正；v_f 为被控车上一时刻的纵向速度，初始值为 V_0，单位为 m/s；v_{fd} 为前导车 Ω 时间前的纵向速度，初始值为 V_0，单位为 m/s，$\Omega = \tau\left(\dfrac{2D}{D_1}\right)^4$，单位为 s；$V_0$ 为被控车初始纵向速度，单位为 m/s；D_1 为加速车道长度，单位为 m；$\bar{v}$ 为被控车纵向速度与前导车纵向速度的平均值，单位为 m/s；m 为跟驰模式，前导车为 BV 时，$m=0$，前导车为 VUT 时，$m=1$。

附录 C 归一化方法

对评价指标 $J_{\max}$ 采用两段分段函数进归一化，计算公式如下：

$$\text{Score}_J = \begin{cases} 1 & J_{\max} \leqslant 2.5 \\ 0 & J_{\max} > 2.5 \end{cases} \qquad (\text{C}-1)$$

式中，Score_J 为峰值加速度变化率评价指标归一化结果。

针对其余评价指标，采用三段分段函数进行归一化。计算公式如下：

$$\text{Score}_{\text{Index}_j} = \begin{cases} 1 & 1 \leqslant \dfrac{x - X_1}{X_2 - X_1} \\[2mm] \dfrac{x - X_1}{X_2 - X_1} & 0 < \dfrac{x - X_1}{X_2 - X_1} < 1 \\[2mm] 0 & \dfrac{x - X_1}{X_2 - X_1} \leqslant 0 \end{cases} \qquad (\text{C}-2)$$

式中，x 为交通协调性评价指标的计算结果；X_1 为满足评价指标归一化下限参数；X_2 为满足评价指标归一化上限参数；$\text{Score}_{\text{Index}_j}$ 为交通协调性其余评价指标归一化结果。

评价指标归一化参数见表 C-1。

表 C-1 评价指标归一化参数

序号	评价指标	单位	X_1	X_2	备注
1	最小纵向间距	m	10.0	20.0	—
2	最小纵向时距	s	1.3	2.6	—
3	峰值加速度	m/s^2	2.0	1.0	—
4	峰值减速度	m/s^2	-2.5	-1.3	—
5	峰值加速度变化率	m/s^3	归一化方法见式（C-1）		—
6	完成时间	s	1.25 t_1	t_1	$t_1 = \begin{cases} \dfrac{D_1 + D_2 - \dfrac{V_0^2 - V_{\text{VUT}}^2}{4}}{V_0} + \dfrac{V_0 - V_{\text{VUT}}}{2} & V_0 > V_{\text{VUT}} \\[4mm] \dfrac{D_1 + D_2 - \dfrac{V_{\text{VUT}}^2 - V_0^2}{2.6}}{V_0} + \dfrac{V_{\text{VUT}} - V_0}{1.3} & V_0 \leqslant V_{\text{VUT}} \end{cases}$

（续）

序号	评价指标	单位	X_1	X_2	备注
7	动能变化	m^2/s^2	$2e_1$	e_1	$e_1 = \begin{cases} V_0^2 - V_{VUT}^2 & V_0 > V_{VUT} \\ (1.25\,V_{VUT})^2 - V_{VUT}^2 & V_0 \leqslant V_{VUT} \end{cases}$
8	最小纵向间距	m	10.0	20.0	—
9	最小纵向时距	s	1.3	2.6	—
10	完成时间	s	$1.25\,t_2$	t_2	$t_2 = \dfrac{D_1 + D_2}{V_0}$
11	动能变化	m^2/s^2	$\dfrac{7}{16}V_0^2$	0.0	—
12	制动 BV 计数	辆	5.0	1.0	—

附录 D　常见缩写词

常见缩写词见表 D-1。

表 D-1　常见缩写词

序号	缩写词	中文名称	英文名称
1	ADAS	高级驾驶辅助系统	Advanced Driver Assistance Systems
2	ADOE	动态试验设计	Adaptive Design of Domain
3	ADS	自动驾驶系统	Advanced Driving System
4	VAIRL	对抗逆强化学习	Adversarial Inverse Reinforcement Learning
5	ASAM	自动化及测量系统标准协会	Association for Standardization of Automation and Measuring Systems
6	AV	自动驾驶车辆	Autonomous Vehicle
7	AVP	代客泊车	Automated Valet Parking
8	BV	背景车辆	Background Vehicle
9	CC	分类置信度	Classification Confidence
10	DARPA	美国国防高级研究计划局	Defense Advanced Research Projects Agency
11	DHW	车头距离	Distance Headway
12	DNDA	离散归一化可行域	Discretized Normalized Drivable Area
13	DRL	深度强化学习	Deep Reinforcement Learning
14	DTS	数据传输系统	Data Transmission System
15	FOT	现场操作测试	Field Operation Test
16	GA	遗传算法	Genetic Algorithm
17	GAN	生成对抗网络	Generative Adversarial Networks
18	HAD	高级自动驾驶	Highly Automated Driving
19	HIL	硬件在环	Hardware-in-the-Loop
20	HWP	高速路自动驾驶	Highway Pilot
21	ICFM	基于 IDM 改进的交互式跟车模型	Interactive Car-Following Model
22	IDM	智能驾驶员模型	Intelligent Driver Model

（续）

序号	缩写词	中文名称	英文名称
23	IMM	交互多重模型	Interacting Multiple Model
24	IRL	逆强化学习	Inverse Reinforcement Learning
25	ISP	图像信号处理	Image Signal Processing
26	LAMBDA	密度自适应隐动作蒙特卡洛集束搜索	Latent-Action Monte-Carlo Beam Search with Density Adaption
27	MC	蒙特卡洛搜索算法	Monte-Carlo
28	MDP	马尔可夫决策过程	Markov Decision Process
29	MPI	平均接管里程	Milesper Intervention
30	NOA	导航辅助驾驶	Navigate on Autopilot
31	NPC	非玩家角色	Non-Player Character
32	ODC	设计运行条件	Operational Design Condition
33	ODD	设计运行范围	Operational Design Domain
34	OEDR	目标和事件探测与响应	Object and Event Detection and Response
35	OICA	国际汽车制造商协会	The International Organization of Motor Vehicle Manufacturers
36	OTA	空中下载	Over-the-Air Technology
37	PSO	粒子群算法	Particle Swarm Optimization
38	RDB	实时数据总线	Runtime DataBus
39	SCP	仿真控制协议	Simulati on Control Protocal
40	SIL	软件在环	Software-in-the-Loop
41	SOTIF	预期功能安全	Safety of The Intended Functionality
42	SUT	被测系统	System Under Test
43	THW	车头时距	Time Headway
44	TTC	碰撞时间	Time to Collision
45	VAE	变分自编码器	Variational auto-encoder
46	VIL	整车在环	Vehicle-in-the-Loop
47	VUT	被测车辆	Vehicle under Test
48	V2X	车联网	Vehicle to Everything
49	XML	可扩展标记语言	Extensible Markup Language